XIN ANQUAN SHENGCHANFA
XUEXI SHOUCE

新《安全生产法》学习手册

本书编写组◎编

中国工人出版社

目录 CONTENTS

/第一部分　为安全生产保驾护航/

/第二部分　安全法规执行好　隐患事故发生少/

/第三部分　新《安全生产法》测试题/

/第四部分　附　录/

第一部分

为安全生产保驾护航

第一章 >>>>

以人为本　生命至上

《中华人民共和国安全生产法》（以下简称《安全生产法》）是我国有关生产安全的最重要的法律之一。《安全生产法》总则部分的第一条明确了该法的立法目的："为了加强安全生产工作，防止和减少生产安全事故，保障人民群众生命和财产安全，促进经济社会持续健康发展，制定本法。"这既是《安全生产法》的立法宗旨，又是法律所要解决的基本问题。《安全生产法》的立法指导思想、方针原则、基本法律制度、法律条文都是围绕这个立法宗旨确定的。全面、准确地领会和实现《安全生产法》的立法目的，就要求《安全生产法》所涉及的相关主体，包括生产经营单位、从业人员、安全生产监督管理部门、工会等严格按照该法的规定来行使权利、履行义务，为防止和减少生产安全事故而尽职尽责。因此，立法的最终目的是加强安全生产工作，为从业人员提供安全的生产工作环境，在这个意义上，它可以看作是从事生产作业的从业人员（即职工）生命健康的保护伞。

一 进一步修订《安全生产法》的必要性

（一）现实必要性

安全生产事关人民群众的幸福安全与社会和谐稳定。2014 年《安全生产法》的修订，对建立安全生产法律体系，加强安全生产工作，预防和减少事故的发生，保护人民群众生命财产安全发挥了巨大作用。但随着我国经济社会的发展，安全生产面临的主要矛盾和问题发生了变化，安全生产事故频繁发生，从业人员的生命安全时常受到威胁，各方面的变化都要求对《安全生产法》进行进一步修订和完善，以适应我国国情以及社会经济的和谐发展。特别是党的十八大以来，党中央强调要牢固树立新发展理念，坚持底线思维，强化风险意识，应急管理部肩负着防范化解重大安全风险的职责使命，成立以来在推动应急管理事业法治化工作中取得重大进展，有力地维护了人民群众生命财产安全和社会稳定。习近平总书记更是多次提出，安全生产“人命关天，发展绝不能以牺牲人的生命为代价。这必须作为一条不可逾越的红线”。为顺应全国安全生产形势发展的新要求，2021 年 6 月 10 日第十三届全国人民代表大会常务委员会第二十九次会议审议并通过了《关于修改〈中华人民共和国安全生产法〉的决定》，对《安全生产法》作出第三次修正。

1. 理念变化的要求

2014 年《安全生产法》修订以来，我国在经济发展领域的很多精神理念也在不断转变，现在，我们牢牢坚持着“贯彻以人民为中心的发展思想，始终把人的生命安全放在首位，正确处理安全与发展的关系，大力实施安全发展战略”的理念，切实转变经济发展方式，调整产业结构，提高经济发展的质量和效益，把经济发展建立在安全生产有可靠保障的基础上，已经成为经济社会和谐发展的共识。

2. 我国居高不下的生产事故形势的要求

当前安全生产形势比较稳定，但仍然严峻，非法违法生产经营建设活动屡禁不止，重特大生产安全事故时有发生，安全生产仍然是经济社会发展的薄弱环节，暴露出生产经营单位安全责任不落实、防范措施不到位、隐患治理不彻底等突出问题，必须在法律上强化安全监管措施，加大“打非治违”力度，遏制重特大事故的发生。因此，对《安全生产法》再次修订，加强生产经营单位的内部监督及政府相关部门的监督，是必经之道。再次修订是单位内部监管和各级安全监督管理部门依法行政的需要，也是预防和减少事故、保护人民群众生命和财产安全的需要。

3. 相关配套法律规范的要求

近几年中共中央、国务院也采取了一系列标本兼治、重在治本的重大决策和举措，相继制定了《中共中央 国务院关于推进安全生产领域改革发展的意见》《地方党政领导干部安全生产责任制规定》《国务院安委会办公室关于实施遏制重特大事故工作指南构建双重预防机制的意见》《安全生产责任保险实施办法》《安全生产责任保险事故预防技术服务规范》等规范性文件，需要将重要政策措施上升为法律制度。因此，对《安全生产法》进一步修订是建立健全我国安全生产法律体系的需要。

4. 适应政治经济社会发展的需要

2014 年《安全生产法》修订以来，我国经济发展取得了巨大的进步。机构改革方面，根据 2018 年国务院机构改革方案的议案，国务院组成部门进行了调整：组建自然资源部，不再保留国土资源部、国家海洋局、国家测绘地理信息局；组建应急管理部，不再保留国家安全生产监督管理总局；监察部并入新组建的国家监察委员会，不再保留监察部、国家预防腐败局，并通过了《中华人民共和国监察法》，政府机构的进一步深化改革需要立法作出修改以准确适用。信息技术进一步发展，需要提升现代信息技术与安全生产融合度，统一标准规范，加快安全生产信息化建设，构建安全生产与职业健康信息化全国“一张网”。加强安全生产理论和政策研究，运用大数据技术开展安全生产规律性、关联性特征分析，提高安全生产决策科学化水平。此外，法律规定的处罚额度偏低，与近几年出台的相关法律法规不衔接。

总而言之，面对社会经济活动日趋活跃和复杂的现状，安全生产工作中出现的问题也日益增多，要解决这些问题就要在加快立法的同时修改、完善法律。实现立法和改革决策相衔接，做到重大改革于法有据、立法主动适应改革和经济社会发展需要。实践证明行之有效的制度规范，要及时上升为法律。实践条件还不成熟、需要先行先试的法律法规，要按照法定程序作出授权。对不适应改革要求的法律法规，要及时修改和废止。2021 年全国人大常委会对《安全生产法》的修订把保护人民生命安全摆在首位，进一步强化生产经营单位主体责任，要求构建安全风险分级管控和隐患排查治理双重预防体系；进一步明确地方政府、应急管理部门和行业管理部门相关职责，进一步加大对安全生产违法行为处罚力度。本次修订有利于全面加强我国安全生产法律法规体系建设；有利于保障人民群众生命和财产安全；有利于依法规范生产经营单位的安全生产工作；有利于各级人民政府加强对安全生产工作的领导；有利于安全生产监督部门和有关部门依法行政，加强监督管理；有利于提高从业人员的安全素质；有利于增强全体公民的安全法律意识；有利于制裁各种安全生产违法行为。

（二）符合近年来政治、经济和社会发展形势的客观要求

自 2016 年 12 月 9 日发布《中共中央 国务院关于推进安全生产领域改革发展的意见》以来，我国在推进安全生产改革、保障人民生命财产安全方面取得了重大进展。客观上需要把已经得到实践检验的、成熟的制度规范吸纳到《安全生产法》中来。

1. 健全落实安全生产责任制

（1）明确地方党委和政府领导责任。坚持党政同责、一岗双责、齐抓共管、失职追责，完善安全生产责任体系。地方各级党委和政府要始终把安全生产摆在重要位置，加强组织领导。党政主要负责人是本地区安全生产第一责任人，班子其他成员对分管范围内的安全生产工作负领导责任。地方各级安全生产委员会主任由政府主要负责人担任，成员由同级党委和政府及相关部门负责人组成。

地方各级党委要认真贯彻执行党的安全生产方针，在统揽本地区经济社会发展全局中同步推进安全生产工作，定期研究决定安全生产重大问题。加强安全生产监管机构领导班子、干部队伍建设。严格安全生产履职绩效考核和失职责任追究。强化安全生产宣传教育和舆论引导。发挥人大对安全生产

工作的监督促进作用、政协对安全生产工作的民主监督作用。推动组织、宣传、政法、机构编制等单位支持保障安全生产工作。动员社会各界积极参与、支持、监督安全生产工作。

地方各级政府要把安全生产纳入经济社会发展总体规划，制定实施安全生产专项规划，健全安全投入保障制度。及时研究部署安全生产工作，严格落实属地监管责任。充分发挥安全生产委员会作用，实施安全生产责任目标管理。建立安全生产巡查制度，督促各部门和下级政府履职尽责。加强安全生产监管执法能力建设，推进安全科技创新，提升信息化管理水平。严格安全准入标准，指导管控安全风险，督促整治重大隐患，强化源头治理。加强应急管理，完善安全生产应急救援体系。依法依规开展事故调查处理，督促落实问题整改。

（2）明确部门监管责任。按照管行业必须管安全、管业务必须管安全、管生产经营必须管安全和谁主管谁负责的原则，厘清安全生产综合监管与行业监管的关系，明确各有关部门安全生产和职业健康工作职责，并落实到部门工作职责规定中。安全生产监督管理部门负责安全生产法规标准和政策规划制定修订、执法监督、事故调查处理、应急救援管理、统计分析、宣传教育培训等综合性工作，承担职责范围内的行业领域安全生产和职业健康监管执法职责。负有安全生产监督管理职责的有关部门依法依规履行相关行业领域安全生产和职业健康监管职责，强化监管执法，严厉查处违法违规行为。其他行业领域主管部门负有安全生产管理责任，要将安全生产工作作为行业领域管理的重要内容，从行业规划、产业政策、法规标准、行政许可等方面加强行业安全生产工作，指导督促企事业单位加强安全管理。党委和政府其他有关部门要在职责范围内为安全生产工作提供支持保障，共同推进安全发展。

（3）严格落实企业主体责任。企业对本单位安全生产和职业健康工作负全面责任，要严格履行安全生产法定责任，建立健全自我约束、持续改进的内生机制。企业实行全员安全生产责任制度，法定代表人和实际控制人同为安全生产第一责任人，主要技术负责人负有安全生产技术决策和指挥权，强化部门安全生产职责，落实一岗双责。完善落实混合所有制企业以及跨地区、多层级和境外中资企业投资主体的安全生产责任。建立企业全过程安全生产和职业健康管理制度，做到安全责任、管理、投入、培训和应急救援“五到位”。国有企业要发挥安全生产工作示范带头作用，自觉接受属地监管。

（4）健全责任考核机制。建立与全面建成小康社会相适应和体现安全发展水平的考核评价体系。完善考核制度，统筹整合、科学设定安全生产考核指标，加大安全生产在社会治安综合治理、精神文明建设等在考核中的权重。各级政府要对同级安全生产委员会成员单位和下级政府实施严格的安全生产工作责任考核，实行过程考核与结果考核相结合。各地区各单位要建立安全生产绩效与履职评定、职务晋升、奖励惩处挂钩制度，严格落实安全生产“一票否决”制度。

（5）严格责任追究制度。实行党政领导干部任期安全生产责任制，日常工作依责尽职、发生事故依责追究。依法依规制定各有关部门安全生产权力和责任清单，尽职照单免责、失职照单问责。建立企业生产经营全过程安全责任追溯制度。严肃查处安全生产领域项目审批、行政许可、监管执法中的失职渎职和权钱交易等腐败行为。严格事故直报制度，对瞒报、谎报、漏报、迟报事故的单位和个人依法依规追责。对被追究刑事责任的生产经营者依法实施相应的职业禁入，对事故发生负有重大责任的社会服务机构和人员依法严肃追究法律责任，并依法实施相应的行业禁入。

2. 改革安全监管监察体制

（1）完善监督管理体制。加强各级安全生产委员会组织领导，充分发挥其统筹协调作用，切实解决突出矛盾和问题。各级安全生产监督管理部门承担本级安全生产委员会日常工作，负责指导协调、监督检查、巡查考核本级政府有关部门和下级政府安全生产工作，履行综合监管职责。负有安全生产监督管理职责的部门要依照有关法律法规和部门职责，健全安全生产监管体制，严格落实监管职责。相关部门按照各自职责建立完善安全生产工作机制，形成齐抓共管的格局。坚持管安全生产必须管职业健康，建立安全生产和职业健康一体化监管执法体制。

（2）改革重点行业领域安全监管监察体制。依托国家煤矿安全监察体制，加强非煤矿山安全生产监管监察，优化安全监察机构布局，将国家煤矿安全监察机构负责的安全生产行政许可事项移交给地方政府承担。着重加强危险化学品安全监管体制改革和力量建设，明确和落实危险化学品建设项目立项、规划、设计、施工及生产、储存、使用、销售、运输、废弃处置等环节的法定安全监管责任，建立有力的协调联动机制，消除监管空白。完善海洋石油安全生产监督管理体制机制，实行政企分开。理顺民航、铁路、电力等行业跨区域监管体制，明确行业监管、区域监管与地方监管职责。

（3）进一步完善地方监管执法体制。地方各级党委和政府要将安全生产监督管理部门作为政府工作部门和行政执法机构，加强安全生产执法队伍建设，强化行政执法职能。统筹加强安全监管力量，重点充实市、县两级安全生产监管执法人员，强化乡镇（街道）安全生产监管力量建设。完善各类开发区、工业园区、港区、风景区等功能区安全生产监管体制，明确负责安全生产监督管理的机构，以及港区安全生产地方监管和部门监管责任。

（4）健全应急救援管理体制。按照政事分开原则，推进安全生产应急救援管理体制改革，强化行政管理职能，提高组织协调能力和现场救援时效。健全省、市、县三级安全生产应急救援管理工作机制，建设联动互通的应急救援指挥平台。依托公安消防、大型企业、工业园区等应急救援力量，加强矿山和危险化学品等应急救援基地和队伍建设，实行区域化应急救援资源共享。

3. 大力推进依法治理

（1）健全法律法规体系。建立健全安全生产法律法规立改废释工作协调机制。加强对涉及安全生产相关法规和一致性审查，增强安全生产法制建设的系统性、可操作性。制定安全生产中长期立法规划，加快制定修订安全生产法配套法规。加强安全生产和职业健康法律法规衔接融合。研究修改《刑法》有关条款，将生产经营过程中极易导致重大生产安全事故的违法行为列入《刑法》调整范围。制定完善高危行业领域安全规程。设区的市根据立法精神，加强安全生产地方性法规建设，解决区域性安全生产的突出问题。

（2）完善标准体系。加快安全生产标准制定修订和整合，建立以强制性国家标准为主体的安全生产标准体系。鼓励依法成立的社会团体和企业制定更加严格规范的安全生产标准，结合国情积极借鉴实施国际先进标准。国务院有关部门应当按照保障安全生产的要求，依法及时制定有关的国家标准或者行业标准，并根据科技进步和经济发展适时修订。生产经营单位必须执行依法制定的保障安全生产的国家标准或者行业标准。国务院有关部门按照职责分工负责安全生产强制性国家标准的项目提出、组织起草、征求意见、技术审查。国务院应急管理部门统筹提出安全生产强制性国家标准的立项计划。国务院标准化行政主管部门负责安全生产强制性国家标准的立项、编号、对外通报和授权批准发布工作。国务院标准化行政主管部门、有关部门依据法定职责对安全生产强制性国家标准的实施进行监督检查。

（3）严格安全准入制度。严格高危行业领域安全准入条件。按照强化监管与便民服务相结合原则，科学设置安全生产行政许可事项和办理程序，优化工作流程，简化办事环节，实施网上公开办理，接受社会监督。对与人民群众生命财产安全直接相关的行政许可事项，依法严格管理。对取消、下放、移交的行政许可事项，加强事中事后安全监管。

（4）规范监管执法行为。完善安全生产监管执法制度，明确每个生产经营单位安全生产监督和管理主体，制定实施执法计划，完善执法程序规定，依法严格查处各类违法违规行为。建立行政执法和刑事司法衔接制度，负有安全生产监督管理职责的部门要加强与公安、检察院、法院等的协调配合，完善安全生产违法线索通报、案件移送与协查机制。对违法行为当事人拒不执行安全生产行政执法决定的，负有安全生产监督管理职责的部门应依法申请司法机关强制执行。完善司法机关参与事故调查机制，严肃查处违法犯罪行为。研究建立安全生产民事和行政公益诉讼制度。

（5）完善执法监督机制。各级人大常委会要定期检查安全生产法律法规实施情况，开展专题询问。各级政协要围绕安全生产突出问题开展民主监督和协商调研。建立执法行为审议制度和重大行政执法决策机制，评估执法效果，防止滥用职权。健全领导干部非法干预安全生产监管执法的记录、通报和责任追究制度。完善安全生产执法纠错和执法信息公开制度，加强社会监督和舆论监督，保证执法严明、有错必纠。

（6）健全监管执法保障体系。制定安全生产监管监察能力建设规划，明确监管执法装备及现场执法和应急救援用车配备标准，加强监管执法技术支撑体系建设，保障监管执法需要。建立完善负有安全生产监督管理职责的部门监管执法经费保障机制，将监管执法经费纳入同级财政全额保障范围。加强监管执法制度化、标准化、信息化建设，确保规范高效监管执法。建立安全生产监管执法人员依法履行法定职责制度，激励保证监管执法人员忠于职守、履职尽责。严格监管执法人员资格管理，制定安全生产监管执法人员录用标准，提高专业监管执法人员比例。建立健全安全生产监管执法人员凡进必考、入职培训、持证上岗和定期轮训制度。统一安全生产执法标志标识和制式服装。

（7）完善事故调查处理机制。坚持问责与整改并重，充分发挥事故查处对加强和改进安全生产工作的促进作用。完善生产安全事故调查组组长负责制。健全典型事故提级调查、跨地区协同调查和工作督导机制。建立事故调查分析技术支撑体系，所有事故调查报告要设立技术和管理问题专篇，详细分析原因并全文发布，做好解读，回应公众关切。对事故调查发现有漏洞、缺陷的有关法律法规和标准制度，及时启动修订工作。建立事故暴露问题整改督办制度，事故结案后一年内，负责事故调查的地方政府和国务院有关部门要组织开展评估，及时向社会公开，对履职不力、整改措施不落实的，依法依规严肃追究有关单位和人员责任。

4. 建立安全预防控制体系

（1）加强安全风险管控。地方各级政府要建立完善安全风险评估与论证机制，科学合理确定企业选址和基础设施建设、居民生活区空间布局。高危项目审批必须把安全生产作为前置条件，城乡规划布局、设计、建设、管理等各项工作必须以安全为前提，实行重大安全风险“一票否决”。加强新材料、新工艺、新业态安全风险评估和管控。紧密结合供给侧结构性改革，推动高危产业转型升级。位置相邻、行业相近、业态相似的地区和行业要建立完善重大安全风险联防联控机制。构建国家、省、市、县四级重大危险源信息管理体系，对重点行业、重点区域、重点企业实行风险预警控制，有效防范重特大生产安全事故。

（2）强化企业预防措施。企业要定期开展风险评估和危害辨识。针对高危工艺、设备、物品、场所和岗位，建立分级管控制度，制定落实安全操作规程。树立“隐患就是事故”的观念，建立健全隐患排查治理制度、重大隐患治理情况向负有安全生产监督管理职责的部门和企业职代会“双报告”制度，实行自查自改自报闭环管理。严格执行安全生产和职业健康“三同时”制度。大力推进企业安全生产标准化建设，实现安全管理、操作行为、设备设施和作业环境的标准化。开展经常性的应急演练和人员避险自救培训，着力提升现场应急处置能力。

（3）建立隐患治理监督机制。制定生产安全事故隐患分级和排查治理标准。负有安全生产监督管理职责的部门要建立与企业隐患排查治理系统联网的信息平台，完善线上线下配套监管制度。强化隐患排查治理监督执法，对重大隐患整改不到位的企业依法采取停产停业、停止施工、停止供电和查封扣押等强制措施，按规定给予上限经济处罚，对构成犯罪的要移交司法机关依法追究刑事责任。严格重大隐患挂牌督办制度，对整改和督办不力的纳入政府核查问责范围，实行约谈告诫、公开曝光，情节严重的依法依规追究相关人员责任。

（4）强化城市运行安全保障。定期排查区域内安全风险点、危险源，落实管控措施，构建系统性、现代化的城市安全保障体系，推进安全发展示范城市建设。提高基础设施安全配置标准，重点加强对城市高层建筑、大型综合体、隧道桥梁、管线管廊、轨道交通、燃气、电力设施及电梯、游乐设施等的检测维护。完善大型群众性活动安全管理制度，加强人员密集场所安全监管。加强公安、民政、国土资源、住房和城乡建设、交通运输、水利、农业、安全监管、气象、地震等相关部门的协调联动，严防自然灾害引发事故。

（5）加强重点领域工程治理。深入推进对煤矿瓦斯、水害等重大灾害以及矿山采空区、尾矿库的工程治理。加快实施人口密集区域的危险化学品和化工企业生产、仓储场所安全搬迁工程。深化油气开采、输送、炼化、码头接卸等领域安全整治。实施高速公路、乡村公路和急弯陡坡、临水临崖危险路段公路安全生命防护工程建设。加强高速铁路、跨海大桥、海底隧道、铁路浮桥、航运枢纽、港口等防灾监测、安全检测及防护系统建设。完善长途客运车辆、旅游客车、危险物品运输车辆和船舶生产制造标准，提高安全性能，强制安装智能视频监控报警、防碰撞和整车整船安全运行监管技术装备，对已运行的要加快安全技术装备改造升级。

（6）建立完善职业病防治体系。将职业病防治纳入各级政府民生工程及安全生产工作考核体系，制定职业病防治中长期规划，实施职业健康促进计划。健全职业健康监管支撑保障体系，加强职业健康技术服务机构、职业病诊断鉴定机构和职业健康体检机构建设，强化职业病危害基础研究、预防控制、诊断鉴定、综合治疗能力。完善相关规定，扩大职业病患者救治范围，将职业病失能人员纳入社会保障范围，对符合条件的职业病患者落实医疗与生活救助措施。加强企业职业健康监管执法，督促落实职业病危害告知、日常监测、定期报告、防护保障和职业健康体检等制度措施，落实职业病防治主体责任。

5. 加强安全基础保障能力建设

（1）完善安全投入长效机制。加强中央和地方财政安全生产预防及应急相关资金使用管理，加大安全生产与职业健康投入，强化审计监督。加强安全生产经济政策研究，完善安全生产专用设备企业所得税优惠目录。落实企业安全生产费用提取管理使用制度，建立企业增加安全投入的激励约束机制。

健全投融资服务体系，引导企业集聚发展灾害防治、预测预警、检测监控、个体防护、应急处置、安全文化等技术。

（2）建立安全科技支撑体系。优化整合国家科技计划，统筹支持安全生产和职业健康领域科研项目，加强研发基地和博士后科研工作站建设。开展事故预防理论研究和关键技术装备研发，加快成果转化和推广应用。推动工业机器人、智能装备在危险工序和环节的广泛应用。提升现代信息技术与安全生产融合度，统一标准规范，加快安全生产信息化建设，构建安全生产与职业健康信息化全国“一张网”。加强安全生产理论和政策研究，运用大数据技术开展安全生产规律性、关联性特征分析，提高安全生产决策科学化水平。

（3）健全社会化服务体系。将安全生产专业技术服务纳入现代服务业发展规划，培育多元化服务主体。建立政府购买安全生产服务制度。支持发展安全生产专业化行业组织，强化自治自律。完善注册安全工程师制度。改革完善安全生产和职业健康技术服务机构资质管理办法。支持相关机构开展安全生产和职业健康一体化评价等技术服务，严格实施评价公开制度，进一步激活和规范专业技术服务市场。鼓励中小微企业订单式、协作式购买运用安全生产管理和技术服务。建立安全生产和职业健康技术服务机构公示制度和由第三方实施的信用评定制度，严肃查处租借资质、违法挂靠、弄虚作假、垄断收费等各类违法违规行为。

（4）发挥市场机制推动作用。取消安全生产风险抵押金制度，建立健全安全生产责任保险制度，在矿山、危险化学品、烟花爆竹、交通运输、建筑施工、民用爆炸物品、金属冶炼、渔业生产等高危行业领域强制实施，切实发挥保险机构参与风险评估管控和事故预防功能。完善工伤保险制度，加快制定工伤预防费用的提取比例、使用和管理具体办法。积极推进安全生产诚信体系建设，完善企业安全生产不良记录“黑名单”制度，建立失信惩戒和守信激励机制。

（5）健全安全宣传教育体系。将安全生产监督管理纳入各级党政领导干部培训内容。把安全知识普及纳入国民教育，建立完善中小学安全教育和高危行业职业安全教育体系。把安全生产纳入农民工技能培训内容。严格落实企业安全教育培训制度，切实做到先培训、后上岗。推进安全文化建设，加强警示教育，强化全民安全意识和法治意识。发挥工会、共青团、妇联等群团组织作用，依法维护职工群众的知情权、参与权与监督权。加强安全生产公益宣传和舆论监督。建立安全生产“12350”专线与社会公共管理平台统一接报、分类处置的举报投诉机制。鼓励开展安全生产志愿服务和慈善事业。加强安全生产国际交流合作，学习借鉴国外安全生产与职业健康先进经验。

二　在维护职工权益方面的重大举措

生命安全与身体健康权益是职工最重要的合法权益之一。权益得到保护的前提是有法可依，为了广大职工能够得到保障，确保企业生产安全，2014 年 8 月 31 日《安全生产法》的修正案在维护职工群众权益方面发挥了重要作用。2021 年新法在维护职工权益方面又有了新的举措，体现了“以人为本、生命至上”的立法精神。

（一）强调“以人为本、生命至上”

2021 年新法第三条第二款明确规定，安全生产工作应当以人为本，坚持人民至上、生命至上，把保护人民生命安全摆在首位，树牢安全发展理念，坚持安全第一、预防为主、综合治理的方针，从源头上防范化解重大安全风险。这突出了人民生命安全的首要地位。

（二）在投入和制度保障上加强安全生产管理

2021 年新法第四条规定，生产经营单位必须遵守本法和其他有关安全生产的法律、法规，加强安全生产管理，建立健全全员安全生产责任制和安全生产规章制度，加大对安全生产资金、物资、技术、人员的投入保障力度，改善安全生产条件，加强安全生产标准化、信息化建设，构建安全风险分级管控和隐患排查治理双重预防机制，健全风险防范化解机制，提高安全生产水平，确保安全生产。

第二十二条规定，生产经营单位的全员安全生产责任制应当明确各岗位的责任人员、责任范围和考核标准等内容。生产经营单位应当建立相应的机制，加强对全员安全生产责任制落实情况的监督考核，保证全员安全生产责任制的落实。

（三）增加从业人员知情权的规定

第四十一条第二款规定，生产经营单位应当建立健全并落实生产安全事故隐患排查治理制度，采取技术、管理措施，及时发现并消除事故隐患。事故隐患排查治理情况应当如实记录，并通过职工大会或者职工代表大会、信息公示栏等方式向从业人员通报。其中，重大事故隐患排查治理情况应当及时向负有安全生产监督管理职责的部门和职工大会或职工代表大会报告。

（四）完善对员工宿舍安全的规定

第四十二条第二款规定，生产经营场所和员工宿舍应当设有符合紧急疏散要求、标志明显、保持畅通的出口、疏散通道。禁止占用、锁闭、封堵生产经营场所或者员工宿舍的出口、疏散通道。

本条在2014年修正“封闭、堵塞”为“锁闭、封堵”的基础上增加了“占用”，也增加了疏散通道的规定。生产经营场所出现安全生产事故时，疏散人群首先要经过疏散通道才能到达安全出口，因此疏散通道同样重要。

（五）增加对生产经营单位关注员工心理卫生的义务规定

第四十四条第二款规定，生产经营单位应当关注从业人员的身体、心理状况和行为习惯，加强对从业人员的心理疏导、精神慰藉，严格落实岗位安全生产责任，防范从业人员行为异常导致事故发生。该条款为新增规定。

（六）新增生产经营单位及时救治义务，完善民事赔偿规定

第五十六条第一款规定，生产经营单位发生生产安全事故后，应当及时采取措施救治有关人员。生产经营单位负责人的重要职责之一就是组织本单位生产安全事故的抢救。因此，接到事故报告后，生产经营单位负责人应当迅速采取有效措施，组织抢救，防止事故扩大，减少人员伤亡和财产损失。生产经营单位及单位负责人最有条件就地第一时间组织抢救，又熟悉本单位生产经营活动和事故的特点，其迅速组织抢救意义重大。本次修订，增加了生产经营单位及时救治义务，体现了“以人为本、生命至上”的立法精神。

第五十六条第二款规定，因生产安全事故受到损害的从业人员，除依法享有工伤保险外，依照有关民事法律尚有获得赔偿的权利的，有权提出赔偿要求。原法规定为因生产安全事故受到损害的从业人员，依照有关民事法律尚有获得赔偿的权利的，有权向生产经营单位提出赔偿要求。按照修改后的该款规定，因为生产安全事故受到损害的从业人员，依照有关民事法律尚有获得赔偿的权利的，不再局限于向生产经营单位提出赔偿要求。具体来说，在生产事故发生后，如果工伤保险不能补偿受损害的从业人员因事故所受的全部损失，同时生产经营单位或其他第三人对事故的发生负有责任，则从业人员还有权向生产单位或第三人提出赔偿要求。可见，工伤保险与民事求偿权相辅相成，共同来保障从业人员的最大利益。2021 年新法将“有权向本单位提出赔偿要求”修改为“有权提出赔偿要求”，更符合实际，也有利于全面保护从业人员的权利。

三 修订的主要内容

（一）强化新时代安全发展理念、全面落实安全生产责任制

第三条　安全生产工作坚持中国共产党的领导。

安全生产工作应当以人为本，坚持人民至上、生命至上，把保护人民生命安全摆在首位，树牢安全发展理念，坚持安全第一、预防为主、综合治理的方针，从源头上防范化解重大安全风险。

安全生产工作实行管行业必须管安全、管业务必须管安全、管生产经营必须管安全，强化和落实生产经营单位主体责任与政府监管责任，建立生产经营单位负责、职工参与、政府监管、行业自律和社会监督的机制。

（二）明确平台经济等新兴行业、领域的安全生产责任

第四条第二款　平台经济等新兴行业、领域的生产经营单位应当根据本行业、领域的特点，建立健全并落实全员安全生产责任制，加强从业人员安全生产教育和培训，履行本法和其他法律、法规规定的有关安全生产义务。

（三）明确安全生产监督机构、配备专职执法人员

第九条　国务院和县级以上地方各级人民政府应当加强对安全生产工作的领导，建立健全安全生产工作协调机制，支持、督促各有关部门依法履行安全生产监督管理职责，及时协调、解决安全生产监督管理中存在的重大问题。

乡镇人民政府和街道办事处，以及开发区、工业园区、港区、风景区等应当明确负责安全生产监督管理的有关工作机构及其职责，加强安全生产监管力量建设，按照职责对本行政区域或者管理区域内生产经营单位安全生产状况进行监督检查，协助人民政府有关部门或者按照授权依法履行安全生产监督管理职责。

（四）顺应机构改革，及时调整管理部门

第十条　国务院应急管理部门依照本法，对全国安全生产工作实施综合监督管理；县级以上地方各级人民政府应急管理部门依照本法，对本行政区域内安全生产工作实施综合监督管理。

国务院交通运输、住房和城乡建设、水利、民航等有关部门依照本法和

其他有关法律、行政法规的规定，在各自的职责范围内对有关行业、领域的安全生产工作实施监督管理；县级以上地方各级人民政府有关部门依照本法和其他有关法律、法规的规定，在各自的职责范围内对有关行业、领域的安全生产工作实施监督管理。对新兴行业、领域的安全生产监督管理职责不明确的，由县级以上地方各级人民政府按照业务相近的原则确定监督管理部门。

应急管理部门和对有关行业、领域的安全生产工作实施监督管理的部门，统称负有安全生产监督管理职责的部门。负有安全生产监督管理职责的部门应当相互配合、齐抓共管、信息共享、资源共用，依法加强安全生产监督管理工作。

2018 年 3 月，中共中央印发《深化党和国家机构改革方案》，基于提高国家应急管理能力和水平，提高防灾减灾救灾能力，确保人民群众生命财产安全和社会稳定，是我们党治国理政的一项重大任务。为防范化解重特大安全风险，健全公共安全体系，整合优化应急力量和资源，推动形成统一指挥、专常兼备、反应灵敏、上下联动、平战结合的中国特色应急管理体制，将国家安全生产监督管理总局的职责，国务院办公厅的应急管理职责，公安部的消防管理职责，民政部的救灾职责，国土资源部的地质灾害防治、水利部的水旱灾害防治、农业部的草原防火、国家林业局的森林防火相关职责，中国地震局的震灾应急救援职责以及国家防汛抗旱总指挥部、国家减灾委员会、国务院抗震救灾指挥部、国家森林防火指挥部的职责整合，组建应急管理部，作为国务院组成部门。不再保留国家安全生产监督管理总局。

（五）规范制定国家标准，要求单位严格执行

第十二条　国务院有关部门按照职责分工负责安全生产强制性国家标准的项目提出、组织起草、征求意见、技术审查。国务院应急管理部门统筹提出安全生产强制性国家标准的立项计划。国务院标准化行政主管部门负责安全生产强制性国家标准的立项、编号、对外通报和授权批准发布工作。国务院标准化行政主管部门、有关部门依据法定职责对安全生产强制性国家标准

的实施进行监督检查。

（六）强调主要负责人责任落实，提高处罚力度

第二十一条　生产经营单位的主要负责人对本单位安全生产工作负有下列职责：

（一）建立健全并落实本单位全员安全生产责任制，加强安全生产标准化建设；

（二）组织制定并实施本单位安全生产规章制度和操作规程；

（三）组织制定并实施本单位安全生产教育和培训计划；

（四）保证本单位安全生产投入的有效实施；

（五）组织建立并落实安全风险分级管控和隐患排查治理双重预防工作机制，督促、检查本单位的安全生产工作，及时消除生产安全事故隐患；

（六）组织制定并实施本单位的生产安全事故应急救援预案；

（七）及时、如实报告生产安全事故。

第九十四条　生产经营单位的主要负责人未履行本法规定的安全生产管理职责的，责令限期改正，处二万元以上五万元以下的罚款；逾期未改正的，处五万元以上十万元以下的罚款，责令生产经营单位停产停业整顿。

生产经营单位的主要负责人有前款违法行为，导致发生生产安全事故的，给予撤职处分；构成犯罪的，依照刑法有关规定追究刑事责任。

生产经营单位的主要负责人依照前款规定受刑事处罚或者撤职处分的，自刑罚执行完毕或者受处分之日起，五年内不得担任任何生产经营单位的主要负责人；对重大、特别重大生产安全事故负有责任的，终身不得担任本行业生产经营单位的主要负责人。

（七）增加对生产经营单位监控等相关设备设施及餐饮等行业燃气用户安全隐患管理的规范

第三十六条　安全设备的设计、制造、安装、使用、检测、维修、改造

和报废，应当符合国家标准或者行业标准。

生产经营单位必须对安全设备进行经常性维护、保养，并定期检测，保证正常运转。维护、保养、检测应当做好记录，并由有关人员签字。

生产经营单位不得关闭、破坏直接关系生产安全的监控、报警、防护、救生设备、设施，或者篡改、隐瞒、销毁其相关数据、信息。

餐饮等行业的生产经营单位使用燃气的，应当安装可燃气体报警装置，并保障其正常使用。

第九十九条　生产经营单位有下列行为之一的，责令限期改正，处五万元以下的罚款；逾期未改正的，处五万元以上二十万元以下的罚款，对其直接负责的主管人员和其他直接责任人员处一万元以上二万元以下的罚款；情节严重的，责令停产停业整顿；构成犯罪的，依照刑法有关规定追究刑事责任：

（一）未在有较大危险因素的生产经营场所和有关设施、设备上设置明显的安全警示标志的；

（二）安全设备的安装、使用、检测、改造和报废不符合国家标准或者行业标准的；

（三）未对安全设备进行经常性维护、保养和定期检测的；

（四）关闭、破坏直接关系生产安全的监控、报警、防护、救生设备、设施，或者篡改、隐瞒、销毁其相关数据、信息的；

（五）未为从业人员提供符合国家标准或者行业标准的劳动防护用品的；

（六）危险物品的容器、运输工具，以及涉及人身安全、危险性较大的海洋石油开采特种设备和矿山井下特种设备未经具有专业资质的机构检测、检验合格，取得安全使用证或者安全标志，投入使用的；

（七）使用应当淘汰的危及生产安全的工艺、设备的；

（八）餐饮等行业的生产经营单位使用燃气未安装可燃气体报警装置的。

（八）加强重大隐患管理力度、提高信息化

第四十条　生产经营单位对重大危险源应当登记建档，进行定期检测、

评估、监控，并制定应急预案，告知从业人员和相关人员在紧急情况下应当采取的应急措施。

生产经营单位应当按照国家有关规定将本单位重大危险源及有关安全措施、应急措施报有关地方人民政府应急管理部门和有关部门备案。有关地方人民政府应急管理部门和有关部门应当通过相关信息系统实现信息共享。

（九）特别针对有关建设项目施工单位突出的安全生产问题进行规范

增加第四十九条第三款，矿山、金属冶炼建设项目和用于生产、储存、装卸危险物品的建设项目的施工单位应当加强对施工项目的安全管理，不得倒卖、出租、出借、挂靠或者以其他形式非法转让施工资质，不得将其承包的全部建设工程转包给第三人或者将其承包的全部建设工程支解以后以分包的名义分别转包给第三人，不得将工程分包给不具备相应资质条件的单位。

增加第一百零三条第三款，矿山、金属冶炼建设项目和用于生产、储存、装卸危险物品的建设项目的施工单位未按照规定对施工项目进行安全管理的，责令限期改正，处十万元以下的罚款，对其直接负责的主管人员和其他直接责任人员处二万元以下的罚款；逾期未改正的，责令停产停业整顿。以上施工单位倒卖、出租、出借、挂靠或者以其他形式非法转让施工资质的，责令停产停业整顿，吊销资质证书，没收违法所得；违法所得十万元以上的，并处违法所得二倍以上五倍以下的罚款，没有违法所得或者违法所得不足十万元的，单处或者并处十万元以上二十万元以下的罚款；对其直接负责的主管人员和其他直接责任人员处五万元以上十万元以下的罚款；构成犯罪的，依照刑法有关规定追究刑事责任。

（十）推行建立安全生产责任保险制度

第五十一条　生产经营单位必须依法参加工伤保险，为从业人员缴纳保险费。

国家鼓励生产经营单位投保安全生产责任保险；属于国家规定的高危行

业、领域的生产经营单位，应当投保安全生产责任保险。具体范围和实施办法由国务院应急管理部门会同国务院财政部门、国务院保险监督管理机构和相关行业主管部门制定。

（十一）生命至上，提高救治措施意识及能力

第五十六条　生产经营单位发生生产安全事故后，应当及时采取措施救治有关人员。

因生产安全事故受到损害的从业人员，除依法享有工伤保险外，依照有关民事法律尚有获得赔偿权利的，有权提出赔偿要求。

（十二）由检查变为执法，加大执法力度

第六十五条　应急管理部门和其他负有安全生产监督管理职责的部门依法开展安全生产行政执法工作，对生产经营单位执行有关安全生产的法律、法规和国家标准或者行业标准的情况进行监督检查，行使以下职权：

（一）进入生产经营单位进行检查，调阅有关资料，向有关单位和人员了解情况；

（二）对检查中发现的安全生产违法行为，当场予以纠正或者要求限期改正；对依法应当给予行政处罚的行为，依照本法和其他有关法律、行政法规的规定作出行政处罚决定；

（三）对检查中发现的事故隐患，应当责令立即排除；重大事故隐患排除前或者排除过程中无法保证安全的，应当责令从危险区域内撤出作业人员，责令暂时停产停业或者停止使用相关设施、设备；重大事故隐患排除后，经审查同意，方可恢复生产经营和使用；

（四）对有根据认为不符合保障安全生产的国家标准或者行业标准的设施、设备、器材以及违法生产、储存、使用、经营、运输的危险物品予以查封或者扣押，对违法生产、储存、使用、经营危险物品的作业场所予以查封，并依法作出处理决定。

监督检查不得影响被检查单位的正常生产经营活动。

（十三）建立安全生产执法人员依法履行法定职责制度

第七十一条　监察机关依照监察法的规定，对负有安全生产监督管理职责的部门及其工作人员履行安全生产监督管理职责实施监察。

（十四）严禁租借资质、违法挂靠、弄虚作假

第七十二条　承担安全评价、认证、检测、检验职责的机构应当具备国家规定的资质条件，并对其作出的安全评价、认证、检测、检验结果的合法性、真实性负责。资质条件由国务院应急管理部门会同国务院有关部门制定。

承担安全评价、认证、检测、检验职责的机构应当建立并实施服务公开和报告公开制度，不得租借资质、挂靠、出具虚假报告。

（十五）增加公益诉讼规定

增加第七十四条第二款，因安全生产违法行为造成重大事故隐患或者导致重大事故，致使国家利益或者社会公共利益受到侵害的，人民检察院可以根据民事诉讼法、行政诉讼法的相关规定提起公益诉讼。

（十六）建立安全生产违法行为信息库

第七十八条　负有安全生产监督管理职责的部门应当建立安全生产违法行为信息库，如实记录生产经营单位及其有关从业人员的安全生产违法行为信息；对违法行为情节严重的生产经营单位及其有关从业人员，应当及时向社会公告，并通报行业主管部门、投资主管部门、自然资源主管部门、生态环境主管部门、证券监督管理机构以及有关金融机构。有关部门和机构应当对存在失信行为的生产经营单位及其有关从业人员采取加大执法检查频次、暂停项目审批、上调有关保险费率、行业或者职业禁入等联合惩戒措施，并向社会公示。

负有安全生产监督管理职责的部门应当加强对生产经营单位行政处罚信息的及时归集、共享、应用和公开，对生产经营单位作出处罚决定后七个工作日内在监督管理部门公示系统予以公开曝光，强化对违法失信生产经营单位及其有关从业人员的社会监督，提高全社会安全生产诚信水平。

（十七）下沉应急救援预案制定部门

第八十条　县级以上地方各级人民政府应当组织有关部门制定本行政区域内生产安全事故应急救援预案，建立应急救援体系。

乡镇人民政府和街道办事处，以及开发区、工业园区、港区、风景区等应当制定相应的生产安全事故应急救援预案，协助人民政府有关部门或者按照授权依法履行生产安全事故应急救援工作职责。

（十八）细化事故调查组成员及各部门职责

第八十六条　事故调查处理应当按照科学严谨、依法依规、实事求是、注重实效的原则，及时、准确地查清事故原因，查明事故性质和责任，评估应急处置工作，总结事故教训，提出整改措施，并对事故责任单位和人员提出处理建议。事故调查报告应当依法及时向社会公布。事故调查和处理的具体办法由国务院制定。

事故发生单位应当及时全面落实整改措施，负有安全生产监督管理职责的部门应当加强监督检查。

负责事故调查处理的国务院有关部门和地方人民政府应当在批复事故调查报告后一年内，组织有关部门对事故整改和防范措施落实情况进行评估，并及时向社会公开评估结果；对不履行职责导致事故整改和防范措施没有落实的有关单位和人员，应当按照有关规定追究责任。

（十九）首次提到双重机制：重大危险源和重大事故隐患

第一百一十八条　本法规定的生产安全一般事故、较大事故、重大事故、特别重大事故的划分标准由国务院规定。

国务院应急管理部门和其他负有安全生产监督管理职责的部门应当根据各自的职责分工，制定相关行业、领域重大危险源的辨识标准和重大事故隐患的判定标准。

第二部分

安全法规执行好
隐患事故发生少

第二章 >>>>

生产很重要　安全来促进
——2021年新法总则制度释义及问题解答

一 制度释义

（一）立法目的

第一条　为了加强安全生产工作，防止和减少生产安全事故，保障人民群众生命和财产安全，促进经济社会持续健康发展，制定本法。

理解运用>>>

本条是关于立法目的的规定。本法的立法目的包括以下几个方面：

1. 加强安全生产工作

在市场经济条件下，从事生产经营活动的市场主体为了追求利益的最大化，在生产经营活动中往往都是以营利为目的，但是绝不能以牺牲从业人员甚至公众的生命安全为代价。如果不重视安全生产，一旦发生事故，不但给他人的生命财产造成损害，生产经营者自身也会遭受重大损失。因此，保证生产安全，首先是生产经营单位自身的责任，既是对社会负责，也是对生产经营者自身利益负责。同时，国家作为社会公共利益的维护者，为了保障人民群众的生命财产安全，为了全体社会成员的共同利益，也必须运用国家权力，加强安全生产工作，对安全生产实施有效的监督管理。本次《安全生产法》的修改，将原法的加强安全生产“监督管理”修改为加强安全生产“工作”，主要是考虑到生产安全不仅要从监督管理的角度人手，还要发挥好各方面的积极作用，安全生产工作比安全生产监督管理的范围要宽一些，有利于拓宽工作视角。

安全生产关系到人民群众的生命财产安全，关系到改革发展和社会稳定大局。党中央、国务院高度重视安全生产工作，新中国成立以来特别是改革开放以来，采取了一系列重大措施加强安全生产工作。国务院相继出台了政策规定，党和国家也明确提出对经济活动的调控、监管，应当综合运用法律的、经济的和必要的行政手段。同时，按照依法治国、建设社会主义法治国家的要求，国家大大加快了有关安全生产的法制建设步伐。2002 年 6 月 29 日，第九届全国人民代表大会常务委员会第二十八次会议通过了《中华人民共和国安全生产法》，2014 年 8 月第十二届全国人民代表大会常务委员会第十次会议通过了《关于修改〈中华人民共和国安全生产法〉的决定》，并于第十三届全国人大常委会第二十五次会议审议了《中华人民共和国安全生产法（修正草案）》修订稿。2021 年新法对本条并未修改。

2. 防止和减少生产安全事故

从业人员在生产经营活动中，在室内、室外、井下、高空、高温等不同的环境和场所中工作，使用不同的机器设备和工具，进行采掘、砌筑、切屑、冲压、浇铸、焊接、切割、装配、爆破、驾驶、吊装等不同的作业活动，而许多作业活动都存在某些可能会对人身和财产安全造成损害的危险因素。如果在生产经营活动中对各种潜在的危险因素缺乏认识，或者没有采取有效的预防、控制措施，这种潜在的危险就会造成诸如触电、淹溺、灼烫、火灾、坠落、坍塌、冒顶片帮、透水、爆炸、中毒、窒息等导致人身伤害和财产损害的生产安全事故。因此，保证生产安全，预防和减少事故发生，成为生产经营活动中最重要的主题。虽然对有些事故还难以做到完全避免，但只要高度重视安全生产，加大投入，严格遵守法律、法规、规章和操作规程，事故损害是可以预防和减小到最小限度的。从我国安全生产的现状看，由于党和国家的高度重视，经各方面的努力，近年来安全生产状况从总体上有所好转，工矿企业各类伤亡事故逐年下降，伤亡人数逐年减少，但安全生产形势仍然十分严峻，需要更加重视安全生产。

3. 保障人民群众生命和财产安全

安全生产事关人民群众生命财产安全，事关改革开放、经济发展和社会稳定大局，事关党和政府的形象和声誉。这就要求生产经营单位必须始终把安全生产放在重中之重的位置，始终把保障人民群众生命财产安全放在首位，进一步牢固树立生命至上的理念，严格落实全员安全生产责任制，确保人民生命财产安全，绝不能以牺牲人的生命为发展的代价。通过立法，强化生产经营单位的主体责任，重视安全生产，防止和减少生产安全事故，其最根本的目的是为了保障人民群众的生命和财产安全，维护社会稳定，保证社会主义现代化建设的顺利进行。

4. 促进经济社会持续健康发展

安全生产是安全与生产的统一，其宗旨是安全促进生产，生产必须安全。本次修改的《安全生产法》，将原法的“促进经济发展”修改为“促进经济社会持续健康发展”。主要考虑是经济与社会要同步发展，仅讲到促进经济发展是不够的，经济发展与社会发展密不可分，并且要持续发展、健康发展。

搞好安全工作，改善劳动条件，可以调动职工的生产积极性；减少职工伤亡，可以减少劳动力的损失；减少财产损失，可以增加企业效益，促进生产的发展。而生产必须安全，因为安全是生产的前提条件，没有安全就无法生产。安全生产与经济社会发展应当同步，并要促进经济的健康发展，只有加强基础建设，加强责任落实，加强依法监管，全面推进安全生产各项工作，持续降低事故总量和伤亡人数，减少职业危害，有效防范和遏制重特大事故，促进安全生产状况持续稳定好转，才能保障经济社会全面、协调、可持续健康发展。这也是制定《安全生产法》的立法目的之一。

相关知识

1. 安全生产：指在生产经营活动中，为避免发生造成人员伤害和财产损失的事故，有效消除或控制危险和有害因素而采取一系列措施，使生产过程在符合规定的条件下进行，以保证从业人员的人身安全与健康、设备和设施免受损坏、环境免遭破坏，保证生产经营活动得以顺利进行的相关活动。“安全生产”一词中的“生产”，是广义的概念，不仅包括各种产品的生产活动，也包括各类工程建设和商业、娱乐业以及其他服务业的经营活动。

2. 生产安全事故：指生产经营单位在生产经营活动（包括与生产经营有关的活动）中突然发生的，伤害人身安全和健康、损坏设备设施或者造成直接经济损失，导致生产经营活动（包括与生产经营活动有关的活动）暂时中止或永远终止的意外事件。按照国务院《生产安全事故报告和调查处理条例》的规定，根据生产安全事故造成的人员伤亡或者直接经济损失，将事故分为四个等级，分别是特别重大事故、重大事故、较大事故、一般事故。

（二）以人为本，生命至上

第三条 安全生产工作坚持中国共产党的领导。

安全生产工作应当以人为本，坚持人民至上、生命至上，把保护人民生命安全摆在首位，树牢安全发展理念，坚持安全第一、预防为主、综合治理的方针，从源头上防范化解重大安全风险。

安全生产工作实行管行业必须管安全、管业务必须管安全、管生产经营必须管安全，强化和落实生产经营单位主体责任与政府监管责任，建立生产经营单位负责、职工参与、政府监管、行业自律和社会监督的机制。

理解运用

本条是关于安全生产的工作方针和工作机制的规定。

1. 关于安全生产工作的新理念

（1）坚持中国共产党的领导。党的十八大以来，以习近平同志为核心的党中央对安全生产高度重视，习近平总书记多次主持召开中央政治局常委会听取安全生产工作汇报，亲临有关事故现场指导事故救援，发表一系列重要讲话，多次作出重要指示批示，深刻回答了安全生产工作一系列方向性、全局性、战略性重大问题，形成了习近平总书记安全生产重要思想，为新时代安全生产工作提供了根本遵循。其中“党政同责、一岗双责、齐抓共管、失职追责”“管行业必须管安全、管业务必须管安全、管生产经营必须管安全”等重要批示指示，对地方党政领导干部的安全生产责任提出了明确要求。制定下发的《地方党政领导干部安全生产责任制规定》，意在加强组织领导，强化属地管理，完善体制机制，是把习近平总书记安全生产重要思想落实到党内法规层面，作为推进安全生产领域改革发展的重要制度性安排，是新时期全面从严治党的重要举措。

（2）坚持人民至上、生命至上，把保护人民生命安全摆在首位。这是坚持以人民为中心的发展思想的必然要求。习近平总书记反复强调，中国共产党根基在人民、血脉在人民。人民立场是中国共产党的根本政治立场，是马克思主义政党区别于其他政党的显著标志。一部中国共产党的历史，就是牢固树立人民至上观念、全心全意为人民服务的历史。人民至上、生命至上是中国共产党性质宗旨、理想信念、初心使命的集中体现，贯穿于党领导人民进行革命、建设、改革的全过程，贯穿于我们党治国理政的各领域、各环节、各方面。

坚持人民至上、生命至上，把保护人民生命安全摆在首位，需要从制度建设着手，全面提高安全生产保障能力，需要完善和落实安全生产责任制，细化各级党委和政府的领导责任、相关部门的监管责任、企业的主体责任，全面抓好防范、监督等各项措施的落实。要对各领域安全生产隐患进行大起底、大排查、大整改，把公共交通、道路交通、消防、地质灾害、建筑施工等行业和领域作为安全生产排查整治的重中之重，同步抓好危险化学品、食品药品、学校等行业领域安全隐患排查整治工作，坚决消除安全隐患，切实做到守土有责、守土负责、守土尽责。要强化责任落实，坚持安全生产“党政同责、一岗双责、齐抓共管、失职追责”，压实企业主体责任、行业监管责任和地方属地责任，形成上下协同、各方协力、齐抓共管的工作格局。

2. 工作方针

依照本条规定，安全生产工作应当坚持安全第一、预防为主、综合治理的方针。这一方针是开展安全生产工作总的指导方针，是长期实践的经验总结。

（1）安全第一。在生产经营活动中，在处理保证安全与实现生产经营活动的其他各项目标的关系上，要始终把安全特别是从业人员和其他人员的人身安全放在首要位置，实行“安全优先”的原则。在确保安全的前提下，努力实现生产经营的其他目标。当安全工作与其他活动发生冲突与矛盾时，其他活动要服从安全，绝不能以牺牲人的生命、健康、财产损失为代价换取发展和效益。安全第一，体现了以人为本的思想，是预防为主、综合治理的统帅，没有安全第一的思想，预防为主就失去了思想支撑，综合治理就失去了整治依据。

（2）预防为主。这是安全生产方针的核心和具体体现，是实施安全生产的根本途径，也是实现安全第一的根本途径。所谓预防为主，就是要把预防生产安全事故发生放在安全生产工作的首位。对于安全生产的管理，主要不是在发生事故后去组织抢救，进行事故调查，找原因、追责任、堵漏洞，而是要谋事在先，尊重科学，探索规律，采取有效的事前控制措施，千方百计预防事故的发生，做到防患于未然，将事故消灭在萌芽状态。虽然人类在生产活动中还不可能完全杜绝安全事故的发生，但只要思想重视、预防措施得当，绝大部分事故特别是重大事故是可以避免的。坚持预防为主，就要坚持以培训教育为主，在提高生产经营单位主要负责人、安全管理人员和从业人员的安全素质上下功夫，最大限度地减少违章指挥、违章作业、违反劳动纪律的现象，努力做到“不伤害自己，不伤害他人，不被他人伤害”。只有把安全生产的重点放在建立事故隐患预防体系上，超前防范，才能有效避免和减少事故，实现安全第一。

（3）综合治理。将“综合治理”纳入安全生产方针，标志着对安全生产的认识上升到一个新的高度，是贯彻落实科学发展观的具体体现。所谓综合治理，就是要综合运用法律、经济、行政等手段，从发展规划、行业管理、安全投入、科技进步、经济政策、教育培训、安全文化以及责任追究等方面着手，建立安全生产长效机制。综合治理，秉承“安全发展”的理念，从遵循和适应安全生产的规律出发，运用法律、经济、行政等手段，多管齐下，并充分发挥社会、职工、舆论的监督作用，形成标本兼治、齐抓共管的格局。综合治理，是一种新的安全管理模式，它是保证“安全第一，预防为主”的安全管理目标实现的重要手段和方法，只有不断健全和完善综合治理工作机制，才能有效贯彻安全生产方针。

3. 主体责任

安全生产工作应当实行管行业必须管安全、管业务必须管安全、管生产经营必须管安全，安全监管工作应当坚持人民至上、生命至上，坚持安全第一、预防为主、综合治理，坚持责权利相统一和“分级属地监管”“谁主管、谁负责，谁审批、谁负责，谁举办、谁负责”的原则。2021 年新法增加了“三必须”的规定，将《地方党政领导干部安全生产责任制规定》写入法律，对地方党政领导干部的安全生产责任在法律上提出了明确要求。

生产经营单位是生产经营活动的主体，也是安全生产工作责任的直接承担主体。生产经营单位安全生产主体责任，即生产经营单位依照法律、法规规定，应当履行的安全生产法定职责和义务。生产经营单位既是社会经济活动中的建设者又是受益者，是安全生产中不容置疑的责任主体，在社会生产中负有不可推卸的社会责任。生产经营单位必须认识到安全生产是坚持科学发展观的内在要求，也是生产经营单位生存与发展的必然选择。增强安全生产主体责任，实现安全生产，是生产经营单位追求利益最大化的最终目的，是实现物质利益和社会效益的最佳结合。强化和落实生产经营单位的主体责任，是保障经济社会协调发展的必然要求，是实现企业可持续发展的客观要求。因此，根据安全生产工作的新情况、新问题和新要求，本次修改《安全生产法》增加了要强化和落实生产经营单位主体责任的规定。

4. 工作格局

按照本条规定，安全生产工作要建立生产经营单位负责、职工参与、政府监管、行业自律和社会监督的机制。建立这一工作格局，目的是形成齐抓共管的合力。

（1）生产经营单位负责，就要求落实生产经营单位的安全生产主体责任，生产经营单位必须严格遵守和执行安全生产法律、法规、规章制度与技术标准，依法依规加强安全生产，加大安全投入，健全安全管理机构，加强对从业人员的培训，保持安全设施设备的完好有效。

（2）职工参与，就是通过安全生产教育，提高广大职工的自我保护意识和安全生产意识，有权对本单位的安全生产工作提出建议。对本单位安全生产工作中存在的问题，有权提出批评、检举和控告，有权拒绝违章指挥和强令冒险作业。要充分发挥工会、共青团、妇联组织的作用，依法维护和落实生产经营单位职工对安全生产的参与权与监督权，鼓励职工监督举报各类安全隐患，对举报者予以奖励。

（3）政府监管，就是要切实履行监管部门安全生产管理和监督职责。健全完善安全生产综合监管与行业监管相结合的工作机制，强化安全生产监管部门对安全生产的综合监管，全面落实行业主管部门的专业监管、行业管理和指导职责。各部门要加强协作，形成监管合力，在各级政府统一领导下，严厉打击违法生产、经营等影响安全生产的行为，对拒不执行监管监察指令的生产经营单位，要依法依规从重处罚。

（4）行业自律，主要是指行业协会等行业组织要自我约束，一方面各个行业要遵守国家法律、法规和政策，另一方面行业组织要通过行规制约本行业生产经营单位的行为。通过行业间的自律，促使相当一部分生产经营单位能从自身安全生产的需要和保护从业人员生命健康的角度出发，自觉开展安全生产工作，切实履行生产经营单位的法定职责和社会责任。

（5）社会监督，就是要充分发挥社会监督的作用，任何单位和个人有权对违反安全生产的行为进行检举和控告。发挥新闻媒体的舆论监督作用。有关部门和地方要进一步畅通安全生产的社会监督渠道，设立举报电话，接受人民群众的公开监督。

相关知识

1. 以人为本：要以人的生命为本。在一个企业内，人的智慧、力量得到了充分发挥，企业才能生存并发展壮大。职工是企业效益的创造者，企业是职工获取人生财富、实现人生价值的场所和舞台。作为生产经营单位，在生产经营活动中，要做到以人为本，就要以尊重职工、爱护职工、维护职工的人身安全为出发点，以消灭生产过程中的潜在隐患为主要目的。要关心职工人身安全和身体健康，不断改善劳动环境和工作条件，真正做到干工作为了人、干工作依靠人，绝不能为了发展经济以牺牲人的生命作为代价，这就是以人为本。具体来讲，就是当人的生命健康和财产面临冲突时，应当首先考虑人的生命健康，而不是首先考虑和维护财产利益。

2. 安全发展：要坚持统筹兼顾，协调发展。正确处理安全生产与经济社会发展、与速度质量效益的关系，坚持把安全生产放在首要位置，促进区域及行业领域的科学、安全、可持续发展，绝不能以牺牲人的生命健康换取一时的发展。要自觉坚持科学发展、安全发展，把安全真正作为发展的前提和基础，使经济社会发展切实建立在安全保障能力不断增强、劳动者生命安全和身体健康得到切实保障的基础上，确保人民群众平安幸福地享有经济发展和社会进步的成果。要大力实施安全发展战略，坚持依法依规，综合治理。健全完善安全生产法律法规、制度标准体系，严格安全生产执法，严厉打击非法违法行为，综合运用法律、行政、经济等手段，推动安全生产工作规范、有序、高效地开展。坚持重在预防，落实责任。加大安全投入，严格安全准入，深化隐患排查治理，筑牢安全生产基础，全面落实企业安全生产主体责任、政府及部门监管责任和属地管理责任。

（三）生产经营单位基本义务

第四条 生产经营单位必须遵守本法和其他有关安全生产的法律、法规，加强安全生产管理，建立健全全员安全生产责任制和安全生产规章制度，加大对安全生产资金、物资、技术、人员的投入保障力度，改善安全生产条件，加强安全生产标准化、信息化建设，构建安全风险分级管控和隐患排查治理双重预防机制，健全风险防范化解机制，提高安全生产水平，确保安全生产。

平台经济等新兴行业、领域的生产经营单位应当根据本行业、领域的特点，建立健全并落实全员安全生产责任制，加强从业人员安全生产教育和培训，履行本法和其他法律、法规规定的有关安全生产义务。

理解运用

本条是关于生产经营单位基本义务的规定。

1. 遵守法律法规的义务

按照本条规定，生产经营单位必须遵守本法和其他有关安全生产的法律、法规。安全生产管理，必须坚持法治的原则。遵守安全生产法律，是所有生产经营单位必须履行的义务。本法是有关安全生产的专门法律，确立了有关安全生产的各项基本法律制度，是生产经营单位在安全生产方面必须遵守的行为规范。其他有关安全生产的法律，包括《矿山安全法》《建筑法》《煤炭法》等，国务院也制定了若干有关安全生产的行政法规，各地方也根据法律、行政法规，结合本地实际情况，制定了一批有关安全生产的地方性法规。对这些有关安全生产的法律、法规，各生产经营单位都必须严格遵照执行。

2. 加强安全生产管理

安全生产管理是企业管理的重要内容。“管生产必须管安全”。生产经营单位必须严格遵守安全生产法律法规、规章制度与技术标准，依法依规加强安全生产，要依法设置安全生产的管理机构、管理人员，建立、健全本单位安全生产的各项规章制度并组织实施，保持安全设备设施完好有效。生产经营单位的主要负责人、实际控制人要切实承担安全生产第一责任人的责任，带头执行现场带班制度，加强现场安全管理。做好对从业人员的安全生产教育和培训，企业主要负责人、安全管理人员、特种作业人员一律经严格考核持证上岗，职工必须全部经过培训合格后才能上岗。坚持不安全不生产。搞好生产作业场所、设备、设施的安全管理等。

3. 加大对安全生产资金、物资、技术人员的投入保障力度

近年来，安全生产事故频发的主要原因之一在于生产经营单位资金、物资、人员投入保障力度不够，2021 年新法强调生产经营单位要加大对安全生产资金、物资、技术人员的投入保障力度。加大对安全生产投入需要多方努力。把安全生产纳入经济建设发展规划。经济建设的迅速发展，对安全生产提出了更高的要求，要发展，但不要带血的 GDP，要把安全生产工作纳入经济社会发展规划中，制定发展目标，坚持走安全发展之路，逐步和有效地降低政府和企业伤亡事故风险水平，将事故频率和伤亡人数都控制在可容许的范围内。事故居高不下，主要原因之一是安全投入不足，企业安全生产保障条件水平不足，因此政府和企业都应加大安全生产投入力度。企业必须依照《安全生产法》确保安全生产条件的投入，并对安全投入不足导致的后果负责。要明确规范企业安全人员配备结构比例；明确企业安全生产专项经费投入项目，实行安全专项经费稽查制度，应尽量给予安全生产设施装备的贷款支持，帮助企业加强技术改造，完善安全生产设施，对重大技术改造项目尽

可能给予财政和税收扶持，或是阶段性的扶持优惠政策，使企业加快技术更新，保障安全生产。

4. 建立健全全员安全生产责任制和安全生产规章制度

全员安全生产责任制是企业岗位责任制的一个组成部分，是企业中最基本的一项安全制度，也是企业安全生产、劳动保护管理制度的核心。根据“管生产必须管安全”的原则，全员安全生产责任制是综合各种安全生产管理、安全操作制度，对生产经营单位和企业各级领导、各职能部门、有关工程技术人员和生产工人在生产中应负的安全责任加以明确规定的制度，主要包括各岗位的责任人员、责任范围和考核标准等内容。在企业全员安全生产责任制中，企业的主要负责人应对本单位的安全生产工作全面负责，其他各级管理人员、职能部门、技术人员和各岗位操作人员，应当根据各自的工作任务、岗位特点，确定其在安全生产方面应做的工作和应负的责任，并与奖惩制度挂钩。实践证明，凡是建立健全全员安全生产责任制的企业，各级领导重视安全生产、劳动保护工作，切实贯彻执行党的安全生产、劳动保护方针、政策和国家的安全生产、劳动保护法规，在认真负责地组织生产的同时，积极采取措施，改善劳动条件，工伤事故和职业性疾病就会减少。

安全生产规章制度的建立与健全是企业安全生产管理工作的重要内容。实践中一些生产经营单位不重视安全生产，尤其是不重视规章制度建设，全员安全生产责任制不落实，极易出现安全生产事故。因此，本次《安全生产法》的修改强调生产经营单位要建立健全全员安全生产规章制度。

5. 改善安全生产条件

安全生产条件，是指生产经营单位在安全生产中的设施、设备、场所、环境等条件，这些条件是与安全生产责任制度相配套的。企业必须具备保障安全生产的各项物质技术条件，其作业场所和各项生产经营设施、设备、器材和从业人员的安全防护用品等方面，都必须符合保障安全生产的要求。为了实现安全生产，生产经营单位要做出一切努力，既包括硬件设施，如为工人配备安全帽等，也包括软件方面，如安全生产教育、培训上岗等。国务院有关部门制定的有关行业的安全规程、规范和国家标准，针对不同行业的生产经营特点及潜在的危险因素，对企业应当达到的基本安全生产条件作了规定。对国家的这些规定，企业必须严格执行，达不到规定的安全生产条件的，不得从事相关的生产经营活动。同时，要求生产经营单位在符合安全生产条件的基础上，要不断改善安全生产条件，从根本上促进安全生产水平的提升。

6. 加强安全生产标准化、信息化建设，提高安全生产水平

2014 年 6 月 3 日，国家安全监管总局印发《企业安全生产标准化评审工作管理办法（试行）》，2014 年《安全生产法》修订，也提出推进安全生产标准化建设的要求。新版《企业安全生产标准化基本规范》（GB/T 33000–2016）于 2017 年 4 月 1 日起正式实施。各行业已经基本建立了行业内的安全生产标准化规范。因此，2021 年新法提出加强安全生产标准化、信息化建设，提高安全生产水平。

深入推进企业安全生产标准化建设。要引导企业将安全生产标准化创建工作与安全风险辨识、评估、管控以及隐患排查治理工作有机结合起来，在安全生产标准化体系的创建、运行过程中开展安全风险辨识、评估、管控和隐患排查治理。要督促企业强化安全生产标准化创建和年度自评，根据人员、设备、环境和管理等因素变化，持续进行风险辨识、评估、管控与更新完善，持续开展隐患排查治理，实现双重预防机制的持续改进。

深入推进企业安全生产信息化建设。提升现代信息技术与安全生产融合度，统一标准规范，加快安全生产信息化建设，构建安全生产与职业健康信息化全国“一张网”。加强安全生产理论和政策研究，运用大数据技术开展安全生产规律性、关联性特征分析，提高安全生产决策科学化水平。

7. 构建安全风险分级管控和隐患排查治理双重预防机制，健全风险防范化解机制

一是要紧紧围绕遏制重特大事故，突出重点地区、重点企业、重点环节和重点岗位，抓住辨识管控重大风险、排查治理重大隐患两个关键，不断完善工作机制，深化安全专项整治，推动各项标准、制度和措施落实到位。二

是要加强探索推进，构建双重预防机制是遏制重特大事故的重要举措，加强对各级安全监管部门、行业管理部门以及企业管理人员、从业人员的教育培训，使其熟悉掌握企业风险类别、危险源辨识和风险评估办法、风险管控措施，以及隐患类别、隐患排查方法与治理措施、应急救援与处置措施等，引导企业开展双重预防机制建设，提升安全风险管控和隐患排查治理能力。要积极探索总结有效做法，形成一套可复制、可推广的成功经验，强化示范带动。三是要加强舆论引导。要充分利用报纸、广播、网络等媒体，大力宣传构建双重预防机制的重要意义、重点任务、工作措施和具体要求，推广一批在风险分级管控、隐患排查治理方面取得良好效果的先进典型，曝光一批重大隐患突出、事故多发的地区和企业，为推进构建双重预防机制创造有利的舆论环境。四是要加强对企业构建双重预防机制情况的督促检查，积极协调和组织专家力量，帮助和指导企业开展安全风险分级管控和隐患排查治理。要把建立双重预防机制工作情况纳入地方政府及相关部门安全生产目标考核内容，加强检查指导、考核奖惩，对消极应付、工作落后的，要通报批评、督促整改。

8. 平台经济等新兴行业、领域的生产经营单位应当根据本行业、领域的特点，建立健全并落实全员安全生产责任制，加强从业人员安全生产教育和培训，履行本法和其他法律、法规规定的有关安全生产义务

近年来，淘宝、京东、美团、滴滴等与衣食住行密切相关的企业，作为平台经济的重要参与方，在人们的生活中起到越来越重要的作用。习近平总书记主持召开中央财经委员会第九次会议，其中一项重要议题就是研究促进平台经济健康发展问题。会议指出，我国平台经济发展的总体态势是好的、作用是积极的，同时也存在一些突出问题，一些平台企业发展不规范、存在劳务用工风险，大量从业人员游离在《劳动法》《劳动合同法》等法律保护范畴之外；平台经济发展不充分、存在短板，监管体制不适应的问题也较为突出。因此，本次修改新增了对平台经济等新兴行业、领域的安全生产责任的规定。

相关知识

1. 全员安全生产责任制：是根据我国“安全第一、预防为主、综合治理”的安全生产方针和安全生产法规建立的各级领导、职能部门、工程技术人员、岗位操作人员在劳动生产过程中对安全生产层层负责的制度。

2. 安全生产规章制度：是以全员安全生产责任制为核心，指引和约束人们在安全生产方面的行为，是安全生产的行为准则。其作用是明确各岗位安全职责，规范安全生产行为，建立和维护安全生产秩序，包括全员安全生产责任制、安全操作规程和基本的安全生产管理制度，是生产经营单位制定的组织生产过程和进行生产管理的规则和制度的总和，也称为内部劳动规则，是生产经营单位内部的“法律”。

3. 安全生产标准化：是指通过建立安全生产责任制，制定安全管理制度和操作规程，排查治理隐患和监控重大危险源，建立预防机制，规范生产行为，使各生产环节符合有关安全生产法律法规和标准规范的要求，人（人员）、机（机械）、料（材料）、法（工法）、环（环境）、测（测量）处于良好的生产状态，并持续改进，不断加强企业安全生产规范化建设。

4. 安全生产信息化：是指通过安全生产信息技术创新，加强信息基础设施和标准体系建设，强化安全生产信息系统开发和信息资源利用，推进安全生产政务信息公开，促进企业与各级安全监管监察机构之间的互联互通和信息共享，为强化企业安全生产主体责任、提升政府安全监管监察和社会公共服务能力提供信息技术支撑和保障。

（四）生产经营单位主要负责人和其他负责人的主体责任

第五条　生产经营单位的主要负责人是本单位安全生产第一责任人，对本单位的安全生产工作全面负责。其他负责人对职责范围内的安全生产工作负责。

理解运用

本条是关于生产经营单位主要负责人和其他负责人的主体责任的规定。

1. 本条所称的生产经营单位的主要负责人，对企业而言，不同组织形式的企业有所不同

（1）对于公司制的企业，按照《公司法》的规定，有限责任公司（包括国有独资公司）和股份有限公司的董事长是公司的法定代表人，经理负责“主持公司的生产经营管理工作”。因此，有限责任公司和股份有限公司的主要负责人应当是公司董事长或经理（总经理、首席执行官或其他实际履行经理职责的企业负责人）。

（2）对于非公司制的企业，主要负责人为企业的厂长、经理、矿长等企业行政“一把手”。如全民所有制工业企业法规定，企业实行厂长（经理）负责制，厂长是企业的法定代表人，对企业负有全面责任。

2. 生产经营单位的主要负责人对安全生产工作全面负责

安全生产工作是企业管理工作中的重要内容，涉及企业生产经营活动的各个方面，必须要由企业“一把手”统一领导，统筹协调，负全面责任。生产经营单位可以安排副职负责人协助主要负责人分管安全生产工作，但不能因此减轻或免除主要负责人对本单位安全生产工作所负的全面责任。生产经营单位的安全生产不仅关系到本单位从业人员的人身安全和财产安全，还可能影响社会公共安全。生产经营单位的主要负责人对安全生产全面负责，不仅是对本单位应负的责任，也是对社会应负的责任。

3. 其他负责人对职责范围内的安全生产工作负责

企业的生产活动离不开人的要素，人作为责任的实施主体，各级人员相互联系，责任层层落实，生产经营单位分管安全生产的负责人协助主要负责人履行安全生产职责，技术负责人和其他负责人在各自职责范围内对安全生

产工作负责。同时，生产经营单位应当建立健全安全生产责任制度，实行全员安全生产责任制，明确生产经营单位主要负责人以及其他负责人、职能部门负责人、生产车间（区队）负责人、生产班组负责人、一般从业人员等全体从业人员的安全生产责任，并逐级进行落实和考核。

相关知识

生产经营单位对本单位的安全生产承担主体责任，主要包括以下内容。

1. 生产经营单位对本单位的安全生产承担主体责任，主要包括组织机构、规章制度、物质资金、教育培训、安全管理等保障责任，事故报告、应急救援等安全生产责任。

2. 生产经营单位应当建立健全全员安全生产责任制度，实行全员安全生产责任制，明确生产经营单位主要负责人以及其他负责人、职能部门负责人、生产车间（区队）负责人、生产班组负责人、一般从业人员等全体从业人员的安全生产责任，并逐级进行落实和考核。

3. 生产经营单位的主要负责人是本单位安全生产的第一责任人，对落实本单位安全生产主体责任全面负责，具体履行下列职责：

（1）建立健全本单位安全生产责任制；

（2）组织制定并督促安全生产管理制度和安全操作规程的落实；

（3）确定符合条件的分管安全生产的负责人、技术负责人；

（4）依法设置安全生产管理机构并配备安全生产管理人员，落实本单位技术管理机构的安全职能并配备安全技术人员；

（5）定期研究安全生产工作，向职工代表大会、职工大会或者股东大会报告安全生产情况，接受工会、从业人员、股东对安全生产工作的监督；

（6）保证安全生产投入的有效实施，依法履行建设项目安全设施和职业病防护设施与主体工程同时设计、同时施工、同时投入生产和使用的规定；

（7）组织建立安全生产风险管控机制，督促检查安全生产工作，及时消除生产安全事故隐患；

（8）组织开展安全生产教育培训工作；

（9）依法开展安全生产标准化建设、安全文化建设和班组安全建设工作；

（10）组织实施职业病防治工作，预防、控制和消除职业病危害，建立健全职业病防治责任制，保护从业人员的职业健康；

（11）组织制定并实施事故应急救援预案；

（12）及时、如实报告事故，组织事故抢救；

（13）法律、法规、规章规定的其他职责。

生产经营单位分管安全生产的负责人协助主要负责人履行安全生产职责，技术负责人和其他负责人在各自职责范围内对安全生产工作负责。

4. 生产经营单位的安全生产管理机构以及安全生产管理人员应当履行下列职责：

（1）组织或者参与拟订本单位安全生产规章制度、操作规程；

（2）参与本单位涉及安全生产的经营决策，提出改进安全生产管理的建议，督促本单位其他机构、人员履行安全生产职责；

（3）组织制定本单位安全生产管理年度工作计划和目标，并进行考核；

（4）组织或者参与本单位安全生产宣传教育和培训，如实记录安全生产教育培训情况；

（5）监督本单位安全生产资金投入和技术措施的落实；

（6）监督检查本单位对承包、承租单位安全生产资质、条件的审核工作，督促检查承包、承租单位履行安全生产职责；

（7）督促落实本单位重大危险源的安全管理，监督劳动防护用品的采购、发放、使用和管理；

（8）组织落实安全生产风险管控措施，检查本单位的安全生产状况，及时排查事故隐患，制止和纠正违章指挥、强令冒险作业、违反操作规程的行为，督促落实安全生产整改措施；

（9）组织或者参与本单位生产安全事故应急预案的制定、演练；

（10）法律、法规、规章规定的其他职责。

（五）各级人民政府在安全生产方面的职责

第八条　国务院和县级以上地方各级人民政府应当根据国民经济和社会发展规划制定安全生产规划，并组织实施。安全生产规划应当与国土空间规划等相关规划相衔接。

各级人民政府应当加强安全生产基础设施建设和安全生产监管能力建设，所需经费列入本级预算。

县级以上地方各级人民政府应当组织有关部门建立完善安全风险评估与论证机制，按照安全风险管控要求，进行产业规划和空间布局，并对位置相邻、行业相近、业态相似的生产经营单位实施重大安全风险联防联控。

第九条　国务院和县级以上地方各级人民政府应当加强对安全生产工作的领导，建立健全安全生产工作协调机制，支持、督促各有关部门依法履行安全生产监督管理职责，及时协调、解决安全生产监督管理中存在的重大问题。

乡镇人民政府和街道办事处，以及开发区、工业园区、港区、风景区等应当明确负责安全生产监督管理的有关工作机构及其职责，加强安全生产监管力量建设，按照职责对本行政区域或者管理区域内生产经营单位安全生产状况进行监督检查，协助人民政府有关部门或者按照授权依法履行安全生产监督管理职责。

理解运用

这两条是关于各级人民政府在安全生产方面职责的规定。

1. 安全生产规划与国土空间规划相适应

2019 年党中央、国务院正式印发的 18 号文件《中央生态环境保护督察工作规定》明确提出，建立国土空间规划体系并监督实施，将主体功能区规划、土地利用规划、城乡规划等空间规划融合为统一的国土空间规划，实现“多规合一”。按照本条规定，安全生产规划应当与城乡规划相衔接，这也是对规划的制定提出的要求。城乡规划，是指各级政府统筹安排城乡发展建设空间布局，保护生态和自然环境，合理利用自然资源，维护社会公正与公平的重要依据。本条要求安全生产规划与国土空间规划相衔接，主要是指安全生产规划中涉及国土空间规划的内容应当与国土空间规划相衔接，如安全生产规划中有关危险化学品的化工园区建设、涉及化工产业布局等，应当与国土空间规划相衔接。

2. 各级人民政府应当加强对安全生产工作的领导

国务院和县级以上地方各级人民政府应当加强对安全生产工作的领导，建立健全安全生产工作协调机制，支持、督促各有关部门依法履行安全生产监督管理职责，及时协调、解决安全生产监督管理中存在的重大问题。

3. 各级人民政府应当加强安全生产基础设施建设和安全生产能力建设，所需经费列入本级预算

各级地方人民政府要重视安全生产基础设施建设资金的投入，并积极支持企业安全技术改造，对国家安排的安全生产专项资金，地方政府要加强监督管理，确保专款专用，并安排配套资金予以保障。加强基础建设，提升安全保障能力。2021 年新法提出所需经费要列入本级预算。

4. 加强安全风险管控

《中共中央 国务院关于推进安全生产领域改革发展的意见》第五条规定了建立安全预防控制体系，提出要加强安全风险管控。地方各级政府要建立完善安全风险评估与论证机制，科学合理确定企业选址和基础设施建设、居民生活区空间布局。高危项目审批必须把安全生产作为前置条件，城乡规划布局、设计、建设、管理等各项工作必须以安全为前提，实行重大安全风险

“一票否决”。加强新材料、新工艺、新业态安全风险评估和管控。紧密结合供给侧结构性改革，推动高危产业转型升级。位置相邻、行业相近、业态相似的地区和行业要建立完善重大安全风险联防联控机制。构建国家、省、市、县四级重大危险源信息管理体系，对重点行业、重点区域、重点企业实行风险预警控制，有效防范重特大生产安全事故。

第八条第三款顺应该意见加强安全风险管控的要求，规定县级以上地方各级人民政府应当组织有关部门建立完善安全风险评估与论证机制，按照安全风险管控要求，进行产业规划和空间布局，并对位置相邻、行业相近、业态相似的生产经营单位实施重大安全风险联防联控。

5. 乡、镇人民政府和街道办事处，以及开发区、港区、风景区等安全生产监督职责

第九条第二款对乡、镇人民政府以及地方人民政府的派出机关在安全生产方面的职责作了规定。本款明确了乡镇人民政府和街道办事处在安全生产方面的职责，是进一步强化安全生产工作的要求。随着经济的快速发展，在县乡基层广泛分布着大量的中小企业，许多企业都是高危行业企业，规模小、安全基础差，容易出现生产安全事故，乡镇政府、街道办事处了解本地情况，更能直接发挥作用。因此，按照属地管理的原则，有必要由乡镇政府、街道办事处加强监管。目前，许多省市都在地方法规中明确了乡、镇政府以及街道办事处在安全生产方面的职责，并在工作机构、人员等方面摸索了一些有效的做法，取得了一定经验。

此外，改革开放以来，全国各级各类开发区（包括工业园区等）发展较快，且量大面广，但相当一部分开发区安全监管体制不顺，安全监管不到位，企业主体责任不落实，安全基础薄弱，致使一些地方的开发区成为隐患集中区、政府监管盲区和事故多发区。2013 年以来，在一些地方开发区已连续发生了一些生产安全特别重大事故，如 2014 年 8 月 2 日发生在江苏省苏州市昆山市中荣金属制品有限公司特别重大爆炸事故，造成 75 人死亡、185 人受伤，给人民群众生命安全造成了无法挽回的巨大损失。“8・12 天津滨海新区

爆炸事故”是一起发生在天津市滨海新区的特别重大安全事故。2015 年 8 月 12 日 22 时 51 分 46 秒，位于天津市滨海新区天津港的瑞海公司危险品仓库发生火灾爆炸事故，本次事故中爆炸总能量约为 450 吨 TNT 当量，造成 165 人遇难，8 人失踪（其中天津消防人员 5 人，周边企业员工、天津港消防人员家属 3 人），798 人受伤，304 幢建筑物、12428 辆商品汽车、7533 个集装箱受损。风景区安全事故也多发，风景区坠崖、索道事故等时有发生。因此，2021 年新法也增加了港区、风景区的安全生产监督职责。

按照本款的规定，乡、镇人民政府和街道办事处，以及开发区、港区、风景区等在安全生产方面的职责主要包括两个方面：一是明确负责安全生产监督管理的有关工作机构及其职责，加强安全生产监管力量建设，按照职责对本行政区域或者管理区域内生产经营单位的安全生产状况进行监督检查；二是协助上级人民政府有关部门或者按照授权依法履行安全生产监督管理职责。这就要求乡、镇人民政府和街道办事处，以及开发区、港区、风景区等要高度重视安全生产工作，打破地方保护主义，不要充当违法生产经营单位和人员的保护伞，为负有安全生产监督管理职责的部门依法履行职责提供便利，切实保证本地区的安全生产工作。

相关知识

国土空间规划：是国家空间发展的指南、可持续发展的空间蓝图，是各类开发保护建设活动的基本依据。2019 年党中央、国务院正式印发的 18 号文件明确提出，建立国土空间规划体系并监督实施，将主体功能区规划、土地利用规划、城乡规划等空间规划融合为统一的国土空间规划，实现“多规合一”。

（六）安全生产监督管理体制

第十条　国务院应急管理部门依照本法，对全国安全生产工作实施综合监督管理；县级以上地方各级人民政府应急管理部门依照本法，对本行政区域内安全生产工作实施综合监督管理。

国务院交通运输、住房和城乡建设、水利、民航等有关部门依照本法和其他有关法律、行政法规的规定，在各自的职责范围内对有关行业、领域的安全生产工作实施监督管理；县级以上地方各级人民政府有关部门依照本法和其他有关法律、法规的规定，在各自的职责范围内对有关行业、领域的安全生产工作实施监督管理。对新兴行业、领域的安全生产监督管理职责不明确的，由县级以上地方各级人民政府按照业务相近的原则确定监督管理部门。

应急管理部门和对有关行业、领域的安全生产工作实施监督管理的部门，统称负有安全生产监督管理职责的部门。负有安全生产监督管理职责的部门应当相互配合、齐抓共管、信息共享、资源共用，依法加强安全生产监督管理工作。

理解运用 >>>

本条是关于安全生产监督管理体制的规定。

1. 国务院和县级以上地方各级人民政府安全生产监督管理部门的职责

根据党的十九届三中全会审议通过的《中共中央关于深化党和国家机构改革的决定》《深化党和国家机构改革方案》和第十三届全国人民代表大会第一次会议批准的《国务院机构改革方案》，国务院组成部门进行了调整，组建应急管理部，不再保留国家安全生产监督管理总局。本条进行了相应修改。

依据本法规定，国务院应急管理部门和县级以上地方各级人民政府应急管理部门的监督管理职责主要包括：（1）依照有关法律、法规的规定，对有关安全生产的事项进行审批；（2）依法对生产经营单位执行有关安全生产的法律、法规和国家标准或者行业标准的情况进行监督检查；（3）按照国务院规定的权限组织对生产安全事故的调查处理；（4）对违反本法的行为依法给予行政处罚等。

2. 国务院有关部门和县级以上地方各级人民政府有关部门安全生产监督管理的职责

本条第二款将原法条中的“国务院有关部门”修改为“国务院交通运输、住房和城乡建设、水利、民航等有关部门”，通过不完全列举的方式，指出了对安全生产工作负有监督管理职责的部门。“县级以上地方各级人民政府有关部门”，是指除本级政府负责安全生产监督管理部门以外，依照有关法律、行政法规、地方性法规和本级人民政府对其部门职责划分的规定，对安全生产负有监督管理职责的部门。这就是说，安全生产监督管理工作不仅仅是政府的应急管理部门的职责，政府的其他有关部门在其职责范围内，也承担着安全生产监督管理的责任。国务院批准的部门“三定”方案和有关法律、行政法规及规范性文件规定，国务院安全生产委员会对其成员单位安全生产工作职责进行了明确的分工。例如，工业和信息化部指导工业、通讯业加强安全生产管理，指导重点行业排查治理隐患，负责民爆器材的行业及其生产、流通安全的监管管理；交通运输部行使原铁道部铁路安全生产监督管理责任，承担铁路工程建设安全生产的监督管理工作，监督管理铁路运输安全、劳动安全、特种设备安全和劳动保护工作；水利部负责水利行业安全生产工作，组织实施水利工程建设安全监督管理工作。地方人民政府有关部门也应当依照相关的分工，承担本部门相应的安全生产监督管理的职责。

2013 年 7 月，习近平总书记在中央政治局会议上关于安全生产的讲话中提出，坚持管行业必须管安全、管业务必须管安全、管生产经营必须管安全，并强调安全生产工作要党政同责、一岗双责、齐抓共管。因此此次修改专门增加了国务院和地方政府有关部门在各自的职责范围内对有关“行业、领域”的安全生产实施监督管理的内容，以落实习近平总书记讲话的精神。通过明确“行业、领域”，主要是体现强化各级政府相关部门的安全监管职责，落实安全生产负责制，落实行业主管部门直接监管、安全监管部门综合监管、地方政府属地监管的管理体制。

3. 负有安全生产监督管理职责的部门

各行业主管部门在对各自的安全生产工作实行专项监督管理的同时，应急管理部门对各行业主管部门的安全生产工作又负有监督检查和指导协调的职能，这充分体现了专项监管和综合监管相结合的工作原则。根据本条第三款的规定，应急管理部门和对有关行业、领域的安全生产工作实施监督管理的部门，都属于本法规定的安全生产工作行政执法部门，依照本法规定的职责开展执法工作，因此，统称为“负有安全生产监督管理职责的部门”。负有安全生产监督管理职责的部门应当相互配合、齐抓共管、信息共享、资源共用，依法加强安全生产监督管理工作。

相关知识

根据国务院总理李克强提请第十三届全国人民代表大会第一次会议审议的国务院机构改革方案的议案，改革后，国务院正部级机构减少8个，副部级机构减少7个，除国务院办公厅外，国务院设置组成部门26个。国务院组成部门调整为：

（1）组建自然资源部。不再保留国土资源部、国家海洋局、国家测绘地理信息局。

（2）组建生态环境部。不再保留环境保护部。

（3）组建农业农村部。不再保留农业部。

（4）组建文化和旅游部。不再保留文化部、国家旅游局。

（5）组建国家卫生健康委员会。不再保留国家卫生和计划生育委员会。不再设立国务院深化医药卫生体制改革领导小组办公室。

（6）组建退役军人事务部。

（7）组建应急管理部。不再保留国家安全生产监督管理总局。

（8）重新组建科学技术部。

（9）重新组建司法部。不再保留国务院法制办公室。

（10）优化水利部职责。不再保留国务院三峡工程建设委员会及其办公室、国务院南水北调工程建设委员会及其办公室。

（11）优化审计署职责。不再设立国有重点大型企业监事会。

（12）监察部并入新组建的国家监察委员会。不再保留监察部、国家预防腐败局。

（七）安全生产国家标准、行业标准的制定和执行

第十一条 国务院有关部门应当按照保障安全生产的要求，依法及时制定有关的国家标准或者行业标准，并根据科技进步和经济发展适时修订。

生产经营单位必须执行依法制定的保障安全生产的国家标准或者行业标准。

第十二条 国务院有关部门按照职责分工负责安全生产强制性国家标准的项目提出、组织起草、征求意见、技术审查。国务院应急管理部门统筹提出安全生产强制性国家标准的立项计划。国务院标准化行政主管部门负责安全生产强制性国家标准的立项、编号、对外通报和授权批准发布工作。国务院标准化行政主管部门、有关部门依据法定职责对安全生产强制性国家标准的实施进行监督检查。

理解运用>>>

这两条是关于安全生产国家标准、行业标准的制定和执行的规定。

1. 应当依法及时制定有关国家标准或者行业标准

加强对安全生产工作的监督管理，保障劳动者的人身安全，是国家应当承担的责任。按照保障安全生产的要求，科学、合理地制定有关安全生产的国家标准或者行业标准，包括生产作业场所的安全标准，生产作业、施工的工艺安全标准，安全设备、设施、器材和安全防护用品的产品安全标准等，

并要求在生产经营活动中严格执行，是国家履行加强对安全生产工作监督管理职责的重要方面。

我国对安全生产标准的制定工作十分重视。2012 年，国务院安全生产委员会《关于印发国务院安全生产委员会成员单位安全生产工作职责的通知》中对相关成员单位的职责作出了规定，其中许多成员单位的职责中都有制定相关标准的内容。例如，安全监管总局负责制定和发布工矿商贸行业安全生产规章、标准和规程并组织实施；交通运输部负责按规定制定公路、水路工程建设有关政策、制度和技术标准并监督实施；水利部负责按规定制定水利水电工程建设有关政策、制度、技术标准和重大事故应急预案并监督实施。在我国批准加入的国际劳工组织制定的有关公约中，也有这方面的规定。例如，全国人大常委会于 2001 年 10 月批准加入的国际劳工组织《建筑业安全卫生公约》中明确规定，凡批准本公约的会员国应制定相关的法律或条例，以保证本公约各项规定的实施；依此“制定的法律或条例可规定通过技术标准”等适当方法以保证其具体实施。

2013 年 1 月 29 日，国家安全监管总局等部门下发《关于全面推进全国工贸行业企业安全生产标准化建设的意见》，提出要进一步建立健全工贸行业企业安全生产标准化建设政策法规体系，加强企业安全生产规范化管理，推进全员、全方位、全过程安全管理。力求通过努力，实现企业安全管理标准化、作业现场标准化和操作过程标准化，2015 年底前所有工贸行业企业实现安全生产标准化达标，企业安全生产基础得到明显强化。

2014 年 6 月 3 日，国家安全监管总局印发《企业安全生产标准化评审工作管理办法（试行）》（安监总办〔2014〕49 号）。新版《企业安全生产标准化基本规范》（GB/T 33000–2016）于 2017 年 4 月 1 日起正式实施。

第十一条第一款明确规定，国务院有关部门应当按照保障安全生产的要求，依法及时制定有关的国家标准或者行业标准。这里讲的“依法”主要是指依照《标准化法》的规定。根据 2017 年修订的《标准化法》的规定，对保障人身健康和生命财产安全、国家安全、生态环境安全以及满足经济社会管理基本需要的技术要求，应当制定强制性国家标准。国家标准由国务院标准化行政主管部门制定。按照现行的国务院机构设置，国务院标准化行政主管部门为国家市场监督管理总局。《标准化法》还规定，对没有国家标准而又需要在全国某个行业范围内统一的技术要求，可以制定行业标准。行业标准由国务院有关行政主管部门制定，并报国务院标准化行政主管部门备案。在公布国家标准后，该项行业标准即行废止。

2. 安全生产的国家标准或者行业标准应当适时加以修订

随着科学技术的进步，人们对保证生产安全规律的认识以及安全事故的防范措施和手段会不断完善。一方面，可以采用更先进、更安全的设施、设备、工具和工艺方法，以防止安全事故的发生；另一方面，由于生产经营活动中大量新产品、新材料和新工艺的使用，可能产生新的安全问题。国务院标准化行政主管部门和有关部门应当根据新情况和新问题，及时制定新的标准或对原有的标准进行修订，以适应保障安全生产的要求。《标准化法》对标准的修订和废止工作提出了要求，“标准实施后，制定标准的部门应当根据科学技术的发展和经济建设的需要适时进行复审，以确认现行标准继续有效或者予以修订、废止”。第十一条再次明确安全生产的标准应当适时加以修订，以适应新形势的需要。

3. 生产经营单位必须执行国家标准或者行业标准

根据《标准化法》的规定，国家标准、行业标准分为强制性标准和可以自愿采用的推荐性标准，前者必须强制执行，后者可以自愿采用。保障人体健康，人身、财产安全的标准和法律、行政法规规定强制执行的标准为强制性标准，其他标准为推荐性标准。省、自治区、直辖市标准化行政主管部门制定的工业产品的安全、卫生要求的地方标准，在本行政区域内是强制性标准。本条关于生产经营单位必须遵守有关安全生产的国家标准或者行业标准的规定，与《标准化法》的规定相互衔接，是保证安全生产的一项重要措施。目前，国务院有关部门已经制定了一系列有关安全生产的国家标准和行业标准，这些标准都是经过反复认真的研究论证，在吸取安全事故血的教训的基础上制定出来的，是保障安全生产的技术准则，生产经营单位必须严格执行。

在安全生产方面，2021 年《中华人民共和国国民经济和社会发展第十四个五年规划和 2035 年远景目标纲要》提出，完善和落实安全生产责任制，建立公共安全隐患排查和安全预防控制体系。建立企业全员安全生产责任制度，压实企业安全生产主体责任。加强安全生产监测预警和监管监察执法，深入推进危险化学品行业等重点领域安全整治，实行重大隐患治理逐级挂牌督办和整改效果评价。推进企业安全生产标准化建设，加强工业园区等重点区域安全管理。可见，标准化建设仍是我国安全生产的重点工作。

4. 国务院有关部门标准化制定的职能划分

本次修订新增了第十二条，国务院有关部门按照职责分工负责安全生产强制性国家标准的项目提出、组织起草、征求意见、技术审查。国务院应急管理部门统筹提出安全生产强制性国家标准的立项计划。国务院标准化行政主管部门负责安全生产强制性国家标准的立项、编号、对外通报和授权批准发布工作。国务院标准化行政主管部门、有关部门依据法定职责对安全生产强制性国家标准的实施进行监督检查。

相关知识

1. 标准：按照世界贸易组织《技术性贸易壁垒协定》(以下简称“TBT 协定”) 中的定义，就产品的统一技术要求而言，“标准”(standards) 是指自愿采用的技术要求；而对依法要求强制执行的统一的技术要求，则称为“技术规范”(technical regulations)。我国已公布的入世文件中文译本将其翻译为“技术法规”，如果按照此定义，我国的强制性产品标准即为 TBT 协定中的技术法规。

2. 安全生产标准化：要求企业通过建立安全生产责任制，制定安全管理制度和操作规程，控制重大危险源和排查治理隐患，分析生产安全风险，建立预防机制，规范生产行为，使各生产环节和相关岗位的安全工作符合法律法规、标准规程等规定，达到和保持一定的标准，并持续改进、完善和提高，使企业的人、机、物、环始终处于良好的安全状态，保障和促进企业在安全的前提下健康快速发展。安全生产标准化体现了“安全第一、预防为主、综合治理”的方针和“以人为本”的科学发展观，强调了企业安全生产工作的规范化、科学化、系统化和法制化，强化风险管理和过程控制，注重绩效管理和持续改进，符合安全管理的基本规律，代表了现代安全管理的发展方向，是先进安全管理思想、传统安全管理方法与企业具体实际的有机结合。

3.《标准化法》：我国早在1988年就颁布了《标准化法》，该法于2017年11月4日进行了修订。

（八）安全生产权力和责任清单

第十七条 县级以上各级人民政府应当组织负有安全生产监督管理职责的部门依法编制安全生产权力和责任清单，公开并接受社会监督。

理解运用

《中共中央 国务院关于推进安全生产领域改革发展的意见》于2016年12月18日印发，明确提出依法依规制定各有关部门安全生产权力和责任清单，尽职照单免责、失职照单问责。本条为新增加的一条，明确县级以上各级人民政府应当组织负有安全生产监督管理职责的部门依法编制安全生产权力和责任清单，同时应公开并接受社会监督。

相关知识

1. 地方党委和政府领导责任

坚持党政同责、一岗双责、齐抓共管、失职追责，完善安全生产责任体系。地方各级党委和政府要始终把安全生产摆在重要位置，加强组织领导。党政主要负责人是本地区安全生产第一责任人，班子其他成员对分管范围内的安全生产工作负领导责任。地方各级安全生产委员会主任由政府主要负责人担任，成员由同级党委和政府及相关部门负责人组成。

地方各级党委的责任：认真贯彻执行党的安全生产方针，在统揽本地区经济社会发展全局中同步推进安全生产工作，定期研究决定安全生产重大问题；加强安全生产监管机构领导班子、干部队伍建设；严格安全生产履职绩效考核和失职责任追究；强化安全生产宣传教育和舆论引导；发挥人大对安全生产工作的监督促进作用、政协对安全生产工作的民主监督作用；推动组织、宣传、政法、机构编制等单位支持保障安全生产工作；动员社会各界积极参与、支持、监督安全生产工作。

地方各级政府的责任：把安全生产纳入经济社会发展总体规划，制定实施安全生产专项规划，健全安全投入保障制度；及时研究部署安全生产工作，严格落实属地监管责任；充分发挥安全生产委员会作用，实施安全生产责任目标管理；建立安全生产巡查制度，督促各部门和下级政府履职尽责；加强安全生产监管执法能力建设，推进安全科技创新，提升信息化管理水平；严格安全准入标准，指导管控安全风险，督促整治重大隐患，强化源头治理；加强应急管理，完善安全生产应急救援体系；依法依规开展事故调查处理，督促落实问题整改。

2. 部门监管责任

按照管行业必须管安全、管业务必须管安全、管生产经营必须管安全和谁主管谁负责的原则，厘清安全生产综合监管与行业监管的关系，明确各有关部门安全生产和职业健康工作职责，并落实到部门工作职责规定中。以下是四类部门的监管责任。

（1）安全生产监督管理部门

负责安全生产法规标准和政策规划的制定修订、执法监督、事故调查处理、应急救援管理、统计分析、宣传教育培训等综合性工作，承担职责范围内行业领域安全生产和职业健康监管执法职责。

（2）负有安全生产监督管理职责的有关部门

依法依规履行相关行业领域安全生产和职业健康监管职责，强化监管执法，严厉查处违法违规行为。

（3）其他行业领域主管部门

负有安全生产管理责任，要将安全生产工作作为行业领域管理的重要内容，从行业规划、产业政策、法规标准、行政许可等方面加强行业安全生产工作，指导督促企事业单位加强安全管理。

（4）党委和政府其他有关部门

要在职责范围内为安全生产工作提供支持保障，共同推进安全发展。

二 一问一答

1. 生产经营单位的主要负责人和其他负责人对安全工作有何分工？

生产经营单位的主要负责人是本单位安全生产第一责任人，对本单位的安全生产工作全面负责。其他负责人对职责范围内的安全生产工作负责。

2.《安全生产法》适用的主体范围是什么？

在中华人民共和国领域内从事生产经营活动的单位的安全生产，适用本法；有关法律、行政法规对消防安全和道路交通安全、铁路交通安全、水上交通安全、民用航空安全以及核与辐射安全、特种设备安全另有规定的，适用其规定。具体而言，是指一切合法或者非法从事生产经营活动的企业、事业单位和个体经济组织以及其他组织，包括：国有企事业单位、集体所有制企事业单位、股份制企业、中外合资企业、中外合作经营企业、外资企业、合伙企业、个人独资企业等。不论其性质如何、规模大小，只要是在中华人民共和国领域内从事生产经营活动，都应该遵守本法的各项规定。

3. 本法对从业人员的权利和义务在第一章总则中做了什么样的原则性规定?

生产经营单位的从业人员有依法获得安全生产保障的权利，并应当依法履行安全生产方面的义务。

4. 工会依法对安全生产工作有哪些监督职能?

工会依法对安全生产工作进行监督。生产经营单位的工会依法组织职工参加本单位安全生产工作的民主管理和民主监督，维护职工在安全生产方面的合法权益。生产经营单位制定或者修改有关安全生产的规章制度，应当听取工会的意见。

5. 对于安全生产强制性国家标准的制定和实施，国务院有关部门如何进行职责分工?

国务院有关部门按照职责分工，负责安全生产强制性国家标准的项目提出、组织起草、征求意见、技术审查。国务院应急管理部门统筹提出安全生产强制性国家标准的立项计划。国务院标准化行政主管部门负责安全生产强制性国家标准的立项、编号、对外通报和授权批准发布工作。国务院标准化行政主管部门、有关部门依据法定职责对安全生产强制性国家标准的实施进行监督检查。

6. 各级人民政府及其有关部门在安全生产宣传工作中的义务是什么?

各级人民政府及其有关部门应当采取多种形式，加强对有关安全生产的法律、法规和安全生产知识的宣传，增强全社会的安全生产意识。

7. 有关协会组织在安全生产工作中的作用是什么?

有关协会组织依照法律、行政法规和章程，为生产经营单位提供安全生产方面的信息、培训等服务，发挥自律作用，促进生产经营单位加强安全生产管理。“有关协会组织”主要是指中国安全生产协会。

8. 为安全生产提供技术、管理服务的机构如何承担责任?

依法设立的为安全生产提供技术、管理服务的机构，依照法律、行政法规和执业准则，接受生产经营单位的委托，为其安全生产工作提供技术、管理服务。

生产经营单位委托前款规定的机构提供安全生产技术、管理服务的，保证安全生产的责任仍由本单位负责。

第三章 >>>>

企业要发展　安全来保障
——2021年新法“生产经营单位的安全生产保障”制度释义及问题解答

一 制度释义

安全生产是企业一切生产经营活动的前提和基础，唯有把安全生产放在第一位，才能保证企业的可持续发展，才能真正为构建和谐社会作出应有的贡献。因此，生产经营单位（即企业）、企业的主要负责人员、企业中依法设置安全生产管理机构或者配备的安全生产管理人员都应当依法履行《安全生产法》所规定的义务。

（一）安全生产条件须具备

第二十条　生产经营单位应当具备本法和有关法律、行政法规和国家标准或者行业标准规定的安全生产条件；不具备安全生产条件的，不得从事生产经营活动。

理解运用

本条是关于生产经营单位从事生产经营活动应当具备安全生产条件的规定。生产经营单位是指所有从事生产经营活动的基本生产经营单元，具体包括各种所有制和组织形式的公司、企业、社会组织和个体工商户，以及从事生产经营活动的公民个人。

生产经营单位要保证生产经营活动安全地进行，防止和减少生产安全事故的发生，必须在生产经营设施、设备、人员素质、管理制度、采用的工艺技术等方面达到相应的要求，具备必要的安全生产条件。本条未作修改。

1. 生产经营单位从事生产经营活动，必须具备法律、行政法规规定的安全生产条件

本法和其他有关法律、行政法规对生产经营单位必须具备的安全生产条件作了规定。例如本法规定，生产经营单位新建、改建、扩建工程项目的安全设施，必须与主体工程同时设计、同时施工、同时投入生产和使用；矿山、建筑施工、金属冶炼、道路运输单位和危险物品的生产、经营、储存单位，应当设置安全生产管理机构或者配备专职安全生产管理人员；其他生产经营单位，从业人员超过100人的，应当设置安全生产管理机构或者配备专职安全生产管理人员；从业人员在100人以下的，应当配备专职或者兼职的安全生产管理人员。

除了《安全生产法》以外，其他法律、行政法规也针对不同行业、领域安全生产的特点，对生产经营单位应当具备的安全生产条件作出了规定。例如,《建筑法》规定，建筑施工企业在编制施工组织设计时，应当根据建筑工程的特点制定相应的安全技术措施；对专业性较强的工程项目，应当编制专项安全施工组织设计，并采取安全技术措施。建筑施工企业应当在施工现场采取维护安全、防范危险、预防火灾等措施；有条件的，应当对施工现场实行封闭管理。施工现场对毗邻的建筑物、构筑物和特殊作业环境可能造成损害的，建筑施工企业应当采取安全防护措施。

2. 生产经营单位从事生产经营活动，必须具备有关国家标准或者行业标准规定的安全生产条件

安全生产的国家标准或者行业标准是有关安全生产的技术、管理性规范，是执行安全生产法律、法规的具体保证。它贯穿于生产经营单位生产经营活动的全过程，对保障生产经营单位的安全生产起着重要的作用。本法规定的安全生产国家标准或者行业标准，是指由国务院标准化行政主管部门或者其他有关主管部门，依照《标准化法》的规定所制定的与安全生产有关的，对生产经营活动中的设计、施工、作业、制造、检测等技术事项所作的一系列统一规定。目前我国安全生产的国家标准或者行业标准主要包括安全生产技术、管理方面的标准，生产设备、工具的安全标准，生产工艺的安全标准，劳动防护用品标准等。按照《标准化法》关于强制性标准的规定，有关安全生产的国家标准或者行业标准属于必须强制性标准。为此，本法重申，生产经营单位必须具备有关国家标准或行业标准规定的安全生产条件。

为了进一步强调安全生产条件对于保障安全生产的重要性，本条又从禁止性的角度，规定不具备安全生产条件的生产经营单位，不得从事生产经营活动。这样的规定主要是考虑安全生产条件是保障安全生产的基础，如果不具备安全生产条件，会给生产经营留下严重隐患。

相关知识

《安全生产许可证条例》规定，国家对矿山企业、建筑施工企业和危险化学品、烟花爆竹、民用爆破器材生产企业实行安全生产许可证制度，企业取得安全生产许可证，应当具备下列安全生产条件：(1)建立、健全安全生产责任制，制定完备的安全生产规章制度和操作规程；(2)安全投入符合安全生产要求；(3)设置安全生产管理机构，配备专职安全生产管理人员；(4)主要负责人和安全生产管理人员经考核合格；(5)特种作业人员经有关业务主管部门考核合格，取得特种作业操作资

格证书；(6) 从业人员经安全生产教育和培训合格；(7) 依法参加工伤保险，为从业人员缴纳保险费；(8) 厂房、作业场所和安全设施、设备、工艺符合有关安全生产法律、法规、标准和规范要求；(9) 有职业危害防治措施，并为从业人员配备符合国家标准或者行业标准的劳动防护用品；(10) 依法进行安全评价；(11) 有重大危险源检测、评估、监控措施和应急预案；(12) 有生产安全事故应急救援预案、应急救援组织或者应急救援人员，配备必要的应急救援器材、设备；(13) 法律、法规规定的其他条件。

对于法律、行政法规规定的安全生产条件，生产经营单位必须具备，否则不得从事有关的生产经营活动。

(二) 资金投入要充足

第二十三条 生产经营单位应当具备的安全生产条件所必需的资金投入，由生产经营单位的决策机构、主要负责人或者个人经营的投资人予以保证，并对由于安全生产所必需的资金投入不足导致的后果承担责任。

有关生产经营单位应当按照规定提取和使用安全生产费用，专门用于改善安全生产条件。安全生产费用在成本中据实列支。安全生产费用提取、使用和监督管理的具体办法由国务院财政部门会同国务院应急管理部门征求国务院有关部门意见后制定。

理解运用

本条是关于生产经营单位的决策机构、主要负责人或者个人经营的投资人必须保证安全生产资金投入的规定。

本条规定旨在明确安全生产费用提取的标准、使用的范围，有利于保证安全生产投入的到位。2021 年新法第二十条要求生产经营单位从事生产经营活动必须具备本法和有关法律、行政法规和国家标准或者行业标准规定的安全生产条件。生产经营单位要达到这一要求，必须要有一定的资金保证，用于安全设施的建设、安全设备的购置，为从业人员配备劳动防护用品，对安全设备进行检测、维护、保养等。因此，本条规定，生产经营单位必须保证本单位的安全生产资金投入。有关法律、行政法规也对生产经营单位的安全生产资金投入问题进行了规定，如《矿山安全法》第三十二条规定，矿山企业必须从矿产品销售额中按照国家规定提取安全技术措施专项费用。安全技术措施专项费用必须全部用于改善矿山安全生产条件。

1. 安全生产资金投入，是生产经营单位生产经营活动安全进行，防止和减少生产安全事故的重要保障

从很多事故分析可以看出，一些生产经营单位由于各种原因，例如安全生产资金投入严重不足，安全设施、设备陈旧甚至带病运转，防灾抗灾能力下降等，特别是实行市场经济以来，个别生产经营单位为了追求一时的经济利益，不顾工人死活，千方百计减少安全生产资金投入，甚至根本不投入，致使不具备起码的安全生产条件，事故隐患严重，容易导致事故发生。为此，本条规定，生产经营单位应当具备的安全生产条件所必需的资金投入，由生产经营单位的决策机构、主要负责人或者个人经营的投资人予以保证。这一规定，一方面明确了资金投入的最低要求，即必须保证生产经营单位能够持续地具备本法和有关法律、法规、国家标准或者行业标准所规定的安全生产条件；另一方面根据生产经营单位的经济成分、经营方式的不同，明确了资金保证义务的承担主体，即生产经营单位的决策机构、主要负责人或者个人经营的投资人。

2. 生产经营单位的决策机构、主要负责人或者个人经营的投资人应当对由于安全生产所必需的资金投入不足而导致的后果承担责任

这一规定明确了安全生产资金投入的保证主体与法律责任之间的关系。因安全生产所必需的资金投入不足导致生产安全事故发生，造成人员伤亡和财产损失的，生产经营单位的决策机构、主要负责人或者个人经营的投资人应当对后果负责，承担相应的法律责任，包括民事赔偿责任、行政责任以及刑事责任。本条所称的生产经营单位的决策机构，是指对生产经营单位的经

营方案和投资计划等重大事项进行决策的机构。

3. 矿山等安全生产风险较高的生产经营单位应当按照规定提取和使用安全生产费用，专门用于改善安全生产条件

为了保证有关生产经营单位足额提取安全生产费用，并专项用于改善安全生产条件，本条通过授权规定，安全生产费用提取、使用和监督管理的具体办法由国务院财政部门会同国务院安全生产监督管理部门征求国务院有关部门意见后制定。按照 2012 年 2 月 24 日财政部、国家安全生产监督管理总局联合制定发布的《企业安全生产费用提取和使用管理办法》（财企〔2012〕16 号）的规定，直接从事煤炭生产、非煤矿山开采、建设工程施工、危险品生产与储存、交通运输、烟花爆竹生产、冶金、机械制造、武器装备研制生产与试验（含民用航空及核燃料）的企业以及其他经济组织，必须按照规定的标准提取安全生产费用，并专项用于规定的范围。

相关知识

1. 保证安全生产资金投入的责任主体

该责任主体包括生产经营单位的决策机构、主要负责人或者个人经营的投资人。对于设立了股东会、董事会等决策机构的生产经营单位，由其决策机构保证本单位安全生产的资金投入；没有设立决策机构的生产经营单位，由投资人保证安全生产的资金投入。

2. 用于配备劳动防护用品、进行安全生产培训的经费

2021 年新法第四十七条规定："生产经营单位应当安排用于配备劳动防护用品、进行安全生产培训的经费。"第二十八条明确规定，生产经营单位应当对从业人员进行安全生产教育和培训，保证从业人员具备必要的安全生产知识，熟悉有关的安全生产规章制度和安全操作规程，掌握本岗位的安全操作技能，了解事故应急处理措施，知悉自身在安全生产方面的权利和义务。未经安全生产教育和培训合格的从业人员，不得

上岗作业。第四十五条规定，生产经营单位必须为从业人员提供符合国家标准或者行业标准的劳动防护用品，并监督、教育从业人员按照使用规则佩戴、使用。但是要真正落实这些义务，首要的是物质保障，即生产经营单位必须提供一定的专门经费，且所安排的经费应当充足，保证能够达到生产经营者履行上述几个法定义务，否则一切都是空谈，无法落实。

用于配备劳动防护用品、进行安全生产培训的经费，是保障安全生产所需资金投入的重要组成部分，生产经营单位有义务予以保障。其中，劳动防护用品指的是劳动者在生产过程中为免遭或者减轻事故伤害和职业危害所配备的防护装备。然而，现实生活中，生产经营单位往往为了节省开支，不重视防护用品的配备，不给从业人员发放必备的防护用品或者是发放不符合规定的劣质防护用品，这些行为都违反了本法的规定，应当承担相应法律责任。

（三）主要负责人要履行安全生产职责

第二十一条　生产经营单位的主要负责人对本单位安全生产工作负有下列职责：

（一）建立健全并落实本单位全员安全生产责任制，加强安全生产标准化建设；

（二）组织制定并实施本单位安全生产规章制度和操作规程；

（三）组织制定并实施本单位安全生产教育和培训计划；

（四）保证本单位安全生产投入的有效实施；

（五）组织建立并落实安全风险分级管控和隐患排查治理双重预防工作机制，督促、检查本单位的安全生产工作，及时消除生产安全事故隐患；

（六）组织制定并实施本单位的生产安全事故应急救援预案；

（七）及时、如实报告生产安全事故。

理解运用

本条是关于生产经营单位的主要负责人安全生产职责的规定。

管生产经营必须管安全，谁主管谁负责，这是我国安全生产工作长期坚持的一项基本原则。生产经营单位的主要负责人作为本单位的主要领导者，对本单位的生产经营活动全面负责，必须同时对本单位的安全生产工作负责。生产经营单位的主要负责人有责任、有义务在搞好本单位生产经营活动的同时，搞好本单位的安全生产工作，坚持以人为本的原则，坚持安全发展，认真贯彻落实"安全第一、预防为主、综合治理"的方针，正确处理好安全与发展、安全与效益的关系，做到生产必须安全，不安全不生产。本条规定是对原法第十七条的修改，与原法条相比，增加了主要负责人承担组织制定并实施本单位安全生产教育和培训计划的职责，这样修改的主要目的是强化安全生产教育和培训，提高从业人员的安全素质。根据本条规定，生产经营单位的主要负责人对本单位的安全生产负有下列职责：

1. 建立健全并落实本单位全员安全生产责任制，加强安全生产标准化建设

全员安全生产责任制是生产经营单位最基本的安全生产管理制度，2021 年新法特意强调安全生产责任制的全员性，即根据安全生产法律、法规，按照"安全第一、预防为主、综合治理"的方针以及"管生产经营必须管安全"的原则，将单位的主要负责人与其他负责人员、职能部门及其工作人员、工程技术人员和各岗位操作人员在安全生产方面应做的事情及应负的责任加以明确规定的一种制度。生产经营单位的主要负责人必须亲自带头，自觉执行责任制的规定，并经常或定期检查安全生产责任制的执行情况，奖优罚劣，提高本单位全体从业人员执行安全生产责任制的自觉性，使安全生产责任制的执行得以巩固。

生产经营单位各类负责人的安全生产责任：（1）主要负责人的安全生产责任：生产经营单位主要负责人对本单位的安全生产全面负责，负责安全生

产重大事项的决策并组织实施。（2）有关负责人的安全生产责任：生产经营单位副职负责人或者技术负责人按照分工，协助主要负责人对安全生产专职负责。（3）安全管理机构负责人及其安全管理人员：生产经营单位专设或者指定的负责安全生产管理的机构的负责人、安全管理人员，应当按照分工，负责日常安全管理工作。（4）班组长的安全生产责任：班组长是生产经营单位的直接执行者，负责一线安全生产管理，责任重大。班组长应当检查、督促从业人员遵守安全生产规章制度和操作规程，遵守劳动纪律，不违章指挥、不强令工人冒险作业，对本班组的安全生产负责。

2. 组织制定并实施本单位安全生产规章制度和操作规程

生产经营单位的安全生产规章制度和操作规程是根据其自身生产经营范围、危险程度、工作性质及具体工作内容，依照国家有关法律、行政法规、规章和标准的要求，有针对性规定的、具有可操作性的、保障安全生产的工作运转制度及工作方式、方法和操作程序。安全生产规章制度是一个单位规章制度的重要组成部分，是保证生产经营活动安全、顺利进行的重要手段，其主要包括两个方面的内容：一是安全生产管理方面的规章制度，包括全员安全生产责任制、安全生产教育和培训、安全生产现场检查、生产安全事故报告、特殊区域内施工审批、危险物品安全管理、安全设施管理、要害岗位管理、特种作业安全管理、安全值班、安全生产竞赛、安全生产奖惩、劳动防护用品的配备和发放等；二是安全生产技术方面的规章制度，包括电气安全技术、锅炉压力容器安全技术、建筑施工安全技术、危险场所作业安全技术、矿山灾害治理等。规程是对工艺、操作、安装、检测、安全、管理等具体技术要求和实施程序所作的统一规定，安全操作规程是指在生产经营活动中，为消除能导致人身伤亡或者造成设备、财产破坏以及危害环境的因素而制定的具体技术要求和实施程序的统一规定。安全操作规程与岗位紧密联系，是保证岗位作业安全的重要基础。生产经营单位的主要负责人应当组织制定本单位的全员安全生产规章制度和操作规程，并保证其有效实施。

3. 组织制定并实施本单位安全生产教育和培训计划

生产经营单位的安全生产教育和培训计划是根据本单位安全生产状况、岗位特点、人员结构组成，有针对性地规定单位负责人、职能部门负责人、车间主任、班组长、安全生产管理人员、特种作业人员以及其他从业人员的安全生产教育和培训的统筹安排，包括经费保障、教育培训内容以及组织实施措施等内容。

从业人员既是安全生产的保护对象，又是保证安全生产的决定因素。具有高安全素质和技能的从业人员，是保证生产经营活动安全进行的前提。安全生产教育和培训计划是具体落实从业人员教育和培训任务，保证教育和培训质量，提高从业人员安全素质和安全操作技能的重要保障。安全生产教育和培训工作又是一项系统工程，涉及本单位主管人事培训、财务劳资、安全管理、业务主管等多个部门以及人、财、物的安排。

4. 保证本单位安全生产投入的有效实施

生产经营单位为具备法律、行政法规以及国家标准或者行业标准规定的安全生产条件，需要一定的资金投入，用于安全设施设备建设、劳动防护用品配备等。安全生产投入是保障生产经营单位具备安全生产条件的必要物质基础。大量生产安全事故的分析结果表明，生产经营单位的安全生产投入不足是导致事故发生的重要原因之一。生产经营单位的资金投入，一般都是由主要负责人决策。在市场经济条件下，一些生产经营单位的主要负责人往往更重视经济效益，认为安全生产投入会影响经济效益，或者存在侥幸心理，不想或不愿在安全方面过多地投入。因此，本法和有关法律、法规、规章要求生产经营单位必须有必要的安全生产投入。生产经营单位的主要负责人应当保证本单位有安全生产方面的投入，并保证这项投入真正用于本单位的安全生产工作，在经济效益与安全生产方面找到最佳结合点，促进安全的生产经营。

5. 组织建立并落实安全风险分级管控和隐患排查治理双重预防工作机制，督促、检查本单位的安全生产工作，及时消除生产安全事故隐患

2016 年 10 月 9 日，国务院安委会办公室发布《关于实施遏制重特大事故

工作指南构建双重预防机制的意见》指出，尽快建立健全安全风险分级管控和隐患排查治理的工作制度和规范，完善技术工程支撑、智能化管控、第三方专业化服务的保障措施，实现企业安全风险自辨自控、隐患自查自治，形成政府领导有力、部门监管有效、企业责任落实、社会参与有序的工作格局，提升安全生产整体预控能力，夯实遏制重特大事故的坚强基础。首先要着力构建企业双重预防机制。2021 年新法将双重预防工作的建立和落实明确规定为生产经营单位主要负责人的一项安全生产职责。

事故隐患，是指生产经营单位在生产设施、设备以及安全管理制度等方面存在的可能引发事故的各种自然或者人为因素，包括物的不安全状态、人的不安全行为以及管理上的缺陷等。隐患是导致事故的根源，隐患不除，事故难断。生产经营单位的主要负责人应当经常性地对本单位的安全生产工作进行督促、检查，对检查中发现的问题及时解决，对存在的生产安全事故隐患及时予以排除。

6. 组织制定并实施本单位的生产安全事故应急救援预案

生产安全事故应急预案，是指生产经营单位根据本单位的实际，针对可能发生的事故的类别、性质、特点和范围等情况，制定的事故发生时的技术措施和其他应急措施。生产安全事故应急预案对于防止事故扩大和迅速抢救受害人员，尽可能地减少损失，具有重要的作用。它是一个涉及多方面工作的系统工程，需要生产经营单位主要负责人组织制定和实施，一旦发生事故也要亲自指挥、调度。

7. 及时、如实报告生产安全事故

发生生产安全事故及时向有关部门报告，一方面可以使有关部门及时配合生产经营单位进行抢救，防止事故扩大，减少人员伤亡和损失，如实掌握事故的情况，按照规定向社会披露相关事故信息；另一方面也有利于有关部门对事故进行调查处理，分析事故的原因，处理有关责任人员，提出防范措施。生产经营单位的主要负责人应当按照本法和其他有关法律、法规、规章的规定，及时、如实地报告生产安全事故，不得隐瞒不报、谎报或者迟报。

相关知识

主要负责人，一般是指在生产经营单位中起决策作用的领导人，具体要根据实际情况来确定：

1. 主要负责人必须是生产经营单位开展生产经营活动的主要决策人，享有本单位生产经营活动包括安全生产事项的最终决定权，全面领导生产经营活动。例如，生产经营单位的重大生产经营事项应由董事会决策的，那么董事长就是主要负责人；个人投资生产经营单位的，投资人就是主要负责人。

2. 主要负责人必须是实际领导、指挥生产经营日常活动的决策人。在一般情况下，生产经营单位主要负责人是其法定代表人。但是某些公司制企业，特别是一些特大集团公司的法定代表人，往往与其子公司的法定代表人同为一人，他不负责企业日常的生产经营活动和安全生产工作。在这种情况下，那些真正全面组织、领导生产经营活动和安全生产工作的决策人就不一定是集团董事长，而是总经理或者其他人。还有一些不具备企业法人资格的生产经营单位不需要并且也不设法定代表人，这些单位的主要负责人就是其资产所有人或者生产经营负责人。

3. 主要负责人必须是能够承担生产经营单位安全生产全面领导责任的决策人，当董事长或者总经理长期缺位（因生病、学习等情况不能主持全面领导工作）而由其授权或者委托的副职或者其他人全面主持生产经营单位的工作，在这种情况下发生安全生产违法行为或者生产安全事故需要追究责任时，只能追究其授权或者委托主持全面工作的实际负责人的法律责任。

（四）全员安全生产责任制

第二十二条　生产经营单位的全员安全生产责任制应当明确各岗位的责任人员、责任范围和考核标准等内容。

生产经营单位应当建立相应的机制，加强对全员安全生产责任制落实情况的监督考核，保证全员安全生产责任制的落实。

理解运用>>>

2016 年 12 月 9 日发布的《中共中央 国务院关于推进安全生产领域改革发展的意见》（以下简称《意见》）提出要严格落实企业主体责任。企业对本单位安全生产和职业健康工作负全面责任，要严格履行安全生产法定责任，建立健全自我约束、持续改进的内生机制。企业实行全员安全生产责任制度，法定代表人和实际控制人同为安全生产第一责任人，主要技术负责人拥有安全生产技术决策权和指挥权，强化部门安全生产职责，落实一岗双责。为贯彻《意见》关于企业实行全员安全生产责任制的要求，国务院安委会办公室 2017 年 10 月 10 日发布了《关于全面加强企业全员安全生产责任制工作的通知》，对企业全员安全生产责任制的内涵、建立健全、监督检查等均进行了明确规定。全面加强企业全员安全生产责任制工作，是推动企业落实安全生产主体责任的重要抓手，有利于减少企业“三违”现象（违章指挥、违章作业、违反劳动纪律）的发生，有利于降低因人的不安全行为造成的生产安全事故，对解决企业安全生产责任传导不力问题，维护广大从业人员的生命安全和职业健康具有重要意义。2021 年新法第二十二条对全员安全生产责任制提出了明确要求。与之前相比，更强调全员性。

相关知识

1. 企业全员安全生产责任制

企业全员安全生产责任制是由企业根据安全生产法律法规和相关标准要求，在生产经营活动中，根据企业岗位的性质、特点和具体工作内容，明确所有层级、各类岗位从业人员的安全生产责任，通过加强教育培训、强化管理考核和严格奖惩等方式，建立起安全生产工作“层层负责、人人有责、各负其责”的工作体系。

2. 建立企业全员安全生产责任制的主要要求

（1）企业主要负责人负责建立健全企业的全员安全生产责任制。企业要按照《安全生产法》《职业病防治法》等法律法规规定，参照《企业安全生产标准化基本规范》（GB/T 33000-2016）和《企业安全生产责任体系五落实五到位规定》（安监总办〔2015〕27号）等有关要求，结合企业自身实际，明确从主要负责人到一线从业人员（含劳务派遣人员、实习学生等）的安全生产责任、责任范围和考核标准。安全生产责任制应覆盖本企业所有组织和岗位，其责任内容、范围、考核标准要简明扼要、清晰明确、便于操作、适时更新。企业一线从业人员的安全生产责任制，要力求通俗易懂。

（2）加强企业全员安全生产责任制公示。企业要在适当位置对全员安全生产责任制进行长期公示。公示的内容主要包括：所有层级、所有岗位的安全生产责任、安全生产责任范围、安全生产责任考核标准等。

（3）加强企业全员安全生产责任制教育培训。企业主要负责人要指定专人组织制定并实施本企业全员安全生产教育和培训计划。企业要将全员安全生产责任制教育培训工作纳入安全生产年度培训计划，通过自行组织或委托具备安全培训条件的中介服务机构等实施。要通过教育培训，提升所有从业人员的安全技能，培养良好的安全习惯。要建立健全教育培训档案，如实记录安全生产教育和培训情况。

（4）加强落实企业全员安全生产责任制的考核管理。企业要建立健全安全生产责任制管理考核制度，对全员安全生产责任制落实情况进行考核管理。要健全激励约束机制，通过奖励主动落实、全面落实责任，惩处不落实责任、部分落实责任，不断激发全员参与安全生产工作的积极性和主动性，形成良好的安全文化氛围。

3. 加强对企业全员安全生产责任制的监督检查

（1）明确对企业全员安全生产责任制监督检查的主要内容。地方各级负有安全生产监督管理职责的部门要按照“管行业必须管安全、管业务必须管安全、管生产经营必须管安全”和“谁主管、谁负责”的要求，切实履行安全生产监督管理职责，加强对企业建立和落实全员安全生产责任制工作的指导督促和监督检查。监督检查的内容主要包括：①企业全员安全生产责任制建立情况。包括是否建立了涵盖所有层级和所有岗位的安全生产责任制；是否明确了安全生产责任范围；是否认真贯彻执行《企业安全生产责任体系五落实五到位》等。②企业安全生产责任制公示情况。包括是否在适当位置进行了公示；相关的安全生产责任制内容是否符合要求等。③企业全员安全生产责任制教育培训情况。包括是否制定了培训计划、方案；是否按照规定对所有岗位从业人员（含劳务派遣人员、实习学生等）进行了安全生产责任制教育培训；是否如实记录相关教育培训情况等。④企业全员安全生产责任制考核情况。包括是否建立了企业全员安全生产责任制考核制度；是否将企业全员安全生产责任制度考核贯彻落实到位等。

（2）强化监督检查和依法处罚。地方各级负有安全生产监督管理职责的部门要把企业建立和落实全员安全生产责任制情况纳入年度执法计划，加大日常监督检查力度，督促企业全面落实主体责任。对企业主要负责人未履行建立健全全员安全生产责任制职责，直接负责的主管人员和其他直接责任人员未对从业人员（含被派遣劳动者、实习学生等）进行相关教育培训或者未如实记录教育培训情况等违法违规行为，由地方各级负有安全生产监督管理职责的部门依照相关法律法规予以处罚。健全安全生产不良记录“黑名单”制度，因拒不落实企业全员安全生产责任制而造成严重后果的，要纳入惩戒范围，并定期向社会公布。

（五）配置安全生产管理机构和安全生产管理员

第二十四条 矿山、金属冶炼、建筑施工、运输单位和危险物品的生产、经营、储存、装卸单位，应当设置安全生产管理机构或者配备专职安全生产管理人员。

前款规定以外的其他生产经营单位，从业人员超过一百人的，应当设置安全生产管理机构或者配备专职安全生产管理人员；从业人员在一百人以下的，应当配备专职或者兼职的安全生产管理人员。

第二十五条 生产经营单位的安全生产管理机构以及安全生产管理人员履行下列职责：

（一）组织或者参与拟订本单位安全生产规章制度、操作规程和生产安全事故应急救援预案；

（二）组织或者参与本单位安全生产教育和培训，如实记录安全生产教育和培训情况；

（三）组织开展危险源辨识和评估，督促落实本单位重大危险源的安全管理措施；

（四）组织或者参与本单位应急救援演练；

（五）检查本单位的安全生产状况，及时排查生产安全事故隐患，提出改进安全生产管理的建议；

（六）制止和纠正违章指挥、强令冒险作业、违反操作规程的行为；

（七）督促落实本单位安全生产整改措施。

生产经营单位可以设置专职安全生产分管负责人，协助本单位主要负责人履行安全生产管理职责。

第二十六条　生产经营单位的安全生产管理机构以及安全生产管理人员应当恪尽职守，依法履行职责。

生产经营单位作出涉及安全生产的经营决策，应当听取安全生产管理机构以及安全生产管理人员的意见。

生产经营单位不得因安全生产管理人员依法履行职责而降低其工资、福利等待遇或者解除与其订立的劳动合同。

危险物品的生产、储存单位以及矿山、金属冶炼单位的安全生产管理人员的任免，应当告知主管的负有安全生产监督管理职责的部门。

理解运用

这三条是关于生产经营单位设置安全生产管理机构、配备安全生产管理人员、上述机构和人员相应安全生产管理职责以及对其依法履行职责相应保障的规定。

1. 生产经营活动的安全进行，除了必要的物质保障和制度保障外，还要从人员上加以保障。因此，对于从事一些危险性较大的行业的生产经营单位或者是从业人员较多的生产经营单位，应当有专门的人员从事安全生产管理工作，对生产经营单位的安全生产工作进行经常性检查，对检查中发现的安全生产问题及时处理，对生产事故隐患及时排除。

2. 第二十四条规定包括以下三层意思：

（1）矿山、金属冶炼、建筑施工、运输单位和危险物品的生产、经营、储存单位，应当设置安全生产管理机构或者配备专职安全生产管理人员。这里的“安全生产管理机构”，是指生产经营单位内部设立的专门负责安全生产管理事务的独立的部门；“专职安全生产管理人员”，是指在生产经营单位中专门负责安全生产管理，不再兼做其他工作的人员。矿山、金属冶炼、建筑施工、运输和危险物品生产、经营、储存是危险性比较大的生产经营活动，从事这些活动的单位是危险性比较大的单位。因此，必须在单位内成立专门从事安全生产管理工作的机构，或者配备专职的人员从事安全生产管理工作。

（2）除矿山、金属冶炼、建筑施工、运输单位和危险物品的生产、经营、储存单位外，其他生产经营单位，从业人员在100人以上的，应当设置安全生产管理机构或者配备专职安全生产管理人员。从业人员超过100人的生产经营单位是规模比较大的生产经营单位，大多是人员密集的作业场所，如服装加工企业、人工装配、包装等场所。对于这类生产经营单位，考虑到其人员较多，一旦发生事故，造成的损失也可能较大，安全生产工作尤其重要。因此，必须在单位内成立专门从事安全生产管理工作的机构，或者配备专职的人员从事安全生产管理工作。

（3）除矿山、建筑施工、金属冶炼、运输单位和危险物品的生产、经营、储存单位外，其他生产经营单位，从业人员在100人以下的，应当配备专职或者兼职的安全生产管理人员。从业人员在100人以下的其他生产经营单位，从事的生产经营活动风险较小，生产经营的规模也较小。因此，法律规定不要求其必须设置安全生产管理机构，可以配备专职的安全生产管理人员，也可以配备兼职的安全生产管理人员。

需要注意的是，对于矿山、金属冶炼、建筑施工、运输单位和危险物品的生产、经营、储存单位以及从业人员超过100人的其他生产经营单位，具体在什么情况下应当设置安全生产管理机构，在什么情况下可以配备专职安全生产管理人员，2021年新法第二十五条第二款仅规定生产经营单位可以设置专职安全生产分管负责人，协助本单位负责人履行安全生产管理职责，但未作具体规定。生产经营单位可以根据本单位的规模大小、安全生产风险等实际情况，自主作出决定。一般来讲，规模较小的生产经营单位，例如，个别危险物品的经营单位，人数较少，可只配备专职安全生产管理人员；规模较大的生产经营单位则应当设置安全生产管理机构。从根本上说，无论是配备专职安全生产管理人员还是设置安全生产管理机构，必须以满足本单位安全生产管理工作的实际需要为原则。

3. 本法第二十五条列举了安全生产管理机构以及安全生产管理人员的具

体职责，此处不再赘述。

4. 安全生产管理机构和安全生产管理人员尽职履责的制度性保障。

第二十六条是对安全生产管理机构人员尽职履责的制度性保障的规定。给予安全生产管理机构以及安全生产管理人员一定的独立性，以便使其更好地履行职责。

相关知识

1. 附《建筑施工企业主要负责人、项目负责人和专职安全生产管理人员安全生产管理规定》的几个相关常用法条：

第十九条　企业安全生产管理机构专职安全生产管理人员应当检查在建项目安全生产管理情况，重点检查项目负责人、项目专职安全生产管理人员履责情况，处理在建项目违规违章行为，并记入企业安全管理档案。

第二十条　项目专职安全生产管理人员应当每天在施工现场开展安全检查，现场监督危险性较大的分部分项工程安全专项施工方案实施。对检查中发现的安全事故隐患，应当立即处理；不能处理的，应当及时报告项目负责人和企业安全生产管理机构。项目负责人应当及时处理。检查及处理情况应当记入项目安全管理档案。

第二十一条　建筑施工企业应当建立安全生产教育培训制度，制定年度培训计划，每年对“安管人员”进行培训和考核，考核不合格的，不得上岗。培训情况应当记入企业安全生产教育培训档案。

第二十二条　建筑施工企业安全生产管理机构和工程项目应当按规定配备相应数量和相关专业的专职安全生产管理人员。危险性较大的分部分项工程施工时，应当安排专职安全生产管理人员现场监督。

2. 生产经营单位的有关人员必须具备的法定安全资质条件

生产经营单位的主要负责人和安全生产管理人员必须具备与本单位

所从事的生产经营活动相应的安全生产知识和管理能力。危险物品的生产、经营、储存单位以及矿山、金属冶炼、建筑施工、运输单位的主要负责人和安全生产管理人员，应当由主管的负有安全生产监督管理职责的部门对其安全生产知识和管理能力考核合格。考核不得收费。危险物品的生产、储存单位以及矿山、金属冶炼单位应当有注册安全工程师从事安全生产管理工作。鼓励其他生产经营单位聘用注册安全工程师从事安全生产管理工作。

（六）对职工进行相关教育培训

第二十八条 生产经营单位应当对从业人员进行安全生产教育和培训，保证从业人员具备必要的安全生产知识，熟悉有关的安全生产规章制度和安全操作规程，掌握本岗位的安全操作技能，了解事故应急处理措施，知悉自身在安全生产方面的权利和义务。未经安全生产教育和培训合格的从业人员，不得上岗作业。

生产经营单位使用被派遣劳动者的，应当将被派遣劳动者纳入本单位从业人员统一管理，对被派遣劳动者进行岗位安全操作规程和安全操作技能的教育和培训。劳务派遣单位应当对被派遣劳动者进行必要的安全生产教育和培训。

生产经营单位接收中等职业学校、高等学校学生实习的，应当对实习学生进行相应的安全生产教育和培训，提供必要的劳动防护用品。学校应当协助生产经营单位对实习学生进行安全生产教育和培训。

生产经营单位应当建立安全生产教育和培训档案，如实记录安全生产教育和培训的时间、内容、参加人员以及考核结果等情况。

第二十九条 生产经营单位采用新工艺、新技术、新材料或者使用新设备，必须了解、掌握其安全技术特性，采取有效的安全防护措施，并对从业人员进行专门的安全生产教育和培训。

第三十条　生产经营单位的特种作业人员必须按照国家有关规定经专门的安全作业培训，取得相应资格，方可上岗作业。

特种作业人员的范围由国务院应急管理部门会同国务院有关部门确定。

理解运用

1. 生产经营单位对职工的安全生产教育培训应当按照管理人员和从业人员的不同岗位情况有针对性地制定相应的培训内容，主要内容包括：

（1）安全生产法律、法规和规章；

（2）安全生产管理、安全生产规章制度和操作规程；

（3）岗位安全操作技能及岗位存在的危险、危害因素的识别与防范；

（4）安全设施、设备、工具、劳动防护用品的使用、维护和保管知识；

（5）生产安全事故的防范意识和应急措施、自救互救知识；

（6）生产安全事故案例；

（7）其他应当具备的安全生产知识和技能。

2. 引进新技术时必须对从业人员进行培训：2021 年新法第二十九条提出，生产经营单位采用新工艺、新技术、新材料或者使用新设备，必须了解、掌握其安全技术特性，采取有效的安全防护措施，并对从业人员进行专门的安全生产教育和培训。

3. 特种作业人员培训的特殊性要求：生产经营单位的特种作业人员必须按照国家有关规定经专门的安全作业培训，取得相应资格，方可上岗作业。

相关知识

特种作业人员的范围由国务院安全生产监督管理部门会同国务院有关部门确定，具体可参照《特种作业人员安全技术培训考核管理规定》，大致包括：（1）电工作业。指对电气设备进行运行、维护、安装、检修、改造、施工、调试等作业（不含电力系统进网作业）。（2）焊接与热切割作业。指运用焊接或者热切割方法对材料进行加工的作业（不含《特种设备安全监察条例》规定的有关作业）。(3) 高处作业。指专门或经常在坠落高度基准面2米及以上有可能坠落的高处进行的作业。(4) 制冷与空调作业。指对大中型制冷与空调设备运行操作、安装与修理的作业。(5) 煤矿井下电气作业。指从事煤矿井下机电设备的安装、调试、巡检、维修和故障处理，保证本班机电设备安全运行的作业。(6) 金属非金属矿山安全作业。(7) 石油天然气安全作业。(8) 冶金（有色）生产安全作业。(9) 危险化学品安全作业，指从事危险化工工艺过程操作及化工自动化控制仪表安装、维修、维护的作业。(10) 烟花爆竹安全作业。指从事烟花爆竹生产、储存中的药物混合、造粒、筛选、装药、筑药、压药、搬运等危险工序的作业。

（七）遵守“三同时”原则

第三十一条 生产经营单位新建、改建、扩建工程项目（以下统称建设项目）的安全设施，必须与主体工程同时设计、同时施工、同时投入生产和使用。安全设施投资应当纳入建设项目概算。

理解运用

本条是关于建设项目的安全设施“三同时”原则的规定。

生产安全事故的发生，很多是由于生产经营单位缺乏安全生产意识，在建设项目的设计和施工阶段忽视生产的安全要求，没有配备应有的安全设施，导致项目建成后存在严重的设计性安全隐患，而消除这些隐患往往需要付出巨大的代价，有些甚至不可挽回，从而造成严重的资金浪费并可能造成生产安全事故。特别是随着我国市场经济的发展，乡镇企业、私营企业、个体经济大量增加，不少单位为了最大限度地追求经济利益，不重视安全设施建设的问题更为严重。在建设项目的设计施工阶段就做好生产安全事故的预防工作，对于防止和减少生产安全事故，具有重要的意义。

1. 新建、改建、扩建工程项目的安全设施必须与主体工程同时设计、同时施工、同时投入生产和使用，通常称为“三同时”原则

所谓“新建”，是指从基础开始建造的建设项目，按照国家规定也包括原有基础很小，经扩大建设规模后，其新增固定资产价值超过原有固定资产价值 3 倍以上，并需要重新进行总体设计的建设项目；迁移厂址的建设工程（不包括留在原厂址的部分），符合新建条件的建设项目。所谓“改建”，是指不增加建筑物或建设项目体量，在原有基础上，为提高生产效率，改进产品质量，改变产品方向，或改善建筑物使用功能、改变使用目的，对原有工程进行改造的建设项目。装修工程也是改建。企业为了平衡生产能力，增加一些附属、辅助车间或非生产性工程，也属于改建项目。在改建的同时，扩大主要产品的生产能力或增加新效益的项目，一般称为改扩建项目。所谓“扩建”，是指在原有基础上加以扩充的建设项目，包括扩大原有产品生产能力、增加新产品生产能力，以及为取得新的效益和使用功能而新建主要生产场所或工程的建设活动。对于建筑工程，扩建主要是指在原有基础上加高加层（需重新建造基础的工程属于新建项目）。所谓“建设项目安全”，是指生产经营单位在生产经营活动中用于预防生产安全事故的设备、设施、装置、构（建）筑物和其他技术措施的总称。根据有关规定，生产经营单位是建设项目安全设施建设的责任主体。

“三同时”原则是我国安全生产实践中长期坚持的一项制度。1978 年，中共中央发出的《关于认真做好劳动保护工作的通知》中就明确提出，凡新建、改建、扩建的工矿企业和革新、挖潜的工程项目，都必须有保证安全生产和消除有毒、有害物质的设施，这些设施要与主体工程同时设计、同时施工、同时投产，不得削减。后来，党中央、国务院在有关安全生产的文件中也多次强调建设项目安全设施必须坚持“三同时”原则。有关法律也对“三同时”原则进行了规定。如《劳动法》第五十三条第二款规定，新建、改建、扩建工程的劳动安全卫生设施必须与主体工程同时设计、同时施工、同时投入生

产和使用。《矿山安全法》第七条规定，矿山建设工程的安全设施必须和主体工程同时设计、同时施工、同时投入生产和使用。本条对“三同时”原则作了同样的规定，并明确规定，安全设施投资应当纳入建设项目概算。概算也叫设计概算，发生在初步设计或扩大初步设计阶段；概算需要具备初步设计或扩大初步设计图纸，对项目建设费用计算确定工程造价；编制概算要注意不能漏项、缺项或重复计算，标准要符合定额或规范。

2. 建设项目安全设施的“三同时”应当达到的要求

（1）建设项目的设计单位在编制建设项目投资计划文件时，应同时按照有关法律、法规、国家标准或者行业标准以及设计规范，编制安全设施的设计文件。安全设施的设计不得随意降低安全设施的标准。

（2）生产经营单位在编制建设项目投资计划和财务计划时，应将安全设施所需投资一并纳入计划，同时编报。

（3）对于按照有关规定项目设计需报经主管部门批准的建设项目，在报批时，应当同时报送安全设施设计文件；按照规定，安全设施设计需报主管的负有安全生产监督管理职责的部门审批的，应依法报批。

（4）生产经营单位应当要求具体从事建设项目施工的单位严格按照安全设施的施工图纸和设计要求施工。安全设施与主体工程应同时进行施工，安全设施的施工不得偷工减料，降低建设质量。

（5）在生产设备调试阶段，应同时对安全设施进行调试和考核，并对其效果进行评价。

（6）建设项目验收时，应同时对安全设施进行验收。

（7）安全设施应当与主体工程同时投入生产和使用，不得只将主体工程投入使用，而将安全设施摆样子，不予使用。

相关知识

建设项目安全设施违反“三同时”有关规定的，需依法承担相应的法律责任。

根据国家安全生产监督管理总局于2010年12月14日公布并于2011年2月1日起实施的《建设项目安全设施“三同时”监督管理暂行办法》(国家安全生产监督管理总局令第36号)第三十二条规定，本办法第七条第(一)项、第(二)项、第(三)项规定的建设项目有下列情形之一的，责令限期改正；逾期未改正的，责令停止建设或者停产停业整顿，可以并处5万元以下的罚款:(一)没有安全设施设计或者安全设施设计未按照规定报经安全生产监督管理部门审查同意，擅自开工的;(二)施工单位未按照批准的安全设施设计施工的;(三)投入生产或者使用前，安全设施未经验收合格的。第三十三条规定，本办法第七条第(四)项规定的建设项目有下列情形之一的，给予警告，并处1万元以上3万元以下的罚款:(一)没有安全设施设计或者安全设施设计未按照规定向安全生产监督管理部门备案的;(二)施工单位未按照安全设施设计施工的;(三)投入生产或者使用前，安全设施竣工验收情况未按照规定向安全生产监督管理部门备案的。第三十五条规定，本办法第七条规定以外的建设项目有下列情形之一的，对生产经营单位责令限期改正，可以并处5000元以上3万元以下的罚款:(一)没有安全设施设计的;(二)安全设施设计未组织审查，形成书面审查报告，并报安全生产监督管理部门备案的;(三)施工单位未按照安全设施设计施工的;(四)未组织安全设施竣工验收，形成书面报告，并报安全生产监督管理部门备案的。第七条规定，下列建设项目在进行可行性研究时，生产经营单位应当分别对其安全生产条件进行论证和安全预评价:(一)非煤矿矿山建设项目;(二)生产、储存危险化学品(包括使用长输管道输送危险化学品，下同)的建设项目;(三)生产、储存烟花爆竹的建设项目;(四)化工、冶金、有色、建材、机械、轻工、纺织、烟草、商贸、军工、公路、水运、轨道交通、电力等行业的国家和省级重点建设项目;(五)法律、行政法规和国务院规定的其他建设项目。

此外，国务院于2010年7月19日颁布实施的《国务院关于进一步加强企业安全生产工作的通知》（国发〔2010〕23号）规定，企业新建、改建、扩建工程项目的安全设施，要包括安全监控设施和防瓦斯等有害气体、防尘、排水、防火、防爆等设施，并与主体工程同时设计、同时施工、同时投入生产和使用。安全设施与建设项目主体工程未做到同时设计的一律不予审批，未做到同时施工的责令立即停止施工，未同时投入使用的不得颁发安全生产许可证，并视情节追究有关单位负责人的责任。

（八）设置安全警示标志以及相关设备的安全管理

第三十五条 生产经营单位应当在有较大危险因素的生产经营场所和有关设施、设备上，设置明显的安全警示标志。

第三十六条 安全设备的设计、制造、安装、使用、检测、维修、改造和报废，应当符合国家标准或者行业标准。

生产经营单位必须对安全设备进行经常性维护、保养，并定期检测，保证正常运转。维护、保养、检测应当做好记录，并由有关人员签字。

生产经营单位不得关闭、破坏直接关系生产安全的监控、报警、防护、救生设备、设施，或者篡改、隐瞒、销毁其相关数据、信息。

餐饮等行业的生产经营单位使用燃气的，应当安装可燃气体报警装置，并保障其正常使用。

第三十七条 生产经营单位使用的危险物品的容器、运输工具，以及涉及人身安全、危险性较大的海洋石油开采特种设备和矿山井下特种设备，必须按照国家有关规定，由专业生产单位生产，并经具有专业资质的检测、检验机构检测、检验合格，取得安全使用证或者安全标志，方可投入使用。检测、检验机构对检测、检验结果负责。

第三十八条 国家对严重危及生产安全的工艺、设备实行淘汰制度，具体目录由国务院应急管理部门会同国务院有关部门制定并公布。法律、行政法规对目录的制定另有规定的，适用其规定。

省、自治区、直辖市人民政府可以根据本地区实际情况制定并公布具体目录，对前款规定以外的危及生产安全的工艺、设备予以淘汰。

生产经营单位不得使用应当淘汰的危及生产安全的工艺、设备。

理解运用

这几条是关于安全生产标志、危险因素、安全设备、设备的安全管理以及危及生产安全的工艺、设备等级的规定。

1. 安全生产标志。在有危险因素的生产经营场所和有关设施、设备上设置安全警示标志，及时提醒从业人员注意危险，防止从业人员发生事故。为此，2021 年新法第三十五条规定，生产经营单位应当在有较大危险因素的生产经营场所和有关设施、设备上，设置明显的安全警示标志。

2. 危险因素。第三十五条所指的“危险因素”主要是指对人造成伤亡或者对物造成突发性损害的各种因素。

3. 安全设备。是指为了保护从业人员等生产经营活动参与者的安全，防止生产安全事故发生以及在发生生产安全事故时用于救援而安装的机械设备和器械，如楼房里到处安装的灭火器以及矿山里的各种安全检测仪器。安全设备需要按照国家有关规定来进行配置，以确保生产安全和事故救援的顺利进行。

4. 设备的安全管理。生产过程中会涉及各种各样的设备，包括对安全生产有直接保障作用的安全设备、特殊行业所用到的特种设备、危险物品容器以及运输工具等。因此，为保证安全而对这些设备的管理统称为该标题所提到的“设备的安全管理”。第三十五条、第三十六条、第三十七条具体规定了这些设备安全管理的具体要求。第三十六条增加了对生产经营单位不得关闭直接关系生产安全监控等相关设备设施，或者篡改、隐瞒、销毁其相关数据、信息的规定，并对餐饮等行业燃气用户存在的安全隐患进行规范。

5. 危及生产安全的工艺、设备等级。主要分为两个等级，一是严重危及生产安全的工艺、设备；二是其他危及生产安全的工艺、设备。前者指不符合生产安全要求，极有可能导致生产安全事故的发生，致使人民群众生命和财产遭受重大的损失的工艺、设备；后者与前者相比，危险性较低，有的工艺、设备在生产经营单位及其从业人员履行了适当的注意义务或者附加了必要的防护条件后，可以尽量避免事故的发生。

6. 淘汰制度。第三十八条对确定淘汰目录进行规定，并规定生产经营单位不得使用应当淘汰的危及安全生产的工艺、设备，这体现了对设备安全性的重视。同时，通过发布关于严重危及生产的工艺、设备目录来加强统一管理，既能使标准统一化，又有利于实行动态管理，最终实现促进生产经营单位安全生产的目的。

相关知识

安全标志是由安全色、几何图形和图形符号构成，用以表述特定的安全信息的标志。安全标志的作用是引起人们对不安全因素的注意，预防发生事故。

红色：含义为“禁止”“停止”，多用于禁止标志与停止信息，也表示防火。

黄色：含义为“警告”“注意”，多用于警告标志、警戒标志，如场内危险机器和坑池周围的警戒、行车道中线、机械齿轮箱内部和安全帽。

蓝色：含义为“指令”“必须遵守”，多用于个人防护用品、道路上指引车辆和行人行进方向。

绿色：含义为“提示”“安全状态”“通行”，多用于提示标志，车间内的安全通道、行人和车辆通行标志，以及消防设备和其他安全防护设备的位置。

（九）危险物品的管理

第三十九条 生产、经营、运输、储存、使用危险物品或者处置废弃危险物品的，由有关主管部门依照有关法律、法规的规定和国家标准或者行业标准审批并实施监督管理。

生产经营单位生产、经营、运输、储存、使用危险物品或者处置废弃危险物品，必须执行有关法律、法规和国家标准或者行业标准，建立专门的安全管理制度，采取可靠的安全措施，接受有关主管部门依法实施的监督管理。

理解运用

本条是关于对生产、经营、运输、储存、使用危险物品或者处置废弃危险物品监督管理的规定。危险物品以及废弃危险物品具有较大的危险性，一旦发生事故，将会对国家和广大人民群众的生命财产安全造成重大损害。对危险物品从生产到处置的各个环节都实行规范管理，制定相应的法律、法规和标准，采取必要的监管措施，可以有效降低危险物品发生事故的概率，确保与危险物品相关的生产经营活动能安全、顺利地进行。

相关知识

1. 主管部门的审批和监督管理

由于危险物品涉及的行业、领域较多，许多法律、法规和标准对危险物品相关活动的监管均有规定，按照这些规定，除安全生产监督管理部门外，对应的主管部门要根据危险物品相关活动的特点，进行审批并实施监督管理。

（1）审批和监管的依据

对危险物品有关活动审批和监管的依据，除本法外还有《产品质量法》《道路交通安全法》《环境保护法》等法律和《公路安全保护条例》

《危险化学品安全管理条例》《易制毒化学品管理条例》《烟花爆竹安全管理条例》《民用爆炸物品安全管理条例》《监控化学品管理条例》《农药管理条例》《城镇燃气管理条例》等行政法规，以及有关的地方性法规、标准等。

关于处置废弃危险物品，《固体废物污染环境防治法》中对危险废物污染环境防治作了专章规定。该法对产生、收集、贮存、运输、利用、处置危险废物的各个环节都作了详细规定。

（2）审批和监管的部门

由于监管的环节较多，危险物品的审批和监管涉及安监、公安、交通运输、工商、质量监督等多个部门。

（3）审批的具体形式和要求

行政审批是从源头上管理危险物品相关生产、经营等活动的有效方式。生产经营单位必须按照规定取得相应的许可后，方可从事危险物品有关的活动。如《危险化学品安全管理条例》规定，新建、改建、扩建生产、储存危险化学品的建设项目，应当由安全生产监督管理部门进行安全条件审查。使用危险化学品从事生产并且使用量达到规定数量的化工企业（属于危险化学品生产企业的除外），应当依照本条例的规定取得危险化学品安全使用许可证。国家对危险化学品经营（包括仓储经营）实行许可制度。未经许可，任何单位和个人不得经营危险化学品。依法设立的危险化学品生产企业在其厂区范围内销售本企业生产的危险化学品，不需要取得危险化学品经营许可。从事危险化学品道路运输、水路运输的，应当分别依照有关道路运输、水路运输的法律、行政法规的规定，取得危险货物道路运输许可、危险货物水路运输许可，并向工商行政管理部门办理登记手续。危险化学品道路运输企业、水路运输企业的驾驶人员、船员、装卸管理人员、押运人员、申报人员、集装箱装箱现场检查员应当经交通运输主管部门考核合格，取得从业资格。

有关主管部门在对生产、经营、运输、储存、使用危险物品或者处置废弃危险物品进行审批时，应当严格按照法律、法规以及国家标准或者行业标准规定的条件和程序进行审批，对不符合条件的，不得批准，不能降低条件、放松要求。对经审查批准从事与危险物品有关的活动的单位和个人要加强监督管理，及时进行严格的监督检查，不能一批了事，或者重审批、轻监督。对失职、渎职行为，对有关危险物品的事故负有责任的审批部门负责人及其他直接责任人员，依照有关规定追究法律责任。

2. 生产经营单位的义务

生产经营单位生产、经营、运输、储存、使用危险物品或者处置废弃危险物品，应当履行以下义务：

（1）执行有关法律、法规和国家标准或者行业标准。实践证明，严格按照规定和操作规程开展生产经营活动，是避免发生生产安全事故的基本条件，特别是涉及危险物品的生产经营活动，更不能凭经验判断，存侥幸心理，而是要严格按照规定按部就班地进行。

（2）建立专门的安全管理制度。安全管理制度是法律、法规和标准在生产经营单位的体现，能将国家的有关规定在生产经营中具体化。国家对危险物品涉及的生产经营活动有严格要求，需要相关的生产经营单位建立专门的安全管理制度。例如，按照有关行政法规的规定，民用爆炸物品从业单位（包括生产、销售、爆破等企业）应当建立安全管理制度、岗位安全责任制度，制定安全防范措施和事故应急预案，设置安全管理机构或者配备专职安全管理人员。

（3）采取可靠的安全措施。由于危险物品的生产、经营、储存、使用、运输以及处置废弃危险物品等活动具有较大的危险性，一旦发生事故，将会对国家和广大人民群众的生命财产安全造成重大损害，需要生产经营单位采取安全、可靠的安全防护和应急处置措施。

（4）接受有关主管部门依法实施的监督管理。生产经营单位在开展有关危险物品的生产、使用等活动时，除了遵守有关法律、法规和标准做好自身安全生产工作外，对于有关主管部门依法实施的监督管理，应当积极配合，不得拒绝或阻挠。对于有关主管部门违反法定的程序，或者以监督管理为名影响生产经营单位正常的生产经营活动，甚至牟取私利的行为，生产经营单位不仅有权拒绝、抵制，还有权向有关机关检举和控告。

（十）重大危险源管理

第四十条 生产经营单位对重大危险源应当登记建档，进行定期检测、评估、监控，并制定应急预案，告知从业人员和相关人员在紧急情况下应当采取的应急措施。

生产经营单位应当按照国家有关规定将本单位重大危险源及有关安全措施、应急措施报有关地方人民政府应急管理部门和有关部门备案。有关地方人民政府应急管理部门和有关部门应当通过相关信息系统实现信息共享。

理解运用

本条是关于生产经营单位重大危险源的管理的规定。

生产经营单位对重大危险源应当严格管理，采取有效的防护措施，定期检查，防止生产安全事故的发生。本条对重大危险源的管理作出特别规定，旨在强调生产经营单位对于重大危险源的管理义务和责任，为强化重大危险源的监控、管理提供法律上的依据。

1. 重大危险源的管理措施

依据本条规定，生产经营单位对重大危险源的管理措施主要有以下几个方面：

（1）登记建档。登记建档的目的是对重大危险源的情况有一个总体的掌握，做到心中有数，便于采取进一步的措施。重大危险源档案应当包括的文件、资料：辨识、分级记录；重大危险源基本特征表；涉及的所有化学品安全技术说明书；区域位置图、平面布置图、工艺流程图和主要设备一览表；

重大危险源安全管理规章制度及安全操作规程；安全监测监控系统、措施说明、检测、检验结果；重大危险源事故应急预案、评审意见、演练计划和评估报告；安全评估报告或者安全评价报告；重大危险源关键装置、重点部位的责任人、责任机构名称；重大危险源场所安全警示标志的设置情况；其他文件、资料。登记建档应当注意保证档案的完整性、连贯性。

（2）定期检测、评估、监控。检测、评估、监控的目的是更好地了解和掌握重大危险源的基本情况，及时发现事故隐患，采取相应措施，防止生产安全事故的发生。生产经营单位应当将对重大危险源的检测、评估、监控作为一项经常性的工作，定期进行。检测、评估、监控工作可以由本单位的有关人员进行，也可以委托具有相应资质的中介机构进行。检测、评估、监控应当符合有关技术标准的要求，详细记录有关情况，并出具检测、评估或者监控报告，由有关人员签字并对其结果负责。

（3）制定应急预案。应急预案是关于发生紧急情况或者生产安全事故时的应对措施、处理办法、程序等的事先安排和计划。生产经营单位应当根据本单位重大危险源的实际情况，依法制定重大危险源事故应急预案，建立应急救援组织或者配备应急救援人员，配备必要的防护装备及应急救援器材、设备、物资，并保障其完好和方便使用；配合地方人民政府安全生产监督管理部门制定所在地区涉及本单位的危险化学品事故应急预案。对存在吸入性有毒、有害气体等重大危险源，生产经营单位应当按规定配备必要的器材和设备。生产经营单位还应当制定重大危险源事故应急预案演练计划，按要求进行事故应急预案演练。应急预案演练结束后，应当对应急预案演练效果进行评估，撰写应急预案演练评估报告，分析存在的问题，对应急预案提出修订意见，并及时修订完善。

（4）告知应急措施。生产经营单位应该告知从业人员和相关人员在紧急情况下应当采取的应急措施，这是生产经营单位的一项法定义务。告知从业人员和其他可能受到影响的相关人员在紧急情况下应当采取的应急措施，有利于从业人员和相关人员对自身安全的保护，也有利于他们在紧急情况下采取正确的应急措施，防止事故扩大或者减少事故损失。这里讲的“相关人员”，主要是指重大危险源发生事故时，可能受到损害的生产经营单位以外的人员，如工厂周围的居民等。

2. 关于重大危险源安全措施和应急措施的备案

根据本条规定，生产经营单位应当按照国家有关规定，将本单位重大危险源及有关安全措施、应急措施报有关地方人民政府安全生产监督管理部门和有关部门备案。之所以这样规定，主要是考虑到安全生产工作的重点在于预防，为便于安全生产监督管理部门和有关部门及时、全面地掌握生产经营单位重大危险源的分布以及具体危害情况，可以有针对性地采取措施，加强监督管理，经常性进行检查，防止生产安全事故的发生。同时，了解生产经营单位重大危险源的情况、安全措施以及应急措施，也有利于安全生产监督管理部门和有关部门在发生生产安全事故时及时组织抢救，并为事故原因的调查处理提供方便。生产经营单位应当认真执行这一规定，及时备案。安全生产监督管理部门和有关部门应当建立、完善有关备案的工作制度和程序，方便有关生产经营单位进行备案，管理好报备的有关材料，并做好对生产经营单位的监督工作。

3. 信息共享

应急管理部办公厅 2020 年 10 月 17 日发布《关于建立危险化学品重大危险源企业联合监管机制（试行）的通知》，第四条建立信息共享机制中提出，地方各级应急管理部门和消防救援机构要明确专人负责，明确信息交流渠道，定期通报检查执法或受理投诉举报发现的问题，以及有关整改落实情况，实现信息的及时、充分、全面、有效共享。对多次违法的同一企业要协同重点督查，实施联合惩戒。在保障信息安全的基础上，应急管理部门和消防救援机构要相互开发监测监控信息系统，共享重大危险源预警监测系统和危险化学品 GIS 系统信息，通过网上巡查、推送预警信息等方式，实现线上、线下相结合的精准防控和指导服务。建立危险化学品重大危险源企业联合监管机制，能够充分发挥危险化学品安全监管和消防安全监管队伍优势，有效防范化解危险化学品重大风险。2021 年新法将危险化学品重大危险源企业联合监管及信息共享写入本条，旨在不断提升危险化学品安全现代化治理能力。

相关知识

重大危险源：指长期地或者临时地生产、搬运、使用或者储存危险物品，且危险物品的数量等于或者超过临界量的单元（包括场所和设施）。重大危险源是由危险物品组成的集合体。构成重大危险源，必须是危险物品的数量等于或者超过临界量。所谓临界量，是指一个数值，当某种危险物品的数量达到或者超过这个数值时，就有可能发生危险。重大危险源中很大一部分是属于危险化学品构成的。目前，我国已经颁布了《危险化学品重大危险源辨识》（GB18218-2009）国家标准，对各种危险化学品的临界量作了明确规定，依据这些临界量，可以辨识某一危险品的聚集场所或设施是否构成重大危险源。

（十一）建立安全风险分级管控制度，建立健全生产安全事故隐患排查制度

第四十一条　生产经营单位应当建立安全风险分级管控制度，按照安全风险分级采取相应的管控措施。

生产经营单位应当建立健全并落实生产安全事故隐患排查治理制度，采取技术、管理措施，及时发现并消除事故隐患。事故隐患排查治理情况应当如实记录，并通过职工大会或者职工代表大会、信息公示栏等方式向从业人员通报。其中，重大事故隐患排查治理情况应当及时向负有安全生产监督管理职责的部门和职工大会或者职工代表大会报告。

县级以上地方各级人民政府负有安全生产监督管理职责的部门应当将重大事故隐患纳入相关信息系统，建立健全重大事故隐患治理督办制度，督促

生产经营单位消除重大事故隐患。

理解运用

本条是关于安全风险分级管控和生产经营单位事故隐患治理的规定，旨在贯彻中央关于深化安全生产管理体制改革，建立隐患排查治理体系和安全预防控制体系，遏制重特大安全事故的要求，同时也体现了本法总则中“预防为主”的方针。本条第一款明确规定生产经营单位应当建立安全风险分级管控制度，按安全风险分级采取相应的管控措施。第二款明确了加强安全事故隐患的治理主要包括两方面内容：一是明确生产经营单位是安全事故隐患排查治理的责任主体，应当建立生产安全事故排查治理制度。二是明确了事故隐患排查治理情况应当如实记录，并通过职工代表大会或者职工大会、信息公示栏等方式向从业人员通报。其中，重大事故隐患排查治理情况应当及时向负有安全生产监督管理职责的部门报告。2016 年 10 月 9 日，国务院安委办发布《关于实施遏制重特大事故工作指南构建双重预防机制的意见》，对构建安全风险分级管控和隐患排查治理双重预防机制进行了规定。

相关知识

1. 安全风险分级管控

（1）全面开展安全风险辨识。各地区要指导推动各类企业按照有关制度和规范，针对本企业类型和特点，制定科学的安全风险辨识程序和方法。企业要组织专家和全体员工，采取安全绩效奖惩等有效措施，全方位、全过程辨识生产工艺、设备设施、作业环境、人员行为和管理体系等方面存在的安全风险，做到系统、全面、无遗漏，并持续更新完善。

（2）科学评定安全风险等级。企业要对辨识出的安全风险进行分类梳理，参照《企业职工伤亡事故分类》（GB6441-1986），综合考虑起因物、引起事故的诱导性原因、致害物、伤害方式等，确定安全风险类别。

对不同类别的安全风险，采用相应的风险评估方法确定安全风险等级。安全风险评估过程要突出遏制重特大事故，高度关注暴露人群，聚焦重大危险源、劳动密集型场所、高危作业工序和受影响的人群规模。安全风险等级从高到低划分为重大风险、较大风险、一般风险和低风险，分别用红、橙、黄、蓝四种颜色标示。要依据安全风险类别和等级建立企业安全风险数据库，绘制企业“红橙黄蓝”四色安全风险空间分布图。

（3）有效管控安全风险。企业要根据风险评估的结果，针对安全风险特点，从组织、制度、技术、应急等方面对安全风险进行有效管控。要通过隔离危险源、采取技术手段、实施个体防护、设置监控设施等措施，达到回避、降低和监测风险的目的。要对安全风险分级、分层、分类、分专业进行管理，逐一落实企业、车间、班组和岗位的管控责任，尤其要强化对重大危险源和存在重大安全风险的生产经营系统、生产区域、岗位的重点管控。企业要高度关注运营状况和危险源变化后的风险状况、动态评估、调整风险等级和管控措施，确保安全风险始终处于受控范围内。

（4）实施安全风险公告警示。企业要建立完善安全风险公告制度，并加强风险教育和技能培训，确保管理层和每名员工都掌握安全风险的基本情况及防范、应急措施。要在醒目位置和重点区域分别设置安全风险公告栏，制作岗位安全风险告知卡，标明主要安全风险、可能引发事故隐患类别、事故后果、管控措施、应急措施及报告方式等内容。对存在重大安全风险的工作场所和岗位，要设置明显警示标志，并强化危险源监测和预警。

2. 生产安全事故隐患排查治理制度

（1）生产安全事故隐患（以下简称事故隐患），是指生产经营单位违反安全生产法律、法规、规章、标准、规程和安全生产管理制度的规定，或者因其他因素在生产经营活动中存在可能导致事故发生的物的危险状态、人的不安全行为和管理上的缺陷。事故隐患是导致事故发生的主要根源之一。根据现行标准的规定，事故隐患主要有三个方面：人的不安全行为、物的不安全状态和管理上的缺陷。生产经营单位的事故隐患分为一般事故隐患和重大事故隐患。一般事故隐患，是指危害和整改难度较小，发现后能够立即整改排除的隐患。重大事故隐患，是指危害和整改难度较大，应当全部或者局部停产停业，并经过一定时间整改治理方能排除的隐患，或者因外部因素影响致使生产经营单位自身难以排除的隐患。

（2）事故隐患排查治理制度。生产经营单位应当建立生产安全事故隐患排查治理制度，逐步建立并实施从主要负责人到从业人员的事故隐患排查责任制。生产经营单位应当保证事故隐患排查治理的资金，定期组织安全生产管理人员、注册安全工程师、工程技术人员和其他相关人员开展事故隐患排查工作。对于排查出的生产安全事故隐患，应当按照事故隐患的等级进行登记，建立事故隐患信息档案。

对于一般事故隐患，由生产经营单位的车间、分厂、区队、班组负责人或者有关人员立即组织整改排除。对于重大事故隐患，由生产经营单位主要负责人或者有关负责人组织制定并实施隐患治理方案。重大事故隐患的治理方案应当包括治理的目标和任务、采取的方法和措施、经费和装备物资的落实、负责整改的机构和人员、治理的时限和要求、相应的安全措施和应急预案等内容，做到“五落实”，即整改责任人、整改措施、整改资金、整改时限和应急预案的落实。生产经营单位在事故隐患治理过程中，应当采取相应的安全防范措施防止事故发生。事故隐患排除前或者排除过程中无法保证安全的，应当从危险区域内撤出作业人员，并疏散可能危及的其他人员，设置警戒标志，暂时停产停业或者停止使用；对暂时难以停产或者停止使用的相关生产储存装置、设施、设备，应当加强维护和保养，防止事故发生。生产经营单位应当加强对自然灾害的预防。对于因自然灾害可能导致事故灾难的隐患，应当按照有关法律、法规、标准和本规定的要求排查治理，采取可靠的预防措施，制定应急预案。在接到有关自然灾害预报时，应当及时向下属单位发出预警通知；发生自然灾害可能危及生产经营单位和人员安全的情况时，应当采取撤离人员、停止作业、加强监测等安全措施，并及时向当地人民政府及其有关部门报告。

生产经营单位在事故隐患排查和治理过程中，应当将排查治理情况如实记录，并向从业人员通报，确保从业人员的知情权。对于重大事故隐患，特别是本单位难以解决、需要政府或者外单位共同工作方能解决的重大事故隐患，生产经营单位也可以报告主管的负有安全生产监督管理职责的部门，由监管部门协调专业的力量予以解决。

3. 重大事故隐患治理督办制度

重大事故隐患的危害较大，整改难度也较大，一旦发生生产安全事故，可能造成较多的人员伤亡和财产损失。加强重大事故隐患的治理，是防止和减少生产安全事故的重要措施。县级以上地方各级人民政府负有安全生产监督管理职责的部门应当建立健全重大事故隐患治理督办制度，督促生产经营单位消除重大事故隐患。督办的方式，可以采取下达督办指令，也可以在网上公示，对于某些生产经营单位难以解决的重大事故隐患，负有安全生产监督管理职责的部门应当积极协调，帮助生产经营单位消除隐患。负有安全生产监督管理职责的部门应当加强重大事故隐患治理过程中的监督检查，发现问题，及时督促整改。对于迟迟未消除重大事故隐患的生产经营单位，又没有其他客观原因说明的，负有安全生产监督管理职责的部门应当依法责令其停产整顿，直至提请县级以上人民政府予以关闭。

治理工作结束后，有条件的生产经营单位应当组织本单位的技术人员和专家对重大事故隐患的治理情况进行评估；其他生产经营单位应当委托具备相应资质的安全评价机构对重大事故隐患的治理情况进行评估。经治理后符合安全生产条件的，生产经营单位应当向负有安全生产监督管理职责的部门提出恢复生产的书面申请，经负有安全生产监督管理职责的部门审查同意后，方可恢复生产经营。

（十二）生产经营场所、员工宿舍要进行严格的安全管理

第四十二条　生产、经营、储存、使用危险物品的车间、商店、仓库不得与员工宿舍在同一座建筑物内，并应当与员工宿舍保持安全距离。

生产经营场所和员工宿舍应当设有符合紧急疏散要求、标志明显、保持畅通的出口、疏散通道。禁止占用、锁闭、封堵生产经营场所或者员工宿舍的出口、疏散通道。

理解运用

本条在2014年修改“封闭、堵塞”为“锁闭、封堵”的基础上增加了“占用”，也增加了疏散通道的规定。生产经营场所出现安全生产事故时，疏散人群首先要经过疏散通道才能到达安全出口，因此疏散通道同样重要。现实中，有些危险物品的生产经营单位为了降低成本，将员工宿舍与车间、商店、仓库等安排在同一座建筑物内，也经常占用疏散通道。或者为防止员工在工作时间休息、盗窃产品而占用、锁闭、封堵经营场所，一旦发生火灾、爆炸、地震等情况，员工无法逃生，酿成的事故屡有发生。本条对生产经营单位的这些行为予以禁止。这样的修改，更能贴近实际，其目的在于提高生产经营单位和从业人员对生产经营场所或者员工宿舍疏散通道及出口重要性的认识，防止生产经营单位及个人对疏散通道、出口通道的大门进行占用、锁闭、封堵导致不能及时疏散和救援。

相关知识

1. 对员工宿舍的安全要求

本条第一款规定，生产、经营、使用、储存危险物品的车间、商店、仓库不得与员工宿舍在同一座建筑物内，并应当与员工宿舍保持安全距离。这一规定的目的是保障单位员工的生命财产安全。确有一些生产、

经营、使用、储存危险物品的生产经营单位为了追求经济利益，节省开支，不顾员工的生命财产安全，将单位的生产车间、仓库和员工宿舍设在同一座建筑物内，一旦发生安全事故，特别是发生爆炸、中毒、火灾事故，往往蔓延迅速，极易导致群死群伤的恶性事故。

2. 对生产经营场所和员工宿舍出口、疏散通道的安全管理要求

现实生活中生产经营场所经常忽视安全出口和疏散通道的重要性，当发生生产安全事故时，从业人员可能会因为安全出口和疏散通道的堵塞或封闭而丧失最后的求生途径，后果不堪设想。保证生产经营场所和员工宿舍出口通畅十分重要，一方面有利于发生生产安全事故时从业人员的撤离，减少人员的伤亡；另一方面有利于救援队伍及时进入事故现场，开展抢救工作，防止事故扩大，尽量减少事故造成的损失。生产经营单位需要注意的是安全出口不但要设置，更重要的是保持其通畅，不能使其成为摆设甚至直接被杂物等堵塞，要确保生产安全事故发生后能够及时疏散和撤离。

（十三）关于生产经营项目、场所、设备发包或出租的安全生产责任的规定以及矿山、金属冶炼、危险物品有关建设项目施工单位非法转让施工资质、违法分包转包的规定

第四十九条　生产经营单位不得将生产经营项目、场所、设备发包或者出租给不具备安全生产条件或者相应资质的单位或者个人。

生产经营项目、场所发包或者出租给其他单位的，生产经营单位应当与承包单位、承租单位签订专门的安全生产管理协议，或者在承包合同、租赁合同中约定各自的安全生产管理职责；生产经营单位对承包单位、承租单位的安全生产工作统一协调、管理，定期进行安全检查，发现安全问题的，应当及时督促整改。

矿山、金属冶炼建设项目和用于生产、储存、装卸危险物品的建设项目

的施工单位应当加强对施工项目的安全管理，不得倒卖、出租、出借、挂靠或者以其他形式非法转让施工资质，不得将其承包的全部建设工程转包给第三人或者将其承包的全部建设工程支解以后以分包的名义分别转包给第三人，不得将工程分包给不具备相应资质条件的单位。

理解运用

本条是关于生产经营项目、场所、设备发包或出租的安全生产责任的规定。

本条明确规定，生产经营单位将项目、场所无论发包、出租给一个单位，还是多个单位，都应当与承包单位、承租单位签订专门的安全生产管理协议；也进一步规定了生产经营单位将项目、场所发包、出租给其他单位后，除对承包单位、承租单位的安全生产工作统一协调、管理外，还应当定期进行安全检查，发现安全问题的应当及时督促整改，有利于加强发包、出租的安全管理。

生产经营单位应当具备法律、行政法规和国家标准或者行业标准规定的安全生产条件，不具备安全生产条件的，不得从事生产经营活动。同时，生产经营单位为了保证生产安全，还必须建立健全安全生产规章制度，建立安全生产防范措施，为劳动者提供符合标准的劳动防护用品，只有这样才能有效地保护劳动者的安全，防止和减少生产安全事故的发生。如果生产经营单位不具备上述安全生产条件而从事生产经营活动，生产安全就无法得到保证。因此本条第一款明确规定，生产经营单位不得将生产经营项目、场所、设备发包或者出租给不具备安全生产条件的单位或者个人。

生产经营单位也不得将生产经营项目、场所、设备发包或者出租给不具备相应资质的单位或者个人，这也是一条很有必要的规定。在实际生活中，生产经营活动的种类很多，不同的活动其规模以及技术要求的复杂程度也有很大的差别，对从事该活动的生产经营单位的经济、技术条件就相应有不同的要求。因此不少国家在对某些生产经营活动的监督管理中，将不同的生产经营单位按照其具有的不同的经济、技术条件，划分为不同的资质等级，并对不同资质等级的单位所能从事的生产经营活动的范围作出明确规定。实践证明，这是维护正常的生产经营秩序、保证生产安全的一项重要措施。

随着改革开放和经济发展，企业所有制发生了重大变化，一些企业采用租赁、承包、合作经营等多种经营方式，个人、私营企业、家庭作坊式企业以及个人租包的公共娱乐场所大量涌现。其中确有一些企业的安全管理工作混乱，以租代管、以包代管的问题始终存在。有些生产经营单位只管收取租金或者承包费，对承包单位、承租单位的安全生产问题不闻不问，导致安全隐患大量存在。为了有效解决这一问题，本条第二款专门作出规定，生产经营项目、场所有多个承包单位、承租单位的，生产经营单位应当与承包单位、承租单位对安全生产管理方面的问题予以约定。

针对矿山、金属冶炼、危险物品有关建设项目施工单位非法转让施工资质、违法分包转包等当前安全生产工作中面临的突出问题，本次修订于本条增加了第三款。

相关知识

生产经营单位与承包单位、承租单位就安全生产管理问题进行约定的方式：

根据本条第二款的规定，生产经营单位与承包单位、承租单位就安全生产管理问题进行约定的方式有两种：一种是签订专门的安全生产管理协议；另一种是不签订专门的协议，而是在承包合同、承租合同中对各自的安全生产管理职责进行约定。在约定中，生产经营单位可以与承包单位、承租单位就各自在安全生产管理中权利、义务以及事故发生时的责任承担等问题进行协商确定。

生产经营单位与承包单位、承租单位在安全生产管理方面的决定，只对约定双方有约束力，不具有对外效力。生产经营单位不能因为有了约定而减轻自己在安全生产方面的责任，生产经营单位应对该项目、场所的安全生产全面负责。生产经营单位对承包单位、承租单位的安全生产工作统一协调、管理，还要定期进行安全检查，发现安全问题的，应当及时督促整改。如果该生产经营项目、场所有违反本法或有关法律、行政法规关于安全生产的管理规定的行为，应由生产经营单位承担相应的责任；如果发生了生产安全事故，生产经营单位应承担相应的责任。生产经营单位在承担了相应的责任后，可以根据安全生产管理协议的约定，追究承包单位、承租单位的责任。

（十四）依法为职工缴纳工伤保险

第五十一条 生产经营单位必须依法参加工伤保险，为从业人员缴纳保险费。

国家鼓励生产经营单位投保安全生产责任保险；属于国家规定的高危行业、领域的生产经营单位，应当投保安全生产责任保险。具体范围和实施办法由国务院应急管理部门会同国务院财政部门、国务院保险监督管理机构和相关行业主管部门制定。

理解运用

本条是关于工伤保险和安全生产责任险的规定。

工伤保险作为一项重要的劳动安全保障制度，对确保发生事故后，受到伤害的从业人员得到及时救治以及获得生活保障，具有重要意义。生产经营单位投保安全生产责任保险，能够发挥商业保险在事故预防、救援以及赔付第三方人员伤亡等方面的作用，作为工伤保险的有益补充。2021 年新法增加了“属于国家规定的高危行业、领域的，应当投保安全生产责任保险”的规定。2016 年 12 月 18 日，中共中央、国务院发布《关于推进安全生产领域改革发展的意见》，明确提出建立健全安全生产责任保险制度，在矿山、危险化学品、烟花爆竹、交通运输、建筑施工、民用爆炸物品、金属冶炼、渔业生产等高危行业领域强制实施，切实发挥保险机构参与风险评估管控和事故预防功能。此后，原国家安全监管总局、原保监会、财政部2017年联合印发了《安全生产责任保险实施办法》。2019年8月12日，应急管理部发布《安全生产责任保险事故预防技术服务规范》，该规范的出台，一是能够发挥安全生产责任保险事故预防功能的需要。安全生产责任保险的首要功能是事故预防，即要突出一个“安”字，充分发挥安责险防控风险的作用，实现安保互动，有效防范和减少生产安全事故，这是实施安责险制度的根本目的。因此，在要求企业投保的同时，必须对保险机构的事故预防技术服务提出强制性规范要求，使之与强制企业投保相对应。二是提高保险机构事故预防技术服务能力水平的需要。保险机构应根据投保单位需要，提供安全生产宣传教育培训，安全风险辨识、评估和安全评价，生产安全事故隐患排查，安全生产标准化建设，生产安全事故应急预案编制和演练，安全生产科技推广应用，其他有关事故预防工作7个方面的服务。2021年新法根据上述规范在生产经营中发挥的实际作用，于本条中明确要求国家规定的高危行业、领域的，应当投保安全生产责任保险。

相关知识

1. 工伤保险

工伤保险作为安全保障制度的一个重要组成部分，具有平等性、公平性、预防性、互济性以及自我保障性的特点。工伤保险作为一种社会保险，是国家和用人单位依照法律规定或合同的约定，对与用人单位存在劳动关系的劳动者在暂时或永久丧失劳动能力以及暂时失业时，为保证其基本生产需要，给予物质帮助的一种社会保障制度。国家对于职工享有的各种社会保险的待遇，予以强制性保护，所有属于保险范围内的用人单位都必须参加社会保险，缴纳保险费，否则就要承担相应的法律责任。

（1）工伤社会保险和民事赔偿的关系

根据2021年新法第五十六条第二款的规定，“因生产安全事故受到损害的从业人员，除依法享有工伤保险外，依照有关民事法律尚有获得赔偿的权利的，有权提出赔偿要求”。工伤保险与民事赔偿是并行不悖的两种事故伤亡人员经济补偿制度，不能因为受害人或者其近亲属已经获得了工伤保险赔偿就丧失了主张民事赔偿的权利。也就是说，二者是两种不同的从业人员安全保障制度，相互补充，不可替代。工伤保险是以抚恤、安置和补偿受害者为目的的补偿性措施，民事赔偿则是以民事损害为前提，以追究民事责任为目的，对受害者给予经济赔偿的惩罚性措施。事故发生单位是否有民事赔偿责任，关键是看其是否有过错及违法行为。

（2）《工伤保险条例》

《工伤保险条例》总则中明确，为了保障因工作遭受事故伤害或者患职业病的职工获得医疗救治和经济补偿，促进工伤预防和职业康复，分散用人单位的工伤风险，制定本条例。因此，对于实践中工伤保险类的案例纠纷需要参照《工伤保险条例》中的相关规定进行认定和赔付。该条例对工伤保险基金、工伤认定、劳动能力鉴定、工伤保险待遇、监督管理和法律责任等都作了明确规定，具体可参照附录。

2. 安全生产责任保险

安全生产责任保险，是指保险机构对投保的生产经营单位发生的生产安全事故造成的人员伤亡和有关经济损失等予以赔偿，并且为投保的生产经营单位提供事故预防服务的商业保险。安全生产责任保险是生产经营单位在发生生产安全事故以后对死亡、伤残者履行赔偿责任的保险，对维护社会安定和谐具有重要作用。对于高危行业分布广泛、伤亡事故时有发生的地区，发展安全生产责任保险，用责任保险等经济手段加强和改善安全生产管理，是强化安全事故风险管控的重要措施，有利于增强安全生产意识，防范事故发生，促进地区安全生产形势稳定好转；有利于预防和化解社会矛盾，减轻各级政府在事故发生后的救助负担；有利于维护人民群众根本利益，促进经济健康运行，保持社会稳定。

二 一问一答

1. 生产经营单位建立全员安全生产责任制监督考核机制的目的是什么?

生产经营单位应当建立相应的机制，加强对全员安全生产责任制落实情况的监督考核，保证全员安全生产责任制的落实。

2. 哪些生产经营单位安全生产管理人员的任免应当告知负有安全生产监督管理职责的部门?

危险物品的生产、储存单位以及矿山、金属冶炼单位的安全生产管理人的任免，应当告知主管的负有安全生产监督管理职责的部门。

3. 引进注册安全工程师从事安全生产管理工作的意义是什么?

注册安全工程师，是指全国统一考试合格，取得中华人民共和国注册安全工程师执业资格证书和执业证，在生产安全管理、技术工作或者在安全生产中介机构从事安全生产技术服务工作的人员。鼓励生产经营单位引进这一专业群体，尤其是明确危险物品生产、储存等应当有注册安全工程师从事安全生产管理工作，有利于提高安全生产管理的专业化水平，有效解决安全生产管理“无人管、不会管”的问题。

4. 哪些建设项目应当进行安全评价?

矿山、金属冶炼建设项目和用于生产、储存、装卸危险物品的建设项目，应当按照国家有关规定由具有相应资质的安全评价机构进行安全评价。

5. 建设项目安全设施的施工、竣工验收及其监督检查的流程有哪些?

矿山、金属冶炼建设项目和用于生产、储存、装卸危险物品的建设项目的施工单位必须按照批准的安全设施设计施工，并对安全设施的工程质量负责。

矿山、金属冶炼建设项目和用于生产、储存、装卸危险物品的建设项目竣工投入生产或者使用前，应当由建设单位负责组织对安全设施进行验收；验收合格后，方可投入生产和使用。负有安全生产监督管理职责的部门应当加强对建设单位验收活动和验收结果的监督核查。

6. 如何确定建设项目安全设施设计中的责任?

建设项目安全设施的设计人、设计单位应当对安全设施设计负责。

矿山、金属冶炼建设项目和用于生产、储存、装卸危险物品的建设项目的安全设施设计应当按照国家有关规定报经有关部门审查，审查部门及其负责审查的人员对审查结果负责。

7. 对于生产经营单位危险物品的容器、运输工具以及部分特种设备的生产、检测、检验的安全管理要求有哪些?

生产经营单位使用的危险物品的容器、运输工具，以及涉及人身安全、危险性较大的海洋石油开采特种设备和矿山井下特种设备，必须按照国家有关规定，由专业生产单位生产，并经具有专业资质的检测、检验机构检测、检验合格，取得安全使用证或者安全标志，方可投入使用。检测、检验机构对检测、检验结果负责。

8. 本法对危险作业的安全管理是如何规定的?

生产经营单位进行爆破、吊装、动火、临时用电以及国务院应急管理部门会同国务院有关部门规定的其他危险作业，应当安排专门人员进行现场安全管理，确保操作规程的遵守和安全措施的落实。

第四章 »»

安全是责任　利己又利他
——2021年新法“从业人员的安全生产权利义务”制度释义及问题解答

一 制度释义

（一）积极行使权利

1. 获得安全保障的权利

第五十二条　生产经营单位与从业人员订立的劳动合同，应当载明有关保障从业人员劳动安全、防止职业危害的事项，以及依法为从业人员办理工伤保险的事项。

生产经营单位不得以任何形式与从业人员订立协议，免除或者减轻其对从业人员因生产安全事故伤亡依法应承担的责任。

理解运用»»

本条第一款是关于劳动合同应当载明有关安全生产事项的规定。

（1）劳动合同应当载明有关保障从业人员劳动安全的事项（例如劳动安全条件、劳动防护用品的配置）。

（2）劳动合同必须载明有关防止职业危害的事项。即合同中应写明生产经营单位防止从业人员在劳动过程中因接触有毒有害物品和遇到各种不安全因素而有损于健康的危害，来保护从业人员的安全。

（3）劳动合同应当载明生产经营单位依法为从业人员办理工伤保险的事项。工伤保险是指从业人员在从事生产劳动或者与之相关的工作时，遭受事故伤害或者职业病，有权获得医疗救治和经济补偿。它对于从业人员的生活保障、促进安全生产，有着重大的意义。

本条第二款是关于生产经营单位不得通过协议来免除或者减轻自身责任的规定。其中，《劳动合同法》中明确规定，用人单位免除自己的法定责任、排除劳动者权利的劳动合同无效。无效的劳动合同，从订立的时候起就没有法律约束力。同时2021年新法第一百零六条规定：生产经营单位与从业人员订立协议，免除或者减轻其对从业人员因生产安全事故伤亡依法应承担的责任的，该协议无效；对生产经营单位的主要负责人、个人经营的投资人处二万元以上十万元以下的罚款。

相关知识

1. 劳动合同应当载明的事项

根据《劳动法》的规定，劳动合同是劳动者与用人单位确立劳动关系，明确双方权利和义务的协议。在此协议中必须具备以下条款：劳动合同期限；工作内容；劳动保护和劳动条件；劳动报酬；劳动纪律；劳动合同终止的条件；违反劳动合同的责任。根据《劳动合同法》的规定，用人单位招用劳动者时，应当如实告知劳动者工作内容、工作条件、工作地点、职业危害、安全生产状况等情况；建立劳动关系，应当订立书面劳动合同。劳动合同应当具备劳动保护、劳动条件和职业危害防护、社会保险等条款。本法从保护从业人员劳动安全、维护从业人员安全生产方面的合法权益的角度，进一步具体规定了劳动合同应当载明的两个法定事项：

（1）保障从业人员劳动安全，防止职业危害的事项。从业人员的劳动总是在各种环境、条件下进行，在生产中存在各种不安全、产生职业危害的因素，如果不采取相应保护措施，极有可能发生事故，危害从业人员的安全和健康，这些都涉及从业人员的切身利益。实践中，大部分劳动者并不知道生产经营单位是否采取保障劳动安全的措施，特别是进入私营企业、乡镇企业务工的农民，由于他们文化水平较低，普遍缺乏自我保护意识，而一些生产经营单位为了多赚钱，隐瞒工作场所缺少劳动安全保障措施的真相，在与劳动者签订劳动合同时不履行保障劳动安全告知义务。因此，本条第一款针对这种情况作出了强制性规定，这是生产经营单位必须履行的一项义务，是从业人员享有的一项重要的权利。生产经营单位必须按照这一款规定履行义务，以确保从业人员的知情权，保护从业人员的劳动安全。

（2）办理工伤保险的事项。社会保险是政府通过立法强制实施，保障劳动者基本生活需求的社会保障制度。《社会保险法》规定，国家建立基本养老保险、基本医疗保险、工伤保险、失业保险、生育保险等社会保险制度，保障公民在年老、疾病、工伤、失业、生育等情况下依法从国家和社会获得物质帮助的权利。这里规定的工伤保险，就是指《社会保险法》规定的工伤保险，是劳动者在职业活动中因工作原因受到事故伤害或者患职业病，经工伤认定而享受的社会保险待遇，这种社会保险与商业保险的不同之处就在于其法定的强制性。根据《社会保险法》的规定，职工应当参加工伤保险，由用人单位缴纳工伤保险费，职工不缴纳工伤保险费。也就是说，从业人员应当参加工伤保险，生产经营单位应当依法为从业人员缴纳工伤保险费。工伤保险是一种社会保险，目的是保护劳动者的合法权益。劳动合同中载明依法为从业人员办理工伤保险的事项，确保了从业人员的知情权，维护了从业人员的合法权益，也有利于对生产经营单位的监督。

2. 不得免除或者减轻的责任

本条第二款规定了禁止生产经营单位以任何形式与从业人员订立免除或者减轻其对从业人员因生产安全事故伤亡依法应承担的责任的协议。实践中曾出现过，在采矿业、建筑业的一些生产经营单位强迫劳动者与其订立违反法律规定、逃避安全事故责任的“生死合同”。一旦发生人身伤亡事故，只给受害人或者其家属很有限的钱，就不再承担任何责任。这些协议有些是诱骗从业人员订立的，有些是胁迫从业人员订立的，其用心是以牺牲从业人员的正当权利，逃避安全生产事故责任，对抗国家的安全生产监督管理为目的，破坏安全生产秩序，严重损害了从业人员的合法权益，是对生命尊严的践踏，社会影响恶劣，必须予以禁止。因此，本条这一款作出了有针对性的规定。这项规定很明确地表明以下观点：一是禁止订立这种违法的协议；二是任何形式的这种协议都在禁止之列，如一度猖獗的“生死合同”以及其他种种形式的非法协议；三是订立了这种合同的，并不能免除或者减轻用人单位生产安全事故的责任，即从法律上不承认这种合同是合法的、有效的。《劳动合同法》中明确规定，用人单位免除自己的法定责任、排除劳动者权利的劳动合同无效。无效的劳动合同，从订立时起就没有法律约束力。同时，本法对这种违法行为规定了相应的法律责任，即生产经营单位与从业人员订立协议，免除或者减轻其对从业人员因生产安全事故伤亡依法应承担的责任的，该协议无效；对生产经营单位的主要负责人、个人经营的投资人处二万元以上十万元以下的罚款。

2. 从业人员在安全生产方面的知情权和建议权

第五十三条 生产经营单位的从业人员有权了解其作业场所和工作岗位存在的危险因素、防范措施及事故应急措施，有权对本单位的安全生产工作提出建议。

理解运用

本条是关于从业人员的知情权和建议权的规定。

从业人员有权了解其作业场所和工作岗位存在的危险因素、防范措施及事故应急措施，来提高防范意识和自我保护能力，有针对性地采取防范措施，预防和减少可能产生的伤害。生产经营单位应当如实告知，不得隐瞒和欺骗。对于这一点，我国《劳动合同法》也规定：用人单位应当将直接涉及劳动者切身利益的规章制度和重大事项决定公示，或者告知劳动者；用人单位招用劳动者时，应当如实告知劳动者工作内容、工作条件、工作地点、职业危害、安全生产状况、劳动报酬，以及劳动者要求了解的其他情况等。

从业人员有权对本单位的安全生产工作提出建议。从业人员是安全生产工作的一线人员，直接面对着生产经营活动中的各种危险因素，对安全生产工作也有最实际的感受和体会。因此，往往能够提出一些针对性强、实践性强的意见和建议。生产经营单位应当高度重视从业人员的意见和建议，保障安全生产工作的科学性、合理性，有效地预防生产安全事故悲剧的发生。

相关知识

1. 生产经营单位从业人员的知情权

根据本条规定，生产经营单位的从业人员有权了解其作业场所和工作岗位与安全生产有关的三方面情况：一是存在的危险因素；二是防范措施；三是事故应急措施。根据2009年发布的国家标准《生产过程危险和有害因素分类与代码》，生产过程危险和有害因素是指可对人造成伤亡、影响人的身体健康甚至导致疾病的因素，包括人的因素、物的因素、环境因素和管理因素。知情权是劳动者的一项重要权利，一些法律也都有相应的规定，如《劳动合同法》规定：用人单位应当将直接涉及劳动者切身利益的规章制度和重大事项决定公示，或者告知劳动者；用人单位招用劳动者时，应当如实告知劳动者工作内容、工作条件、工作地点、职业危害、安全生产状况、劳动报酬，以及劳动者要求了解的其他情况等。《职业病防治法》规定：劳动者享有了解工作场所产生或者可能产生的职业病危害因素、危害后果和应当采取的职业病防护措施的权利。用人单位与劳动者订立劳动合同（含聘用合同）时，应当将工作过程中可能产生的职业病危害及其后果、职业病防护措施和待遇等如实告知劳动者，并在劳动合同中写明，不得隐瞒或者欺骗。劳动者在已订立劳动合同期间因工作岗位或者工作内容变更，从事与所订立劳动合同中未告知的存在职业病危害的作业时，用人单位应当依照规定，向劳动者履行如实告知的义务，并协商变更原劳动合同相关条款。

生产经营单位的从业人员对于劳动安全的知情权，与从业人员的生命安全和健康关系密切，是保护劳动者生命健康权的重要前提。从业人员的劳动安全知情权，还体现为生产经营单位应当履行的相应义务，如本法规定，生产经营单位应当向从业人员如实告知作业场所和工作岗位存在的危险因素、防范措施以及事故应急措施。生产经营单位与从业人员订立的劳动合同，应当载明有关保障从业人员劳动安全、防止职业危害的事项。生产经营单位的从业人员只有了解了这些情况，才有可能有针对性地采取相应措施，保护自身的生命安全和健康。

2. 从业人员对本单位的安全生产工作的建议权

从业人员作为生产经营单位的主体，当然会关心生产经营单位的生产经营情况，且本单位的经济效益与从业人员的切身利益息息相关，特别是安全生产工作涉及从业人员的生命安全和健康。从业人员尤其是工作在第一线的从业人员，对于如何保证安全生产、改善劳动条件及作业环境，具有优先发言权。因此，从业人员有权利参与用人单位的民主管理。从业人员通过参与生产经营的民主管理，可以充分调动其积极性与主动性，发挥其聪明才智，为本单位献计献策，对安全生产工作提出意见与建议，共同做好生产经营单位的安全生产工作。生产经营单位要重视和尊重从业人员的意见和建议，并对他们的意见和建议及时作出答复。合理的意见应当采纳；对不予采纳的意见应当给予说明和解释。

3. 从业人员提出批评、检举、控告以及拒绝违章指挥和强令冒险作业的权利

第五十四条　从业人员有权对本单位安全生产工作中存在的问题提出批评、检举、控告；有权拒绝违章指挥和强令冒险作业。

生产经营单位不得因从业人员对本单位安全生产工作提出批评、检举、控告或者拒绝违章指挥、强令冒险作业而降低其工资、福利等待遇或者解除与其订立的劳动合同。

理解运用

本条是关于从业人员的批评、检举、控告和拒绝违章指挥或者强令冒险作业等权利的规定。本条第一款是关于从业人员具有批评、检举、控告以及拒绝违章指挥和强令冒险作业的权利的规定。本条第二款是关于生产经营单位不得对从业人员行使权力进行打击报复的规定。从业人员享有的批评、检举、控告和拒绝的权利，是法律赋予的，任何人不得侵犯从业人员依法享有的权利。如果生产经营单位因为从业人员依法行使法律规定的权利，例如当从业人员发现生产经营单位有违反安全生产的法律、法规以及危及生命安全和健康的行为时，对本单位提出批评或者到有关部门进行检举、控告，生产经营单位便对该从业人员通过降低其工资、福利待遇等方式进行打击报复，或者因此解除与该从业人员订立的劳动合同，就是对劳动者依法行使正当权利的侵犯。对这类打击报复的行为，本条明确规定予以禁止。

相关知识

1. 批评、检举、控告、拒绝的权利

从业人员是生产经营活动的一线人员，同时又是较生产经营单位而言很弱势的群体，本条第一款赋予从业人员批评、检举、控告、拒绝的权利，是为了使从业人员对安全生产工作进行有效的监督，生产经营单位也应当积极听取从业人员的意见，不断地改进安全生产工作。同时，对于安全生产工作中存在的问题，例如隐患未及时处理、安全生产经费投入不合规定等事项，从业人员可以向有关的安全生产监督主体进行检举、控告。

2. 拒绝违章指挥和强令冒险作业的权利

违章指挥是指生产经营单位的相关人员违反有关安全生产的法律、法规和有关规章制度、安全操作规程的规定，指挥从业人员进行生产经营活动；强令冒险作业是指生产经营单位相关的管理人员无视生产安全，明知开始或者继续作业将会有重大危险，依旧强迫从业人员进行相关的作业。这两种行为都是对从业人员合法权益的侵害，属于严重的违法行为，是导致现在生产安全事故频发的重要原因之一。因此，本条第一款规定了从业人员有拒绝违章指挥和强令冒险作业的权利。

3. 对从业人员行使监督权利的保护

本条第二款规定了禁止生产经营单位因从业人员行使第一款规定的权利而降低其工资、福利等待遇或者解除与其订立的劳动合同。这一规定包含四层含义：一是生产经营单位不得因从业人员对本单位安全生产工作提出批评、检举、控告而降低其工资、福利等；二是生产经营单位不得因从业人员对本单位安全生产工作提出批评、检举、控告而解除与其订立的劳动合同；三是生产经营单位不得因从业人员拒绝违章指挥、强令冒险作业而降低其工资、福利等待遇；四是生产经营单位不得因从业人员拒绝违章指挥、强令冒险作业而解除与其订立的劳动合同。

4. 紧急情况下的停止作业权和撤离作业场所权

第五十五条　从业人员发现直接危及人身安全的紧急情况时，有权停止作业或者在采取可能的应急措施后撤离作业场所。

生产经营单位不得因从业人员在前款紧急情况下停止作业或者采取紧急撤离措施而降低其工资、福利等待遇或者解除与其订立的劳动合同。

理解运用

本条是关于生产经营单位从业人员的紧急处置权及其保护的规定。

本条第一款是关于从业人员在紧急情况下的停止作业权和撤离作业场所权的规定。

在生产作业过程中，特别是在从事高危行业的时候，随时都可能遇到突发危险。这个时候，我们要秉持“安全第一”的理念，赋予从业人员在紧急情况下可以自行作出停止作业以及撤离作业场所的权利。实践中，对于如何判断“直接危及人身安全的紧急情况”、什么样的措施算是“可能的紧急措施”，需要根据具体情况做出判断。从业人员应当正确判断险情危及人身安全的程度，行使这一权利既要积极又要慎重。

本条第二款是关于生产经营单位不得因从业人员实施上述行为对其进行打击报复的规定。该款规定列举了几项实践中生产经营单位常用的打击报复措施，主要包括降低从业人员工资、福利等待遇，解除劳动合同，对于其他形式的打击报复行为虽未明确列举，但也属于该条文的禁止范围之内。

相关知识

紧急处置权，即在法律所限定的特定情况下，法律赋予从业人员采取特定措施的权利，目的是保护从业人员的人身安全。从业人员发现直接危及人身安全的紧急情况时，有权停止作业或者在采取可能的应急措施后撤离作业场所。法律所限定的特定情况是“发现直接危及人身安全的紧急情况”，这是从业人员行使紧急处置权的前提条件，也就是从业人员紧急处置权，需要在法律所限定的特定情况下行使，即发现直接危及人身安全的紧急情况，如果不撤离会对其生命安全和健康造成直接的威胁。在此情况下，法律赋予从业人员采取特定措施的权力：停止作业或者在采取可能的应急措施后撤离作业场所。例如，在矿山井下开采中发生矿压活动显现激烈、巷道（或工作面、采场）底板突然鼓起、支架破坏、煤（岩）层变软、湿润等沼气喷出的预兆时，井下作业人员在此情况下有权停止作业，及时撤离。人的生命是最宝贵的。法律对从业人员的紧急处置权作出规定十分必要。紧急处置权包括两层含义：一是停止作业马上撤离作业场所；二是在采取可能的应急措施后撤离作业场所。需要注意的是，行使权利的选择权在从业人员，不要求从业人员应当在采取可能的应急措施后或者在征得有关负责人员同意后撤离作业场所。当然，在条件允许的情况下，从业人员可以事先报告或者采取可能的应急措施后再撤离作业场所。同时，实践中要加强对从业人员紧急处置权的宣传，以最大限度减少生产安全事故中人员的伤亡。

生产经营单位应当遵循以人为本的原则，正确对待从业人员行使紧急处置权，对于依法行使本权利的从业人员不得降低其工资、福利等待遇或者解除与其订立的劳动合同。生产经营单位如果降低从业人员的工资、福利等待遇或者解除与其订立的劳动合同，则该类行为归于无效，对降低的工资要给从业人员补发，对福利予以恢复。解除合同的行为无效，原劳动合同依然具有法律效力。《劳动法》《劳动合同法》都相应规定，有法律、行政法规规定的其他情形的，用人单位不得解除劳动合同。这属于《安全生产法》规定的不得解除劳动合同的特别情形。

5. 生产经营单位的及时救治义务、从业人员因生产安全事故受损时工伤保险和民事求偿权

第五十六条 生产经营单位发生生产安全事故后，应当及时采取措施救

治有关人员。

因生产安全事故受到损害的从业人员，除依法享有工伤保险外，依照有关民事法律尚有获得赔偿的权利的，有权提出赔偿要求。

理解运用

本条是关于生产经营单位及时救治义务以及从业人员在因生产安全事故而受到损害时依法享有工伤保险待遇和民事求偿权的规定。

生产经营单位负责人的重要职责之一是组织对本单位生产安全事故的抢救。因此，接到事故报告后，生产经营单位负责人应当迅速采取有效措施，组织抢救，防止事故扩大，减少人员伤亡和财产损失。因为单位负责人最有条件就地在第一时间组织抢救，其熟悉本单位生产经营活动和事故的特点，迅速组织抢救意义重大。本次修订，增加了生产经营单位及时救治义务，体现了“以人为本，生命至上”的立法精神。

从业人员因为工作原因受到事故伤害而且也经过工伤认定的，依法享受工伤保险待遇。此外，按照本条的规定，因为生产安全事故受到损害的从业人员，依照有关民事法律尚有获得赔偿的权利的，有权向生产经营单位提出赔偿要求。具体来说，在生产事故发生后，如果工伤保险不能补偿受损害的从业人员因事故所受的全部损失，同时生产经营单位或其他第三人对事故的发生负有责任，则从业人员还有权向生产经营单位或第三人提出赔偿要求。可见，工伤保险与民事求偿权可以相辅相成，共同保障从业人员的最大利益。2021 年新法将“有权向本单位提出赔偿要求”修改为“有权提出赔偿要求”，这更符合实际，也有利于全面保护从业人员的权利。

相关知识

1. 工伤保险待遇

我国《社会保险法》规定，职工应当参加工伤保险，由用人单位缴纳工伤保险费，职工不缴纳工伤保险费。《安全生产法》也明确规定了生产经营单位必须依法参加工伤保险，为从业人员缴纳工伤保险费。工伤保险制度既有利于分散生产经营单位的经营风险，又可以为从业人员提供一定的保障。从业人员因安全生产事故受到损害的，如果经过工伤认定构成工伤，可以依法享受相应的工伤保险待遇。根据《社会保险法》的规定，工伤保险待遇包括治疗工伤的医疗费用和康复费用、住院伙食补助费、到统筹地区以外就医的交通食宿费、安装配置伤残辅助器具所需费用，生活不能自理的还可以获得生活护理费，伤残的可以获得相应的一次性伤残补助金等，终止或者解除劳动合同时可获得一次性医疗补助金，因工死亡的还包括丧葬补助金、供养亲属抚恤金和因公死亡补助金等。

2. 侵权损害赔偿

我国工伤保险制度对解决劳动者工伤情况下的相关费用发挥了很大的作用，用人单位为劳动者缴纳工伤保险费，并不意味着绝对排除了其或者第三人在劳动者遭受工伤时的民事赔偿责任。由于工伤保险待遇项目有确定的范围，有些项目赔偿标准也不高，有些情况下劳动者通过工伤保险并不能得到充分救济，而侵权损害赔偿可以更好填补受害人及其亲属的相关损失。例如，《侵权责任法》第二十二条规定，侵害他人人身权益，造成他人严重精神损害的，被侵权人可以请求精神损害赔偿。再如，根据最高人民法院《关于审理人身损害赔偿案件适用法律若干问题的解释》的规定，受害人死亡的，赔偿义务人应当赔偿受害人亲属办理丧葬事宜支出的交通费、住宿费和误工损失等合理费用，这些赔偿项目都不属于工伤保险待遇的范围。另外，工伤保险对劳动者就医的医院以及治疗所使用的药品范围等都有较多限制，对于有关费用需要劳动者通过向用人单位或侵权的第三人主张侵权损害赔偿获得救济。

因此，为了确保从业人员因生产安全事故遭受损害的情况下可以获得充分、合理的救济，本条规定了从业人员依法享受工伤保险待遇和依法向用人单位或第三人主张民事损害赔偿的相关权利，从业人员在依法行使相关权利时，用人单位或第三人不得无故推诿，拒绝承担其依法应当承担的法律责任。

6. 工会在安全生产工作中相关监督职责

第六十条　工会有权对建设项目的安全设施与主体工程同时设计、同时施工、同时投入生产和使用进行监督，提出意见。

工会对生产经营单位违反安全生产法律、法规，侵犯从业人员合法权益的行为，有权要求纠正；发现生产经营单位违章指挥、强令冒险作业或者发现事故隐患时，有权提出解决的建议，生产经营单位应当及时研究答复；发现危及从业人员生命安全的情况时，有权向生产经营单位建议组织从业人员撤离危险场所，生产经营单位必须立即作出处理。

工会有权依法参加事故调查，向有关部门提出处理意见，并要求追究有关人员的责任。

理解运用

本条是关于工会在安全生产工作中相关监督职责的规定。

（1）工会对“三同时”的监督权

2021年新法第三十一条对“三同时”制度有明确的规定，在此不再赘述。本条第一款旨在强调工会在“三同时”制度运行中也要发挥重要的监督作用。对于不符合此制度的建设项目，不论在哪一个阶段，工会都有权向生产经营单位和有关设计、施工、验收单位提出意见。相关单位对工会的意见应当认真研究处理，并将结果书面通知工会。

（2）工会对生产经营单位违法侵害从业人员合法权益行为的监督权

当工会发现生产经营单位存在违反我国相关安全生产法律、法规的规定，严重侵犯从业人员权益的行为时（例如不对从业人员进行相关的教育培训；不向从业人员提供相关的劳动防护用品；不为从业人员依法缴纳工伤保险费；

向从业人员隐瞒生产作业场所的安全条件等），工会有权对这类行为进行纠正。而生产经营单位对于工会要求纠正的事项应当认真研究，采取措施解决、纠正，并将结果书面通知工会。

（3）工会对生产经营单位的建议权

工会在发现生产经营单位违章指挥、强令冒险作业或者发现重大事故隐患时，有权提出解决的建议。在现实生活中，安全生产事故发生的重要原因之一是生产经营单位违章指挥、强令冒险作业，或者在发现有重大事故隐患时心存侥幸，不及时消除隐患。因此，本条规定了工会在发现生产经营单位存在上述违法、违规、违章行为时有权提出自己的建议。相关生产经营单位应当予以高度重视，以期有效预防安全生产事故的发生。

（4）工会在紧急情况发生时的建议撤离权

工会在发现危及从业人员生命安全的情况时，有权向生产经营单位建议组织从业人员撤离危险场所。生产经营单位负责人或者现场指挥人员应当立即做出处理，对确需立即组织从业人员撤离作业场所的，应当立即组织执行；对于尚不需要撤离从业人员，但需要采取必要的安全措施的，应当立即采取保证安全的措施，并将有关情况告知工会。

（5）工会的事故调查参与权

在安全生产事故发生后，工会有权参加事故的调查，同时，工会还可以向有关部门提出关于事故处理的意见，从而来行使这一阶段的监督权利。

相关知识

1. 工会对本单位建设项目的安全设施提出意见的权利

从业人员从事生产劳动，必须有相应的劳动条件和安全设施，以确保从业人员的人身安全和健康，这是劳动安全工作的基本内容。党和国家对这项工作十分重视，人民政府和有关部门对各行各业职工的劳动安全都作出了具体明确的规定。依照《工会法》第二十三条的规定，工会依照国家规定对新建、扩建企业和技术改造工程中的劳动条件和安全卫生设施与主体工程同时设计、同时施工、同时投产使用进行监督。由此可见，工会既可以在设计阶段、施工阶段对建设项目的安全设施提出意见，也可以在投产前的检查验收中提出意见；既可以要求生产经营单位按照国家规定增加或者补建安全设施，也可以要求依法改善劳动条件，还可以建议停止施工、投产，待安全设施配套时再行施工等。生产经营单位对工会提出的意见，应当认真处理。对确有法律依据的，应当按照工会的意见处理。对未按照工会的意见处理的，工会还可以向有关主管部门反映，或者向上一级工会反映，要求解决。对工会提出的意见，生产经营单位或者主管部门要认真研究，处理解决，并应当将研究处理结果书面通知工会。工会的这种监督属于一种群众性监督。

2. 工会有权对违法行为要求纠正和对安全生产工作提出建议

（1）工会对生产经营单位违反安全生产法律、法规，侵犯从业人员合法权益的行为有权要求纠正，以及对生产经营单位的安全生产工作有提出建议的权利。《工会法》第六条第一款规定："维护职工合法权益是工会的基本职责。工会在维护全国人民总体利益的同时，代表和维护职工的合法权益。"从业人员相对于生产经营单位处于弱势地位，在这种情况下，必须强化和维护从业人员的合法权益。本法从安全生产的角度进一步重申了工会在这方面的权利，强调工会对生产经营单位违反有关安全生产的法律、法规，侵犯从业人员合法权益的行为有要求纠正的权利。依照《工会法》第二十五条的规定，工会有权对企业、事业单位侵犯职工合法权益的问题进行调查，有关单位应当予以协助。

（2）依照本条第二款的规定，工会发现生产经营单位违章指挥、强令工人冒险作业时，或者发现事故隐患时，有权提出解决的建议。生产经营单位应当及时研究工会的意见，不得推诿，并将处理结果书面通知工会。工会发现危及从业人员生命安全的情况时，如矿山开采出现透水事故苗头时，有权向生产经营单位建议组织从业人员撤离危险场所，生产经营单位必须立即果断地作出处理决定，避免伤亡事故的发生。需要说明的是，依照本条及《工会法》的规定，工会对于纠正生产经营单位的违章指挥、组织从业人员撤离危险场所，都是向生产经营单位提出建议，而不是去直接制止或者组织撤离。这样规定是因为生产经营管理是生产经营单位主要负责人的职责，保障安全生产也是单位负责人的职责，涉及生产的指挥和组织问题应当由生产经营单位行政决定。工会为了维护从业人员的生命安全和健康，有提出解决问题的建议权。工会的建议权与生产经营单位的经营管理权目标是一致的，如果发生了事故，不仅会造成从业人员生命安全和健康的损害，而且也会给生产经营单位造成损失。工会行使这一权利，防患于未然，不仅保证了从业人员的生命安全和健康，也保护了生产经营单位的利益不受损害，提高从业人员安全生产的自觉性。

3. 工会有参加安全生产事故调查的处理权

《工会法》第二十六条规定，职工因工伤亡事故和其他严重危害职工健康问题的调查处理，必须有工会参加。工会应当向有关部门提出处理意见，并有权要求追究直接负责的主管人员和有关责任人员的责任。对工会提出的意见，应当及时研究，给予答复。本法从安全生产专门立法的角度重申了这一规定。

7. 被派遣劳动者在安全生产方面的权利义务

第六十一条 生产经营单位使用被派遣劳动者的，被派遣劳动者享有本法规定的从业人员的权利，并应当履行本法规定的从业人员的义务。

理解运用

本条规定的目的在于解决实践生产作业活动中对被劳务派遣劳动者的区别对待问题。在法律上明确了被派遣劳动者与正式员工在安全生产方面的权利和义务完全平等，即生产经营单位必须保障被派遣劳动者享有本法规定的从业人员在安全生产方面的全部权利：了解其作业场所和工作岗位存在的危险因素、防范措施及事故应急措施，有权对本单位的安全生产工作提出建议；提出批评、检举、控告以及拒绝违章指挥和强令冒险作业的权利；紧急情况下的停止作业权和撤离作业场所权；因生产安全事故受损时工伤保险和民事求偿权。同时，被派遣劳动者也负有本法规定的从业人员应尽的全部义务：严格服从安全生产管理的义务；认真接受安全生产教育培训的义务；及时报告安全生产隐患的义务。

相关知识

1. 生产经营单位使用被派遣劳动者

劳务派遣是《劳动合同法》规范的一项重要内容，它存在三个法律主体，分别为劳务派遣单位、被派遣劳动者和用工单位。劳务派遣单位是被派遣劳动者的用人单位，向社会招用劳动者为其成员，并对合格的劳动者进行派遣，行使对劳动者的人事管理权，包括劳动者的录用、辞退、岗前培训、工资支付、社会保险费缴纳等方面的管理。劳务派遣单位与被派遣劳动者之间因签订劳动合同而存在劳动关系。用工单位是指接受劳务派遣用工的单位。劳务派遣单位派遣劳动者应当与用工单位订立劳务派遣协议。劳务派遣协议应当约定派遣岗位和人员数量、派遣期限、劳动报酬和社会保险费的数额与支付方式，以及违反协议的责任等涉及被派遣劳动者权益的内容。本条中使用被派遣劳动者的生产经营单位即用工单位。

在实践中，劳务派遣是生产经营合法化、规范化过程中遇到的一个重大问题。《劳动合同法》颁布实施后，出现了劳务派遣单位数量大幅增加、劳务派遣用工规模迅速扩大的情况。智研咨询发布的《2019—2025 年中国劳务派遣行业现状分析及投资前景评估报告》指出：2009—2017 年我国劳务派遣工人数整体呈现上涨态势，从 2009 年的 2700 万人增长到 2017 年的3600万人。人数的剧增伴随着各方面的突出问题：一是劳务派遣单位过多过滥，经营不规范；二是许多用工单位长期大量使用被派遣劳动者，有些用工单位甚至把劳务派遣作为用工主渠道；三是被派遣劳动者的合法权益得不到有效保障，同工不同酬、不同保障待遇的问题比较突出，参与企业民主管理和参加工会组织等权利得不到很好落实，一些被派遣劳动者长期没有归属感，心理落差较大。劳务派遣用工制度的滥用不仅损害了劳动者的合法权益，也对常规的用工方式和劳动合同制度造成较大冲击。《劳动法》第四十六条规定：工资分配应当遵循按劳分配原则，实行“同工同酬”。同工同酬是指用人单位对于技术和劳动熟练程度相同的劳动者在从事同种工作时，不分性别、年龄、民族、区域等差别，只要提供相同的劳动量，就获得相同的劳动报酬。《劳动合同法》第六十三条规定：被派遣劳动者享有与用工单位的劳动者同工同酬的权利。用工单位无同类岗位劳动者的，参照用工单位所在地相同或者相近岗位劳动者的劳动报酬确定。本法关注的安全生产工作，核心在于保护劳动者，也包括对被派遣劳动者权益的保护。

2. 被派遣劳动者享有的权利和应当履行的义务

法律对用工单位使用被派遣劳动者作出特殊规定。《劳动合同法》第六十二条规定，对于被派遣劳动者用工单位应当履行下列义务：①执行国家劳动标准，提供相应的劳动条件和劳动保护；②告知被派遣劳动者的工作要求和劳动报酬；③支付加班费、绩效奖金，提供与工作岗位相关的福利待遇；④对在岗被派遣劳动者进行工作岗位所必需的培训；⑤连续用工的，实行正常的工资调整机制。用工单位不得将被派遣劳动者再派遣到其他用人单位。有关行政法规、部门规章也对被派遣劳动者的使用作出明确规定，如《国务院办公厅关于进一步加强煤矿安全生产工作的意见》第十四条规定，规范煤矿劳动用工管理。在一定区域内，加强煤矿企业招工信息服务，统一组织报名和资格审查、统一考核、统一签订劳动合同和办理用工备案、统一参加社会保险、统一依法使用劳务派遣用工，并加强监管。

（二）全面履行义务

1. 严格服从安全生产管理

第五十七条　从业人员在作业过程中，应当严格落实岗位安全责任，遵守本单位的安全生产规章制度和操作规程，服从管理，正确佩戴和使用劳动防护用品。

理解运用

本条是关于从业人员在生产作业过程中应当严格落实岗位安全职责，遵守本单位的安全生产规章制度和操作规程，服从管理，正确佩戴和使用劳动防护用品的规定。

（1）严格落实岗位安全责任

2016 年 12 月 9 日发布的《中共中央 国务院关于推进安全生产领域改革发展的意见》（以下简称《意见》）提出要严格落实企业主体责任。企业对本单位安全生产和职业健康工作负全面责任，要严格履行安全生产法定责任，建立健全自我约束、持续改进的内生机制。企业实行全员安全生产责任制度，法定代表人和实际控制人同为安全生产第一责任人，主要技术负责人负有安全生产技术决策和指挥权，强化部门安全生产职责，落实一岗双责。为贯彻该《意见》关于企业实行全员安全生产责任制的要求，国务院安委会办公室 2017 年 10 月 10 日发布了《关于全面加强企业全员安全生产责任制工作的通知》，对全面加强企业全员安全生产责任制工作有关事项进行了规定，2021 年新法多处体现了全员安全生产责任制的要求，如第二十一条中对生产经营单位的主要负责人对本单位安全生产工作负有的“建立健全并落实本单位全员安全生产责任制职责”作出规定；第二十二条规定：“生产经营单位的全员安全生产责任制应当明确各岗位的责任人员、责任范围和考核标准等内容。生产经营单位应当建立相应的机制，加强对全员安全生产责任制落实情况的监督考核，保证全员安全生产责任制的落实。”本条也对从业人员在作业过程中，应当严格落实岗位安全责任作出规定。

（2）从业人员应当遵守本单位的安全生产规章制度和操作规程

对于从业人员来说，不仅要遵守有关安全生产的法律、法规，还要必须遵守本单位的安全生产规章制度和操作规程，本单位的相关制度与操作规程相比法律法规来说针对性、可操作性更强，因此遵守它们，对于安全生产来说至关重要。

（3）从业人员应当服从管理

在生产作业中，从业人员应当服从生产经营单位的有关负责人以及安全生产管理人员在安全生产方面的正当的、合理的管理，这样才能保证生产作业活动的有序性，使各项安全措施落实到位，保证生产经营活动的安全。当然，如果管理活动本身不是合理的、正当的，例如生产经营单位负责人违章指挥、强令冒险作业，针对这一部分的“管理”，从业人员不需要执行。

（4）从业人员应当正确佩戴和使用劳动防护用品

生产经营单位必须为从业人员提供符合国家标准或者行业标准的劳动防护用品。相应地，从业人员也要正确地佩戴和使用劳动防护用品，否则将无法起到真正的防护作用。2021 年新法第四十五条、第四十七条分别对生产经营单位在劳动防护用品的配备、经费的安排作了明确规定，但是如果从业人员对生产经营单位的规定不予重视、随意违背，那么造成的后果和责任由从业人员自己承担。

相关知识

1. 生产经营单位的安全生产管理方面的规章制度和安全操作规程

生产经营单位的安全生产管理方面的规章制度包括安全生产责任制、安全技术措施管理、安全生产教育、安全生产检查、伤亡事故报告、各类事故管理、劳动保护设施管理、要害岗位管理、安全值日制度、安全生产竞赛办法、安全生产奖惩办法、劳动防护用品的发放管理办法等。安全操作规程是指在生产活动中，为消除能导致人身伤亡或造成设备、财产破坏以及危害环境而制定的具体技术要求和实施程序的统一规定。《劳动法》也要求，劳动者在劳动过程中必须严格遵守安全操作规程。生产经营单位的安全生产规章制度是保证劳动者的安全和健康、保证生产活动顺利进行的手段，没有健全和严格执行的安全生产规章制度，企业的安全生产就没有保障。可以说，安全于生产的全过程之中，安全生产需要生产经营单位的每一个人、每个工序相互配合和衔接。生产经营单位的每一个从业人员都要从不同的角度为企业的安全生产担负责任，每个人尽责的好坏直接影响生产经营单位安全生产的成效。因此，生产经营单位的从业人员在作业过程中应当遵守本单位的安全生产规章制度和操作规程，服从管理。这样才能保证生产经营单位的活动安全、有序地进行。

2. 劳动防护用品

根据《劳动防护用品监督管理规定》的规定，劳动防护用品是指由生产经营单位为从业人员配备的，使其在劳动过程中免遭或者减轻事故伤害及职业危害的个人防护装备。劳动防护用品分为特种劳动防护用品和一般劳动防护用品。劳动防护用品是保护从业人员安全和健康所采取的必不可少的辅助措施。从一定意义上讲，它是从业人员防止职业毒害和伤害的最后一项有效的措施。同时，劳动防护用品又与从业人员的福利待遇以及为保证产品质量、产品卫生和生活卫生所需要的非防护性的工作用品有着原则性区别。在劳动条件差、危害程度高或者集体防护措施起不到作用的情况下，如在抢修或者检修设备、野外露天作业、处理事故或者隐患，以及生产工艺、设备一时跟不上时，个人防护用品会成为劳动保护的主要措施。劳动防护用品在劳动过程中是必不可少的生产性装备，对生产经营单位来讲要按照有关规定发放充足，不得任意削减，作为从业人员要珍惜、正确佩戴和认真用好劳动防护用品。《劳动防护用品监督管理规定》对劳动防护用品的使用有专门规定，明确从业人员在作业过程中，必须按照安全生产规章制度和劳动防护用品使用规则，正确佩戴和使用劳动防护用品；未按规定佩戴和使用劳动防护用品的，不得上岗作业。

2. 认真接受安全生产教育和培训

第五十八条 从业人员应当接受安全生产教育和培训，掌握本职工作所需的安全生产知识，提高安全生产技能，增强事故预防和应急处理能力。

理解运用

本条是关于从业人员应当接受安全生产教育培训的规定。安全生产教育培训是双向的过程，本法第二十八条规定了生产经营单位具有对从业人员进行安全生产教育培训的义务，但是重点在于从业人员也必须认真地接受安全生产教育培训，否则由生产经营单位单方面提供，也不能起到任何效果。从业人员在生产作业的过程中，随时都可能遇到各种各样的突发安全问题，因此，掌握一定的安全生产知识，提高安全生产技能，增强事故预防和应急处理能力就显得至关重要。

相关知识

1. 安全教育培训的基本内容

伤亡事故的发生，不外乎人的不安全行为和物的不安全状态两种原因。其中控制人的不安全行为是减少伤亡事故的主要措施。而对从业人员进行安全生产教育，是控制人的不安全行为的有效方法，是安全生产管理工作中的一个重要组成部分，是提高从业人员安全素质和自我保护能力、防止事故发生、保证安全生产的重要手段。从业人员应当有主动接受安全生产教育和培训的意识。安全教育培训的基本内容包括安全意识教育、安全知识教育和安全技能教育。

（1）安全意识教育。安全意识教育是安全教育培训的重要组成部分，是搞好安全生产的关键环节。它包括思想认识教育和劳动纪律教育两方面内容。从业人员通过思想认识教育，要提高对劳动保护和安全生产重要性的认识，奠定安全生产的思想基础。劳动纪律教育是提高企业管理水平和安全生产条件、减少工伤事故、保障安全生产的必要前提。

（2）安全知识教育。从业人员接受安全知识教育是提高其安全技能的重要手段，其内容包括：生产经营单位的基本生产概况、生产过程、作业方法或者工艺流程；生产经营单位内特别危险的设备和区域；专业安全技术操作规程；安全防护基本知识和注意事项；有关特种设备的基本安全知识；有关预防生产经营单位常发生事故的基本知识；个人防护用品的构造、性能和正确使用的有关常识等。

（3）安全技能教育。安全技能教育是巩固从业人员安全知识的必要途径，其内容包括：设备的性能、作用和一般的结构原理，事故的预防和处理及设备的使用、维护和修理。接受安全生产教育培训的人员应当达到相应要求，如对于生产经营单位行政领导和技术负责人而言，在安全生产教育培训后，要懂得安全生产技术的基本理论；能制定、审查灾害预防处理计划和实施措施，能正确组织、指挥抢救事故；具备检查、处理事故隐患，分析安全情况和提出改善安全措施的能力。

2. 安全教育培训的形式

从业人员接受安全教育培训的形式多种多样，如组织专门的安全教育培训班；班前班后交代安全注意事项，讲评安全生产情况；施工和检修前进行安全措施交底；各级负责人和安全员在作业现场工作时进行安全宣传教育、督促安全法规和制度的贯彻执行；组织安全技术知识讲座、竞赛；召开事故分析会、现场会，分析造成事故的原因、责任、教训，制定事故防范措施；组织安全技术交流，安全生产展览、张贴宣传图、标语，设置警示标志，以及利用广播、电影、电视、录像等方式进行安全教育；通过由安全技术部门召开的安全例会、专题会、表彰会、座谈会或者采用安全信息、简报、通报等形式，总结、评比安全生产工作，达到安全教育的目的。从业人员要积极参加上述形式的安全教育培训。

3. 从业人员安全生产隐患报告义务

第五十九条 从业人员发现事故隐患或者其他不安全因素，应当立即向现场安全生产管理人员或者本单位负责人报告；接到报告的人员应当及时予以处理。

理解运用

本条是关于从业人员安全生产隐患报告义务的规定。符合从业人员参与安全生产工作的机制要求。从业人员发现事故隐患或者其他不安全因素时，不得隐瞒不报或者拖延报告，而应当立即向现场安全生产管理人员或者本单位负责人报告。

从业人员是一线工作人员，对工作场所等所存在的安全隐患或其他不安全因素都能更容易发现。从业人员不能抱着侥幸的心态，认为隐患可能不会变成真正的事故，便看看就过了，而应当及时向本单位的安全生产管理人员或本单位负责人报告。从业人员应当树立“隐患关乎自己及他人的切身安全，必须将其消灭于摇篮之中”的理念，及时、如实报告事故隐患或者其他不安全因素。同时现场安全生产管理人员或者本单位负责人在接到报告后，应当根据具体情况，及时处理。

相关知识

1. 安全生产事故隐患

根据原国家安全生产监督管理总局《安全生产事故隐患排查治理暂

行规定》第三条规定，安全生产事故隐患，是指生产经营单位违反安全生产法律、法规、规章、标准、规程和安全生产管理制度的规定，或者因其他因素在生产经营活动中存在可能导致事故发生的物的危险状态、人的不安全行为和管理上的缺陷。事故隐患分为一般事故隐患和重大事故隐患。一般事故隐患，是指危害和整改难度较小，发现后能够立即整改排除的隐患。重大事故隐患，是指危害和整改难度较大，应当全部或者局部停产停业，并经过一定时间整改治理方能排除的隐患，或者因外部因素影响致使生产经营单位自身难以排除的隐患。

2. 从业人员的报告义务

依照2021年新法第三条的规定，安全生产工作应当以人为本，坚持人民至上、生命至上，把保护人民生命安全摆在首位，树牢安全发展理念，坚持安全第一、预防为主、综合治理的方针，从源头上防范、化解重大安全风险。生产安全事故虽然有意外性、偶然性和突发性的特点，但它又有一定的规律，可以通过采取有效措施尽可能加以预防。从业人员处于安全生产的第一线，最有可能及时发现事故隐患或者其他不安全因素，因此，本条对从业人员发现事故隐患或者其他不安全因素规定了报告义务，这也符合职工安全生产责任制的要求。其报告义务有两点要求：一是在发现上述情况后，应当立即报告，因为安全生产事故的特点之一是突发性，如果拖延报告，会使事故发生的可能性加大，发生了事故则更是悔之晚矣。二是接受报告的主体是现场安全生产管理人员或者本单位的负责人，易于对事故隐患或者其他不安全因素及时作出处理，避免事故的发生。接到报告的人员须及时进行处理，以防止有关人员延误消除事故隐患的时机。

3. 现场安全生产管理人员或者本单位负责人的及时处理义务

生产经营单位的安全生产管理人员在检查中发现重大事故隐患，依照前款规定向本单位有关负责人报告，有关负责人不及时处理的，安全生产管理人员可以向主管的负有安全生产监督管理职责的部门报告，接到报告的部门应当依法及时处理。根据2021年新法第一百零二条规定，生产经营单位未采取措施消除事故隐患的，责令立即消除或者限期消除，处五万元以下的罚款；生产经营单位拒不执行的，责令停产停业整顿，对其直接负责的主管人员和其他直接责任人员处五万元以上十万元以下的罚款；构成犯罪的，依照刑法有关规定追究刑事责任。与2014年《安全生产法》相比，一是增加了对生产经营单位未采取措施消除隐患的，处五万元以下的罚款的规定；二是提高了对直接负责的主管人员和其他直接责任人员的处罚数额，从“二万元以上五万元以下”提高至“五万元以上十万元以下”。

二 一问一答

1. 生产经营单位与从业人员订立的劳动合同应当载明的生产安全事项有哪些？能否与从业人员约定免责？

生产经营单位与从业人员订立的劳动合同，应当载明有关保障从业人员劳动安全、防止职业危害的事项，以及依法为从业人员办理工伤保险的事项。

生产经营单位不得以任何形式与从业人员订立协议，免除或者减轻其对从业人员因生产安全事故伤亡依法应承担的责任。

2. 2021年新法对于从业人员在安全生产方面的知情权和建议权有哪些规定？

生产经营单位的从业人员有权了解其作业场所和工作岗位存在的危险因素、防范措施及事故应急措施，有权对本单位的安全生产工作提出建议。从业人员还享有《劳动合同法》《职业病防治法》等规定的其他直接涉及劳动者切身利益的事项的知情权。

3. 对于本单位安全生产工作中存在的问题，从业人员可以提出批评、检举和控告吗?

从业人员有权对本单位安全生产工作中存在的问题提出批评、检举、控告。生产经营单位不得因从业人员对本单位安全生产工作提出批评、检举、控告而降低其工资、福利等待遇或者解除与其订立的劳动合同。

4. 从业人员有拒绝违章指挥和强令冒险作业的权利吗?

从业人员有权拒绝违章指挥和强令冒险作业。生产经营单位不得因从业人员拒绝违章指挥、强令冒险作业而降低其工资、福利等待遇或者解除与其订立的劳动合同。

5. 从业人员紧急情况下是否有权停止作业和撤离作业场所?

从业人员发现直接危及人身安全的紧急情况时，有权停止作业或者在采取可能的应急措施后撤离作业场所。

生产经营单位不得因从业人员在紧急情况下停止作业或者采取紧急撤离措施而降低其工资、福利等待遇或者解除与其订立的劳动合同。

6. 生产经营单位发生生产安全事故后，是否应当及时采取救治措施? 从业人员在生产安全事故发生后的救济方法有哪些?

生产经营单位发生生产安全事故后，应当及时采取措施救治有关人员。

因生产安全事故受到损害的从业人员，除依法享有工伤保险外，依照有关民事法律尚有获得赔偿权利的，有权提出赔偿要求。

7. 从业人员在生产经营活动中应当遵守的义务有哪些?

主要包括服从安全管理的义务、接受教育和培训的义务、事故隐患或者不安全因素的报告义务。

从业人员在作业过程中，应当严格落实岗位安全责任，遵守本单位的安全生产规章制度和操作规程，服从管理，正确佩戴和使用劳动防护用品。

从业人员应当接受安全生产教育和培训，掌握本职工作所需的安全生产知识，提高安全生产技能，增强事故预防和应急处理能力。从业人员发现事故隐患或者其他不安全因素，应当立即向现场安全生产管理人员或者本单位负责人报告；接到报告的人员应当及时予以处理。

8. 工会在安全生产工作中相关的监督职责具体有哪些?

工会有权对建设项目的安全设施与主体工程同时设计、同时施工、同时投入生产和使用进行监督，提出意见。

工会对生产经营单位违反安全生产法律、法规，侵犯从业人员合法权益的行为，有权要求纠正；发现生产经营单位违章指挥、强令冒险作业或者发现事故隐患时，有权提出解决的建议，生产经营单位应当及时研究答复；发现危及从业人员生命安全的情况时，有权向生产经营单位建议组织从业人员撤离危险场所，生产经营单位必须立即作出处理。

工会有权依法参加事故调查，向有关部门提出处理意见，并要求追究有关人员的责任。

第五章 >>>>

监督管理不松懈　制度才能落到实
——2021年新法“安全生产的监督管理”制度释义及问题解答

一 制度释义

（一）政府及有关部门如何对安全生产进行监督管理

1. 县级以上地方人民政府的监督管理

第六十二条　县级以上地方各级人民政府应当根据本行政区域内的安全生产状况，组织有关部门按照职责分工，对本行政区域内容易发生重大生产安全事故的生产经营单位进行严格检查。

应急管理部门应当按照分类分级监督管理的要求，制定安全生产年度监督检查计划，并按照年度监督检查计划进行监督检查，发现事故隐患，应当及时处理。

理解运用 >>>

本条是关于县级以上地方各级人民政府以及应急管理部门有关职责的规定。

改善劳动条件，保护劳动者在生产过程中的安全，是《宪法》规定的原则。地方人民政府作为本行政区域内社会经济活动的宏观组织与管理者，应当本着对人民的利益高度负责的精神，从改革发展稳定的大局出发，高度重视安全生产工作，牢固树立安全生产责任重于泰山的意识，严格认真履行法律、法规规定的安全生产监督管理职责。本条也对分类分级监督管理机制作出规定，主要目的是充分发挥安全生产监督管理部门分类分级监督管理制度和按年度监督检查计划实施监管监察执法的重要作用。根据本条规定，县级以上地方各级人民政府应当按照下列要求组织有关部门开展安全生产监督检查：全面了解掌握本行政区域安全生产状况；按照各有关部门的职责分工组织安全检查；确定安全检查重点；检查必须严格，禁止搞形式、走过场。应急管理部门应当按照分类分级监督管理的要求，制定安全生产年度监督检查计划，并按照年度监督检查计划进行监督检查，发现事故隐患，应当及时处理。

相关知识

1. 县级以上地方各级人民政府在安全生产监督管理方面，应当按照要求组织有关部门开展安全生产监督检查

（1）全面了解掌握本行政区域安全生产状况。这是组织好有关部门开展安全生产监督检查的前提，决定着组织检查的频次、规模、范围以及参加检查的部门和人员数量、专业等。县级以上地方各级人民政府应当根据本行政区域生产经营活动的特点、分布区域、人员结构等情况，分析可能发生生产安全事故的途径、危害程度以及影响范围。

（2）按照各有关部门的职责分工组织安全检查。职权法定是依法行政的基本要求。例如，《行政处罚法》第十五条规定，行政处罚由有行政处罚权的行政机关在法定职责范围内实施。《国务院关于印发全面推进依法行政实施纲要的通知》（国发〔2004〕10号）规定，行政机关实施行政

管理，应当依照法律、法规、规章的规定进行；没有法律、法规、规章的规定，行政机关不得作出影响公民、法人和其他组织合法权益或者增加公民、法人和其他组织义务的决定。2021年新法第十条对应急管理部门和其他有关部门的安全生产监督管理职责作出了明确规定。国务院应急管理部门依照本法，对全国安全生产工作实施综合监督管理；县级以上地方各级人民政府应急管理部门依照本法，对本行政区域内安全生产工作实施综合监督管理。国务院交通运输、住房和城乡建设、水利、民航等有关部门依照本法和其他有关法律、行政法规的规定，在各自的职责范围内对有关行业、领域的安全生产工作实施监督管理；县级以上地方各级人民政府有关部门依照本法和其他有关法律、法规的规定，在各自的职责范围内对有关行业、领域的安全生产工作实施监督管理。对新兴行业、领域的安全生产监督管理职责不明确的，由县级以上地方各级人民政府按照业务相近的原则确定监督管理部门。

（3）确定安全检查重点。县级以上地方人民政府应当在调查研究的基础上，确定本行政区域内容易发生重大生产安全事故的生产经营单位。一般来讲，这些生产经营单位既包括性质上比较危险的单位，如矿山、建筑施工单位和危险物品的生产、储存、经营单位等，也包括一旦发生事故将造成重大人身伤亡的其他生产经营单位，如客车客船运输企业、游乐场、歌舞厅、大型商场等公众聚集经营场所，还包括在保障安全生产上存在重大问题的生产经营单位。

（4）检查必须严格，禁止搞形式、走过场。应当严格按照有关法律、法规、规章和有关国家标准、行业标准的规定进行检查，做到“全覆盖、零容忍、严执法、重实效”；应当采用“四不两直”（不发通知、不打招呼、不听汇报、不用接待和陪同，直奔基层、直插现场）和暗查暗访的方式严格检查，不能降低检查的标准和要求，真正做到有法必依、执法必严、违法必究。

2. 对生产经营单位进行分类、分级监督管理

（1）所谓分类，是指根据生产经营单位危险性质的不同，划分不同的行业或者领域类别。划分的方式有两种：一种是根据《国民经济行业分类与代码》（GB/T 4754）进行分类，国民经济行业共分为20个门类、96个大类。其中直接与生产经营活动有关的有15个门类、80个大类。另一种是按照生产安全事故统计制度进行分类，分为煤矿、金属非金属矿山、化工和危险化学品、烟花爆竹生产经营、冶金机械、火灾、建筑施工、道路交通、铁路运输、民航飞行、渔业船舶、农业机械等。所谓分级，是指根据生产经营单位存在的可能引发生产安全事故的风险程度，对其进行等级评估，确定事故风险等级。

（2）制定本部门年度监督检查计划，并按照计划实施监督检查。应急管理部门应当根据本部门执法人员的数量、装备配备、执法区域的范围和生产经营单位的数量、分布、生产规模以及安全生产状况等因素，科学、合理制定年度监督检查计划。监督检查计划应当包括检查的生产经营单位数量和频次、检查的方式、重点等内容。计划的内容应当明确、具体、具有可操作性，并落实到本部门内设责任机构及人员。计划由本部门主要负责人组织制定，一旦确定，不得随意更改；确需调整相关内容的，也应当按照规定报经主要负责人批准。根据《安全生产监管监察职责和行政执法责任追究的暂行规定》，应急管理部门年度监督检查计划应当报请本级人民政府审查批准，并报上一级应急管理部门备案。

（3）及时处理事故隐患。虽然县级以上地方各级人民政府负有组织有关部门进行安全生产检查工作的职责，但那不是日常的全面的组织检查，与此相适应，应急管理部门负责日常安全生产监督检查工作，应急管理部门除了应当按照分类分级监督管理的方式进行监督检查以及制定安全生产年度监督检查计划并严格按照计划执行之外，在检查时发现生产经营单位有事故隐患应当及时处理。消除事故隐患是预防生产安全事故的重要事项，因此，在安全生产检查中，一旦发现事故隐患，必须要

加以处理，不能抱侥幸心理忽视隐患。此外，处理事故隐患必须及时，避免延误处理的最佳时机而导致事故发生。

处理隐患的方法有：对于可以立即排除的事故隐患，应当责令立即排除；不能立即排除的，要责令限期排除，并且可以根据实际具体情况，责令暂时停产停业、修复相关设备等；对于情况紧急的，还可以责令从危险区域内撤出作业人员等。

2. 依法审批验收

第六十三条　负有安全生产监督管理职责的部门依照有关法律、法规的规定，对涉及安全生产的事项需要审查批准（包括批准、核准、许可、注册、认证、颁发证照等，下同）或者验收的，必须严格依照有关法律、法规和国家标准或者行业标准规定的安全生产条件和程序进行审查；不符合有关法律、法规和国家标准或者行业标准规定的安全生产条件的，不得批准或者验收通过。对未依法取得批准或者验收合格的单位擅自从事有关活动的，负责行政审批的部门发现或者接到举报后应当立即予以取缔，并依法予以处理。对已经依法取得批准的单位，负责行政审批的部门发现其不再具备安全生产条件的，应当撤销原批准。

理解运用

本条是关于负有安全生产监督管理职责的部门对涉及安全生产的事项的审查批准或验收必须依法进行的规定。

本条所讲的“负有安全生产监督管理职责的部门”，是指本法第十条所规定的国务院应急管理部门和国务院交通运输、住房和城乡建设、水利、民航等有关部门。根据国务院批准的部门“三定”方案和有关法律、行政法规及规范性文件的规定，国务院安全生产委员会对其成员单位安全生产工作职责进行了明确的分工，突出安全生产监管部门的综合监管与工业主管部门、工商、建设等部门行业监管相结合的安全生产监管体系。

（1）依法审批、验收：负有安全生产监督管理职责的部门应当严格按照法律法规、国家标准或者行业标准规定的安全生产条件和程序，对生产经营单位涉及生产安全的事项严格把关，保证生产经营单位具备相应的安全生产条件。实践中，有些部门不按照相应规定进行审查、验收，致使一些不具备或者不完全具备安全生产条件的生产经营单位进入生产经营领域，导致许多生产安全事故的发生，我们应当杜绝这种行为，以保障人民的人身财产安全。

（2）取缔并处理未依法取得批准或者验收合格而擅自从事有关活动的单位的资格：未依法取得批准或者验收合格的单位，不得擅自从事有关的生产经营活动，否则将严重威胁从业人员以及社会公众的生命财产安全，而且也会使社会管理秩序陷入混乱，这属于一种严重的违法行为。对于这种行为，一定要依法加以处理。

值得注意的是，此处的“未依法取得批准或者验收合格的单位”包括已经向有关部门申请，但不符合相关的安全生产条件而未获得批准或者验收通过的单位，也包括从未向有关部门申请批准或者验收涉及安全生产事项的单位。

（3）撤销已不再具备安全生产条件的单位的相关审批：随着社会的进步、时间的推延，曾经获得审批或者通过验收的单位并非一劳永逸，而是要使单位的安全生产条件不断符合新的相关要求，设备的老化、经营状况的变化等人为或者自然的原因，可能会使单位不再具备法律法规、国家标准或者行业标准规定的安全生产条件，此时负有安全生产监督管理职责的部门应当撤销原审批。被撤销批准的单位不得继续从事相关的生产经营活动，否则，按未依法取得批准或者验收合格而擅自从事有关活动进行处理。

可见，负有安全生产监督管理职责的部门在审批或者验收之后，仍然负有对相关生产经营单位的安全生产条件进行监督检查的责任，这是一种持续的、长期的、根据具体情况进行的工作。

相关知识

行政审批：指行政机关（包括有行政审批权的其他组织）根据自然人、法人或者其他组织提出的申请，经过依法审查，采取“批准”“同意”“年检”发放证照等方式，准予其从事特定活动、认可其资格资质、确认特定民事关系或者特定民事权利能力和行为能力的行为。

3. 审查、验收时禁止的行为

第六十四条 负有安全生产监督管理职责的部门对涉及安全生产的事项进行审查、验收，不得收取费用；不得要求接受审查、验收的单位购买其指定品牌或者指定生产、销售单位的安全设备、器材或者其他产品。

理解运用

本条是关于负有安全生产监督管理职责的部门在对生产经营单位涉及安全生产事项进行审查、验收时不得实施的行为的规定。

本条规定包括两个禁则：一是负有安全生产监督管理职责的部门对涉及安全生产的事项进行审查、验收，不得收取费用；二是负有安全生产监督管理职责的部门，不得要求接受审查、验收的单位购买其指定品牌或者指定生产、销售单位的安全设备、器材或者其他产品。

本法条的要求还有利于防止行政腐败的滋生。公务人员的腐败行为主要表现为“官商勾结”，此条文严格规定了负有安全生产监督管理职责的部门在审查、验收过程中的一些禁止性规范，有效预防“权钱交易”的发生。

相关知识

1. 负有安全生产监督管理职责的部门在对涉及安全生产的事项进行

审查、验收时，不得收取费用。负有安全生产监督管理职责的部门进行审查、验收，是履行其法定职责，是为保障从业人员以及广大人民群众的生命和财产安全，而不是单纯为生产经营单位提供某项服务，其在履行此公务行为时所需要的费用由国家财政资金来保证，因此不应该向生产经营单位收取费用。

2. 负有安全生产监督管理职责的部门不得要求生产经营单位购买其指定的商品。我国实行市场经济为主导的经济制度，企业的自主性越来越得到重视，采购权是企业自主的一部分，因此负有安全生产监督管理职责的部门不得干涉企业的采购权，为其指定特定产品来要求生产经营单位购买。

4. 行政执法职权

第六十五条 应急管理部门和其他负有安全生产监督管理职责的部门依法开展安全生产行政执法工作，对生产经营单位执行有关安全生产的法律、法规和国家标准或者行业标准的情况进行监督检查，行使以下职权：

（一）进入生产经营单位进行检查，调阅有关资料，向有关单位和人员了解情况；

（二）对检查中发现的安全生产违法行为，当场予以纠正或者要求限期改正；对依法应当给予行政处罚的行为，依照本法和其他有关法律、行政法规的规定作出行政处罚决定；

（三）对检查中发现的事故隐患，应当责令立即排除；重大事故隐患排除前或者排除过程中无法保证安全的，应当责令从危险区域内撤出作业人员，责令暂时停产停业或者停止使用相关设施、设备；重大事故隐患排除后，经审查同意，方可恢复生产经营和使用；

（四）对有根据认为不符合保障安全生产的国家标准或者行业标准的设施、设备、器材以及违法生产、储存、使用、经营、运输的危险物品予以查封或者扣押，对违法生产、储存、使用、经营危险物品的作业场所予以查封，并依法作出处理决定。

监督检查不得影响被检查单位的正常生产经营活动。

理解运用

本条主要是关于应急管理部门和其他负有安全生产监督管理职责的部门依法享有的行政执法职权以及监督检查不得影响被检查单位的正常生产经营活动的规定。2021年新法将监督检查修改为为行政执法，身份及职能转变，加大执法力度。

相关知识

1. 应急管理部门和其他负有安全生产监督管理职责的部门依法享有的监督检查职权有：（1）进入生产经营单位进行检查，调阅有关资料，向有关单位和人员了解情况的职权。公务人员履行公职的前提是充分地了解情况，以便作出相应的决策或处理，因此，进入生产经营单位进行检查、调阅有关资料、向有关单位和人员了解情况是必不可少的职权。（2）对安全生产违法行为进行处理的职权。应急管理部门和其他负有安全生产监督管理职责的部门对检查中发现的安全生产违法行为，当场予以纠正或者要求限期改正；对依法应当给予行政处罚的行为，依照本法和其他有关法律、行政法规的规定作出行政处罚决定。主要是依照我国《行政处罚法》的规定进行处理。（3）对检查过程中发现的事故隐患进行处理的职权；发现隐患并及时处理，从而预防事故的发生是进行生产安全监督检查的重要目标，因此，应急管理部门和其他负有安全生产监督管理职责的部门对于检查中发现的安全隐患，有权并应当责令生产经营单位立即采取措施，予以排除。（4）对不符合相关标准的设施、设备、器材以及违法生产、储存、使用、经营、运输的危险物品及相关场所的处理权。

2. 应急管理部门和其他负有安全生产监督管理职责的部门在监督检查时不得影响被检查单位正常的生产经营活动。相关部门进行安全生产监督检查的目的在于发现、制止和查处违反安全生产相关规定的行为，及时消除事故隐患，预防生产安全事故的发生，保障从业人员及其他社会公众的人身和财产安全。而对于生产经营单位的正常生产经营活动，则不得影响。

3. 对安全生产监督检查的要求是：（1）检查主体合法：应急管理部门和其他负有安全生产监督管理职责的部门；（2）检查事项应当严格限定在涉及安全生产的事项上；（3）在方式方法上，尽量采取不影响或最小影响被检查单位的生产经营活动的方式方法；（4）作出查处、处理决定要依据法定的程序与相关实体法规定。

5. 生产经营单位应配合监督检查

第六十六条 生产经营单位对负有安全生产监督管理职责的部门的监督检查人员（以下统称安全生产监督检查人员）依法履行监督检查职责，应当予以配合，不得拒绝、阻挠。

理解运用

本条是关于生产经营单位应当配合安全生产监督检查人员履行职责的规定。安全生产监督检查人员对生产经营单位依法进行监督检查，是一种执行公务的行为，具有合法性和强制性，被检查单位的有关人员应当予以配合，尽量提供便利，不得进行拒绝和阻碍，以保证监督检查的顺利进行。

相关知识

如何兼顾依法履行监督检查职责与企业正常的生产经营活动？

安全生产监督检查人员必须依法履行监督检查职责。进入生产经营单位现场是调查取证的重要方式。实际上，执法部门进入生产经营单位有时非常困难，暴力冲突事件时有发生。这里存在一对矛盾，即如果执法部门不进入生产经营单位的场所进行现场调查，很多违法行为不易被发现，违法的证据也无从收集，执法部门无法行使监督权；如果执法部门频繁进入生产经营单位的场所，有时也会给生产经营单位的生产经营带来不利的影响。正确处理这一对矛盾，一方面，法律必须明确执法部门可以进入生产经营单位进行现场检查，生产经营单位不得拒绝、阻挠；另一方面，执法部门也要避免频繁地进入生产经营者的生产经营场所，从而保护生产经营者正常的生产经营活动。在实际工作中，对有违法嫌疑或被举报有违法行为的生产经营单位，执法部门应当进入生产经营单位进行检查；没有违法嫌疑或者没有举报的，执法部门应慎重行使这项权力，更不能滥用职权，提出不合理的要求。对于违反法律规定的检查要求，生产经营单位有权予以拒绝，并有权向有关部门举报。

6. 忠于职守，秉公执法

第六十七条　安全生产监督检查人员应当忠于职守，坚持原则，秉公执法。

安全生产监督检查人员执行监督检查任务时，必须出示有效的行政执法证件；对涉及被检查单位的技术秘密和业务秘密，应当为其保密。

理解运用

本条是对安全生产监督检查人员职业道德以及在执行任务时应当遵守的义务的规定。

（1）安全生产监督检查人员职业道德的要求：安全生产监督检查人员作为对生产经营单位安全生产状况的监督检查者，肩负重要的责任，为了有效地履行职务，法律赋予其诸多职权，因此，安全生产监督检查人员必须有较高的职业道德水平，以保证有关安全生产法律法规的落地贯彻。

（2）安全生产监督检查人员执行监督检查任务时，必须出示有效的行政执法证件；对涉及被检查单位的技术秘密和业务秘密，应当为其保密。安全生产监督检查人员执行监督检查任务时，必须出示有效的行政执法证件，这是程序合法的一部分，也起到证明安全生产监督检查人员的确实身份的作用，防止不法分子假冒安全生产监督检查人员招摇撞骗。本条相应作出修订。2021 年新法将监督执法改为行政执法，由检查改为执法，身份及职能转变，加大执法力度。在安全生产监督检查人员监督检查的过程中，可能会知悉生产经营单位的不为社会大众知悉，具有经济利益性的技术秘密或业务秘密。对此类秘密，安全生产监督检查人员应当遵守保密义务，不得泄露给任何个人、机构。否则，将承担相应的赔偿责任甚至刑事责任。

相关知识

技术秘密，包括被检查单位的技术诀窍、技术配方、工艺流程等。业务秘密，包括有关的经营决策、客户资料等方面的内容。上述秘密都属于被检查单位的商业秘密。商业秘密是指不为公众所知悉，能为权利人带来经济利益，具有实用性并经权利人采取保密措施的技术信息和经营信息。商业秘密一旦泄露出去，将会给生产经营单位造成不利影响，因此，安全生产监督检查人员执行公务时，对涉及被检查单位的技术秘密和业务秘密，应承担保密的义务。我国《刑法》规定，有违反约定或者违反权利人有关保守商业秘密的要求，披露、使用或者允许他人使用其所掌握的商业秘密等行为，给商业秘密的权利人造成重大损失的，处三年以下有期徒刑或者拘役，并处或者单处罚金；造成特别严重后果的，处三年以上七年以下有期徒刑，并处罚金。

7. 紧急情况下的行政强制执行权

第七十条 负有安全生产监督管理职责的部门依法对存在重大事故隐患

的生产经营单位作出停产停业、停止施工、停止使用相关设施或者设备的决定，生产经营单位应当依法执行，及时消除事故隐患。生产经营单位拒不执行，有发生生产安全事故的现实危险的，在保证安全的前提下，经本部门主要负责人批准，负有安全生产监督管理职责的部门可以采取通知有关单位停止供电、停止供应民用爆炸物品等措施，强制生产经营单位履行决定。通知应当采用书面形式，有关单位应当予以配合。

负有安全生产监督管理职责的部门依照前款规定采取停止供电措施，除有危及生产安全的紧急情形外，应当提前二十四小时通知生产经营单位。生产经营单位依法履行行政决定、采取相应措施消除事故隐患的，负有安全生产监督管理职责的部门应当及时解除前款规定的措施。

理解运用

本条规定的主要目的是强制生产经营单位及时消除重大事故隐患，防止生产安全事故的发生。因企业拒不执行有关部门下达的停产停业指令，仍然违法生产使用，造成重大人员伤亡的事故时有发生。在安全生产行政执法过程中，当被监管对象拒绝执行停产停业等决定时，由于负有安全生产监督管理职责的部门未被赋予强制执行的权力，不能强制执行，而申请人民法院强制执行又因程序复杂、时间较长，无法实现存在重大事故隐患的生产经营单位立即停止生产经营活动的目的，使一些本该立即整治的重大事故隐患继续存在，稍有不慎，就会造成生产安全事故的发生。为此，本条作出了负有安全生产监督管理职责的部门可以采取通知有关单位停止供电、停止供应民用爆炸物品等措施，强制生产经营单位履行决定的规定。

然而，为了避免相关公务人员滥用职权，法律在规定赋予职权的同时也规定了严格的适用条件：（1）生产经营单位存在重大安全隐患；（2）生产经营单位拒不执行负有安全生产监督管理职责的部门依法对其作出的处理决定，有发生生产安全事故的现实危险；（3）在保证安全的前提下；（4）经相关负有安全生产监督管理职责的部门负责人的批准。

相关知识

负有安全生产监督管理职责的部门在具体实施中应当严格把握相关要求。

（1）严格实施条件

①保证安全。从根本上说，安全生产停产停业强制措施的最终目的之一就是避免生产经营单位发生重大安全事故，从而保证其生产经营活动的正常进行。因此，负有安全生产监督管理职责的部门在实施行政强制措施的过程中更要以保证安全，特别是从业人员的生命安全为前提。要充分考虑生产经营单位的生产特点和特殊要求，不能因突然采取停电等措施发生其他事故。在实施停止供应民用爆炸物品，特别是停止供电的强制措施的情况下，要严格遵守安全断电程序，以保障实现行政强制目的。

②负有安全生产监督管理职责的部门依法对存在重大事故隐患的生产经营单位作出停产停业、停止施工、停止使用相关设施或者设备的决定。这里所说的“决定”，既包括依照2021年新法第六十五条或者其他法律法规规定作出的责令暂时停产停业、停止使用相关设施设备的现场处理决定，也包括依照本法“法律责任”一章所作出的责令停产停业整顿的行政决定。

③生产经营单位拒不执行上述决定。安全生产监督检查人员履行监督检查职责，依法作出行政决定，是代表国家执行公务的行为，具有强制性。一些生产经营单位拒绝执行监督检查人员依法作出的行政决定，这种情况不仅严重影响行政执法工作的正常进行，无法实现本法规定的保障安全生产的立法目的，也给生产经营单位的安全生产埋下了隐患。针对这种情况，本法明确规定，生产经营单位应当配合安全生产监督检查人员依法履行监督检查职责，不得拒绝、阻挠。

④存在重大事故隐患，有发生生产安全事故的现实危险。这里所说的“重大事故隐患”，通常是指危害和整改难度较大，应当全部或者局部停产停业，并经过一定时间整改治理方能排除的隐患，或者因外部因素影响致使生产经营单位自身难以排除的隐患。这里所说的“有发生生产安全事故的现实危险”，是指现实存在的、紧迫的危险，如果这种危险持续存在，生产经营单位就可能随时发生事故。在现实执法中，我们考量是否发生生产安全事故的现实危险，一定要牢记“血的教训不能再用血的代价去印证”。

（2）严格按照程序

①经本部门主要负责人批准。本部分属于内部程序的限定，实施前必须经过本部门主要负责人批准。行政强制措施直接关系到公民的人身权、财产权等基本权利，不能任由行政执法人员随意作出，实施前须经本部门主要负责人批准，同时可实现行政机关的内部监督，更严谨地判断停止供电、停止供应民用爆炸物等行为实施的必要性。这里所说的“本部门主要负责人”，一般是指负有安全生产监督管理职责的部门的正职负责人，也可以是主持工作的其他负责人。

②通知要采用书面形式，这是本条款实施的形式要件。书面形式具有意思表示准确、有据可查、便于预防纠纷的优点。为保证实施过程的公开、公正、可追溯，书面形式应为相应的行政执法文书。

③采取停止供电的强制措施，应当提前24小时书面通知生产经营单位。这是对本条第一款的补充规定。按照本条第一款的规定，行政机关实施停止供应民用爆炸物品的强制措施可以直接执行，但考虑到停止供电可能会对安全造成一些不可预计的影响，所以进行了本款的补充规定，要求除有危及生产安全的紧急情形外，负有安全生产监督管理职责的部门应当提前24小时通知生产经营单位，以便被强制执行单位做好停电准备，避免不必要的危险和损失发生。但是，如果遇有紧急情形的，负有安全生产监督管理职责的部门可以不提前24小时，甚至在不通知生产经

营单位的情况下，直接依照本条第一款的规定要求供电企业停止供电。

（3）严格解除条件

①生产经营单位依法履行行政决定。即生产经营单位已经按照负有安全生产监督管理职责的部门行政决定的要求，正确履行了停产停业、停止施工、停止使用相关设施设备的义务。

②采取相应措施消除事故隐患的。除了履行行政决定外，依照2021年新法第六十五条的规定，生产经营单位还必须采取措施消除事故隐患后，负有安全生产监督管理职责的部门才能解除前款规定的行政强制措施。

8. 举报制度

第七十三条 负有安全生产监督管理职责的部门应当建立举报制度，公开举报电话、信箱或者电子邮件地址等网络举报平台，受理有关安全生产的举报；受理的举报事项经调查核实后，应当形成书面材料；需要落实整改措施的，报经有关负责人签字并督促落实。对不属于本部门职责，需要由其他有关部门进行调查处理的，转交其他有关部门处理。

涉及人员死亡的举报事项，应当由县级以上人民政府组织核查处理。

理解运用

本条是关于负有安全生产监督管理职责的部门应当建立收集材料来源（如何更广泛地接受人民的举报）的制度的规定。

（1）公开举报电话、信箱或者电子邮件地址，受理有关安全生产的举报。随着社会的发展，社会公众举报不再通过直接到相关部门办事地点来实施，而主要通过通信技术，因此，负有安全生产监督管理职责的部门也应当适应社会发展，设立专门的举报电话、举报邮箱等。充分地发挥社会大众的监督作用，更广泛地收集有关安全生产的信息。

受理举报的有关安全生产的事项包括：安全生产违法行为；生产经营单

位的重大事故隐患；负有安全生产监督管理职责的部门以及它的工作人员在履行监督检查职责过程中的不法行为等。

（2）调查核实举报事项，并形成书面材料。在受理相关举报事项后，负有安全生产监督管理职责的部门应当对所受理的事项进行调查，经过调查，对已经核实的有关情况，应当形成书面材料，以便之后的查阅。

（3）对需要进行整改的生产经营单位进行督促。负有安全生产监督管理职责的部门对于受理的举报事项在调查核实之后，认为生产经营单位需要进行整改措施的，应报请部门负责人进行审批是否进行整改，最后决定落实整改措施的负有安全生产监督管理职责的部门还应当督促相关生产经营单位落实整改措施。

（4）对不属于本部门职责，需要由其他有关部门进行调查处理的，转交其他有关部门处理。2021 年新法第九条对应急管理部门和其他有关部门的安全生产监督管理职责作出了明确规定。县级以上地方各级人民政府应当根据有关部门的职责分工，组织相应行业、领域的安全检查。由此，2021 年新法结合实际情况，增加了上述规定。

（5）涉及人员死亡的举报事项，应当由县级以上人民政府组织核查处理。

相关知识

有关部门应当根据政府的组织安排，依照法律、法规的规定进行安全检查。国务院交通运输、住房和城乡建设、水利、民航等有关部门依照法律、行政法规和国务院有关部门的“三定”方案的规定，都对安全生产工作负有监督管理职责。县级以上地方各级人民政府有关部门，是指除本级政府负责安全生产监督管理部门以外，依照有关法律、行政法规、地方性法规和本级人民政府对其部门职责划分的规定，对安全生产负有监督管理职责的部门。这就是说，安全生产监督管理工作不仅是政府的应急管理部门的职责，政府的其他有关部门在其职责范围内，也承担着安全生产监督管理的责任。国务院批准的部门“三定”方案和有关法律、行政法规及规范性文件规定，国务院安全生产委员会对其成员单位安全生产工作职责进行了明确的分工。例如，工业和信息化部指导工业、通讯业加强安全生产管理，指导重点行业排查治理隐患，负责民爆器材的行业及其生产、流通安全的监管管理；交通运输部行使原铁道部铁路安全生产监督管理责任，承担铁路工程建设安全生产的监督管理工作，监督管理铁路运输安全、劳动安全、特种设备安全和劳动保护工作；水利部负责水利行业安全生产工作，组织实施水利工程建设安全监督管理工作。地方人民政府有关部门也应当依照相关的分工，承担本部门相应的安全生产监督管理的职责。

9. 安全生产违法行为信息库制度

第七十八条 负有安全生产监督管理职责的部门应当建立安全生产违法行为信息库，如实记录生产经营单位及其有关从业人员的安全生产违法行为信息；对违法行为情节严重的生产经营单位及其有关从业人员，应当及时向社会公告，并通报行业主管部门、投资主管部门、自然资源主管部门、生态环境主管部门、证券监督管理机构以及有关金融机构。有关部门和机构应当对存在失信行为的生产经营单位及其有关从业人员采取加大执法检查频次、暂停项目审批、上调有关保险费率、行业或者职业禁入等联合惩戒措施，并向社会公示。

负有安全生产监督管理职责的部门应当加强对生产经营单位行政处罚信息的及时归集、共享、应用和公开，对生产经营单位作出处罚决定后七个工作日内在监督管理部门公示系统予以公开曝光，强化对违法失信生产经营单位及其有关从业人员的社会监督，提高全社会安全生产诚信水平。

理解运用

2021 年新法在关于负有安全生产监督管理职责的部门应当建立安全生产

违法行为信息库，在记录、公告和通报生产经营单位违法行为信息的规定基础上，增加了以下内容：

（1）安全生产违法行为信息库的记录及管理对象增加有关从业人员安全生产违法行为信息。

（2）有关部门和机构应当对存在失信行为的生产经营单位及其有关从业人员采取加大执法频次、暂停项目审批、上调有关保险费率、行业或者职业禁入等联合惩戒措施，并向社会公示的规定。

（3）监管部门通过部门公示系统公开曝光的规定。负有安全生产监督管理职责的部门应当加强对生产经营单位行政处罚信息的及时归集、共享、应用和公开曝光力度，对生产经营单位进行处罚后七个工作日内即在监管部门公示系统予以公开曝光，强化对违法失信生产经营单位及其有关从业人员的公众监督，提高全社会安全生产诚信水平。

相关知识

安全生产违法行为信息库：指负有安全生产监督管理职责的部门如实记录生产经营单位的安全生产违法行为的信息库。

（二）安全生产中介组织在安全生产中的监督作用

第七十二条　承担安全评价、认证、检测、检验职责的机构应当具备国家规定的资质条件，并对其作出的安全评价、认证、检测、检验结果的合法性、真实性负责。资质条件由国务院应急管理部门会同国务院有关部门制定。

承担安全评价、认证、检测、检验职责的机构应当建立并实施服务公开和报告公开制度，不得租借资质、挂靠、出具虚假报告。

理解运用

本条是关于安全生产中介组织在安全生产中的资质条件和责任的原则性规定。为了加强安全评价机构、安全生产检测检验机构（以下统称安全评价检测检验机构）的管理，规范安全评价、安全生产检测检验行为，依据《安全生产法》《行政许可法》等有关规定，国家应急管理部于2019年3月20日制定《安全评价检测检验机构管理办法》，对安全评价检测检验机构资质申请条件、证书有效期限以及资质注销等作了明确规定。2021年新法根据该办法增加了中介机构服务公开和报告公开制度的规定，并禁止中介机构租借资质、挂靠、出具虚假报告。

相关知识

1. 承担安全评价、认证、检测、检验的机构应具备法定的资质条件

本条所讲的承担安全评价、认证、检测、检验的机构，是指向社会开放的，接受生产经营单位或者负有安全生产监督管理职责的部门等的委托，对有关的安全生产条件、安全产品、安全设备等进行技术性评价、技术性检验、安全认证等，并出具相关报告的机构。该机构的报告对于生产经营单位的安全生产、监督管理部门的监督管理，具有相当重要的作用。为保证安全评价、认证、检测、检验结果的客观、公正、准确，本条要求，承担这类任务的机构应具备"国家规定的资质条件"，包括对必要的技术人员、管理人员的资格方面的要求，对必要的检测、检验设备方面的要求，对必要的组织机构的要求，对建立健全有关检测、检验操作规程的要求等。这里所说的"国家规定"，包括法律的规定、行政法规的规定和国务院有关部门依法制定的行政规章的规定。

2. 安全评价、认证、检测、检验的机构应对其作出的安全评价、认证、检测、检验结果的合法性、真实性负责

这包括两方面的含义：一是安全评价、认证、检测、检验的机构接受委托进行有关的安全评价、认证、检测、检验，必须做到客观、公正，执行规定的程序和操作规则，保证结果的准确性；二是安全评价、认证、检测、检验机构要对自己作出的安全评价报告和检测、检验结果的真实性、准确性负责，对出具的安全评价报告或者检测、检验结论不实的，要承担相应的法律责任。

3. 承担安全评价、认证、检测、检验的机构应当建立并实施服务公开和报告公开制度，不得租借资质、挂靠、出具虚假报告

《安全评价检测检验机构管理办法》第十七条规定，安全评价检测检验机构应当建立信息公开制度，加强内部管理，严格自我约束。专职技术负责人和过程控制负责人应当按照法规标准的规定，加强安全评价、检测检验活动的管理。第十八条规定，安全评价检测检验机构开展技术服务时，应当如实记录过程控制、现场勘验和检测检验的情况，并与现场图像影像等证明资料一并及时归档。安全评价检测检验机构应当按照有关规定在网上公开安全评价报告、安全生产检测检验报告相关信息及现场勘验图像影像。

在现实生活中，安全评价、认证、检测、检验工作专业性强，又往往涉及安全生产问题的核心，这些服务机构的好坏，对于是否能够保障安全生产、保障人民的生命和财产安全，有重大的影响。因此，这些服务机构如果实施了租借资质或挂靠行为，国家将很难实现对相应资质的管控目的。这些服务机构如果出具了虚假证明或者出具的结果不具有客观性、真实性、公正性，并由此导致生产安全事故的，应当依法撤销其相应的资质。造成损害的，依法承担赔偿责任；构成犯罪的，应当依照《刑法》有关提供虚假证明文件罪或者其他有关罪名追究其刑事责任。

（三）安全生产需要全社会来监督

1. 社会公众的监督

第七十四条 任何单位或者个人对事故隐患或者安全生产违法行为，均有权向负有安全生产监督管理职责的部门报告或者举报。

因安全生产违法行为造成重大事故隐患或者导致重大事故，致使国家利益或者社会公共利益受到侵害的，人民检察院可以根据民事诉讼法、行政诉讼法的相关规定提起公益诉讼。

第七十六条 县级以上各级人民政府及其有关部门对报告重大事故隐患或者举报安全生产违法行为的有功人员，给予奖励。具体奖励办法由国务院应急管理部门会同国务院财政部门制定。

理解运用

第七十四条是社会公众监督的规定，即关于单位和个人均有权就事故隐患或者安全生产违法行为向有关负责部门报告或者举报。安全生产关系到我们每个人的生命财产权益，仅仅依靠生产经营单位、从业人员以及负有安全生产监督管理职责的部门的注意远远不够，还需要社会各界、各单位与个人的高度重视，将安全生产工作置于全社会的监督之下，任何单位或者个人对事故隐患或者安全生产违法行为，均有权向负有安全生产监督管理职责的部门报告或者举报。

依据本条，单位和个人举报或者报告的事项包括：（1）事故隐患。事故隐患是指作业场所、设备及设施的不安全状态，人的不安全行为和管理上的缺陷，是引发安全事故的直接原因。重大事故隐患是指可能导致重大人身伤亡或者重大经济损失的事故隐患，加强对重大事故隐患的控制管理，对于预防特大安全事故有重要的意义。然而，事故隐患具有隐蔽性、危险性、多样性等特征，不容易控制管理，因此，法律鼓励社会公众一旦发现事故隐患及时向有关部门报告，以便及时采取措施，消除隐患，保障生产安全。（2）安全生产违法行为。安全生产违法行为主要是指生产经营单位及其相关工作人员、有关政府部门及其公务人员以及安全生产技术服务机构的违反有关安全生产规定的行为。任何单位与个人一旦发现这些主体的安全生产违法行为，应当向有关部门如实进行举报。

本次修订新增了第二款公益诉讼的规定，因安全生产违法行为造成重大事故隐患或者导致重大事故，致使国家利益或者社会公共利益受到侵害的，人民检察院可以根据民事诉讼法、行政诉讼法的相关规定提起公益诉讼。

第七十六条是关于县级以上各级人民政府及其有关部门对报告重大事故隐患或者举报安全生产涉嫌违法行为的有功人员给予奖励的规定。大多数奖励制度的目的在于激励，这一制度是为了鼓励单位和个人，不能漠视而是应该积极报告生产安全事故隐患，举报安全生产违法行为。

相关知识

1. 受理举报的部门

包括应急管理部门、应急管理部门以外的其他负有安全生产监督管理职责的部门及监察机关。

2. 有关部门对于违法行为举报应当及时受理

单位和个人以书信、电话、口头和委托他人转告等方式，无论实名还是匿名，对安全生产违法行为和事故隐患等进行举报的，有关部门均应受理。受理口头举报，应当将举报情况写成笔录；受理电话举报，应当询问清楚，如实记录。对具名报告或者举报但不愿对外公开身份的，接受报告或者举报的负有安全生产监督管理职责的部门，应当为当事人保密。对具名报告或者举报且有联系方式的，依照国务院《信访条例》的规定，有关行政机关收到报告或者举报后，应当在15日内书面告知举报人是否立案受理；并自受理之日起60日内办结，告知举报人。对于举报的事实线索比较明确，又属于本部门职责范围的，受理举报的部门应当及时进行调查。违法行为经查证属实的，依法给予行政处罚或者处分；构成犯罪的，移送司法机关依法追究刑事责任。对不属于本部门职责范围的举报，应当及时移交有权处理的部门。

3. 公益诉讼

公益诉讼是特定的国家机关、组织或者个人依照法律规定，为保障国家或者社会公共利益而提起的诉讼。这种诉讼在认定原告资格、审理方式、证据规则、裁判方式等方面都与传统的诉讼模式存在明显区别。特别是由于在本质上是为了保护公共利益免受国家机关、组织或者其他公民的侵害，一般被认为具有维护法律秩序的客观诉讼性质。由于法律并未明确规定公益诉讼，因此，大多数学者倾向于将涉及公共利益保护的民事或者行政案件归入公益诉讼的范畴。

2015年7月1日，由上海市消费者权益保护委员会提起的一起公益诉讼案正式被法院受理。这次公益诉讼分别以广东欧珀（OPPO）移动通信有限公司和天津三星通信技术有限公司为被告，诉讼理由是这些手机厂商侵害了消费者的合法权益。

2015年7月2日，最高人民检察院召开新闻发布会，发布《检察机关提起公益诉讼改革试点方案》。最高检新闻发言人介绍了公益诉讼改革试点的安排，选择北京、内蒙古、吉林、江苏、安徽、福建、山东、湖北、广东、贵州、云南、陕西、甘肃13个省、自治区、直辖市的检察院开展改革试点。试点期限为二年。试点进行中，最高人民检察院将与最高人民法院共同加强对试点工作的组织指导和监督检查，适时就公益诉讼案件管辖、起诉、审理中涉及的具体问题联合作出实施办法，报全国人民代表大会常务委员会备案，并及时就试点情况向全国人民代表大会常务委员会作出中期报告。试点期满后，对实践证明可行的，适时提请全国人民代表大会常务委员会修改完善有关法律。

2017年11月，山西省首例行政公益诉讼案结案。该案中，山西省阳曲县检察院依法对在“家电下乡”补助审核发放中负有监管职责的县财政局和县经信局进行立案调查，292万元“家电下乡”专项补助款被追回。

2. 基层群众自治性组织的监督

第七十五条　居民委员会、村民委员会发现其所在区域内的生产经营单位存在事故隐患或者安全生产违法行为时，应当向当地人民政府或者有关部门报告。

理解运用

本条是关于基层群众自治性组织监督事故隐患或者安全生产违法行为的责任。对于这一规定，必须明确的是：（1）居民委员会、村民委员会对于自己区域内发现的事故隐患或者安全生产违法行为负有报告义务，这是一项法定义务，不容推脱；（2）居民委员会、村民委员会对于发现的事故隐患或者安全生产违法行为只有报告的职责，没有处理的权限和职责，对于未发现的不负此责任；（3）居民委员会、村民委员会对于其区域外的生产经营单位所存在的事故隐患或者安全生产违法行为，发现之后，有报告或举报的权利而非义务。

相关知识

居民委员会、村民委员会作为基层群众性自治组织，是最接近其所在区域内生产经营单位的一级组织机构，很多居民或者村民也会选择在这些生产经营单位就近就业，比较容易获知其所在区域内的生产经营单位存在事故隐患或者安全生产违法行为的相关信息。居民委员会、村民委员会所在区域内的生产经营单位存在事故隐患或者安全生产违法行为，可能造成生产安全事故，不仅可能危害从业人员的安全，还可能危及周围地区居民或者村民的安全。按照《城市居民委员会组织法》《村民委员会组织法》的有关规定，居民委员会、村民委员会的重要任务之一，就是维护居民或者村民的合法权益。为了维护当地居民或者村民的安全、维护社会公共利益，本条规定，居民委员会、村民委员会发现其所在区域内的生产经营单位存在事故隐患或者安全生产违法行为时，有义务向当地人民政府或者有关部门（如负有安全生产监督管理职责的部门等）报告，从而赋予居民委员会、村民委员会对所在区域内的生产经营单位存在事故隐患或者安全生产违法行为的报告义务。当地人民政府或者有关部门接到报告后应当给予重视，作出相应的处理。否则，一旦出现问题，有关责任人员应承担相应的法律责任。

3. 新闻媒体的监督

第七十七条 新闻、出版、广播、电影、电视等单位有进行安全生产公益宣传教育的义务，有对违反安全生产法律、法规的行为进行舆论监督的权利。

理解运用

本条是关于新闻媒体进行安全生产公益宣传教育的义务和监督安全生产违法行为的权利的规定。宣传教育对于安全生产工作至关重要，因此，加强新闻、出版、广播、电影、电视等单位进行安全生产公益宣传教育很有必要。首先，新闻、出版、广播、电影、电视等单位应当主动承担起社会责任，做好舆论监督工作，对安全生产中的模范行为及相关个人以及单位给予肯定与褒奖，对不利于安全生产的行为进行监督；其次，安全生产公益宣传是新闻、出版、广播、电影、电视等单位负有的一项法定的义务，因此对于政府以及相关机构提出的相关任务，这些单位不得拒绝；最后，新闻、出版、广播、电影、电视等单位具有监督安全生产违法行为的法定权利，任何单位与个人都不得阻碍、干涉这些单位行使其法定权利。

相关知识

1. 安全生产公益宣传教育

安全生产公益宣传教育要求广大媒体单位在安全生产宣传上，不能以营利为目的，做到不收费或者少收费，更不能搞所谓的有偿新闻。广大媒体单位尤其是国有新闻媒体掌握大量的公共资源，这些资源由国家出资建设，且在全民的支持下日益发展壮大，理应在安全生产这个关系国家和全体人民福祉的问题上发挥更加重要的作用。强调安全生产宣传教育的公益性是为了增加宣传的广度和力度，提高全社会对安全生产重要性的认识。为保证做到这一点，国家新闻宣传主管部门应当根据本条规定制定这方面的规章制度。

2. 舆论监督

舆论监督，全称为社会舆论监督，是我国监督体系中社会监督（外部监督）的一种，其实质是公众的监督。舆论监督作为公民宪法权利（监督权）的体现和常见形式，是社会公众运用各种传播媒介对社会运行过程中出现的现象表达信念、意见和态度的活动。舆论是公众对特定话题所反映的多数意见之集合，是一种社会评价和社会心理的集中体现。舆论监督常与新闻媒体联系在一起，但其本身并不能直接与新闻媒体画等号，因为新闻不一定是舆论，新闻媒体只是传播意见进而形成舆论的工具，新闻媒体的监督只是舆论监督的一种，而非全部，舆论只是借助于传播工具实现其监督的目的。

舆论监督具有以下特点：(1) 公开性和广泛性。舆论监督通过新闻等媒体实施，将安全生产违法行为公之于众，在社会上曝光，是一种最公开、广泛的形式，能够对当事人形成巨大的压力。从这个意义上讲，舆论监督具有比其他社会监督形式更强大的威慑力。(2) 及时性。任何监督都强调及时性，但其他形式的监督往往要经过多个环节、多个层次才能实现，而舆论监督的环节比较单一，反应迅速，能即刻形成舆论压力，在及时遏制安全生产违法行为方面，往往快于其他监督形式。新闻等媒体对社会舆论的导向有着不可替代的作用，同样，运用新闻等媒体实施对安全生产的监督，对于及时制止、及时惩处安全生产违法行为，对于宣传国家安全生产法律规范，具有重要作用。

4. 监察机关的监督

第七十一条 监察机关依照监察法的规定，对负有安全生产监督管理职责的部门及其工作人员履行安全生产监督管理职责实施监察。

理解运用

本条是关于监察机关对负有安全生产监督管理职责的部门及其工作人员履行安全生产监督管理职责实施监察的规定。

（1）条文中的“监察机关”是指人民政府行使监察职能的机关，即各级监察委员会，依照《中华人民共和国监察法》对国家行政机关及其公务员和国家行政机关任命的其他人员实施监察。可见，负有安全生产监督管理职责的部门工作人员也是监察机关监察的对象。

（2）为了有效地对负有安全生产监督管理职责的部门及其工作人员实施监督，法律规定监察机关的监察职权有：对公职人员开展廉政教育，对其依法履职、秉公用权、廉洁从政从业以及道德操守情况进行监督检查；对涉嫌贪污贿赂、滥用职权、玩忽职守、权力寻租、利益输送、徇私舞弊以及浪费国家资财等职务违法和职务犯罪进行调查；对违法的公职人员依法作出政务处分决定；对履行职责不力、失职失责的领导人员进行问责；对涉嫌职务犯罪的，将调查结果移送人民检察院依法审查、提起公诉；向监察对象所在单位提出监察建议。

（3）监察机关针对负有安全生产监督管理职责的部门及其工作人员，应当履行下列职责：检查负有安全生产监督管理职责的部门在遵守和执行法律、法规中的问题；受理对负有安全生产监督管理职责的部门及其工作人员在履行安全生产监督检查职责时违反行政纪律行为的控告、检举；调查处理负有安全生产监督管理职责的部门及其工作人员违反行政纪律的行为。

相关知识

2018年3月11日，第十三届全国人民代表大会第一次会议通过宪法修正案，在《宪法》第三章“国家机构”增写第七节“监察委员会”；3月20日公布《中华人民共和国监察法》，同时《中华人民共和国行政监察法》失效。

二 一问一答

1. 各级政府及应急管理部门对于生产经营单位进行监督检查的具体规定有哪些?

县级以上地方各级人民政府应当根据本行政区域内的安全生产状况，组织有关部门按照职责分工，对本行政区域内容易发生重大生产安全事故的生产经营单位进行严格检查。

应急管理部门应当按照分类分级监督管理的要求，制定安全生产年度监督检查计划，并按照年度监督检查计划进行监督检查，发现事故隐患，应当及时处理。

2. 负有安全生产监督管理职责的部门在审查、验收涉及安全生产的事项时有哪些原则性规定?

负有安全生产监督管理职责的部门依照有关法律、法规的规定，对涉及安全生产的事项需要审查批准（包括批准、核准、许可、注册、认证、颁发证照等，下同）或者验收的，必须严格依照有关法律、法规和国家标准或者行业标准规定的安全生产条件和程序进行审查；不符合有关法律、法规和国家标准或者行业标准规定的安全生产条件的，不得批准或者验收通过。对未依法取得批准或者验收合格的单位擅自从事有关活动的，负责行政审批的部门发现或者接到举报后应当立即予以取缔，并依法予以处理。对已经依法取得批准的单位，负责行政审批的部门发现其不再具备安全生产条件的，应当撤销原批准。

3. 负有安全生产监督管理职责的部门在审查、验收涉及安全生产的事项时有哪些禁止性规定？

负有安全生产监督管理职责的部门对涉及安全生产的事项进行审查、验收，不得收取费用；不得要求接受审查、验收的单位购买其指定品牌或者指定生产、销售单位的安全设备、器材或者其他产品。

4. 应急管理部门和其他负有安全生产监督管理职责的部门享有的监督监察职权有哪些？

（1）进入生产经营单位进行检查，调阅有关资料，向有关单位和人员了解情况。

（2）对检查中发现的安全生产违法行为，当场予以纠正或者要求限期改正；对依法应当给予行政处罚的行为，依照本法和其他有关法律、行政法规的规定作出行政处罚决定。

（3）对检查中发现的事故隐患，应当责令立即排除；重大事故隐患排除前或者排除过程中无法保证安全的，应当责令从危险区域内撤出作业人员，责令暂时停产停业或者停止使用相关设施、设备；重大事故隐患排除后，经审查同意，方可恢复生产经营和使用。

（4）对有根据认为不符合保障安全生产的国家标准或者行业标准的设施、设备、器材以及违法生产、储存、使用、经营、运输的危险物品予以查封或者扣押，对违法生产、储存、使用、经营危险物品的作业场所予以查封，并依法作出处理决定。

5. 安全生产监督检查人员应当具备的职业道德是什么？

安全生产监督检查人员应当忠于职守、坚持原则、秉公执法。

安全生产监督检查人员执行监督检查任务时，必须出示有效的行政执法证件；对涉及被检查单位的技术秘密和业务秘密，应当为其保密。

6. 安全生产监督检查人员在执行职务时应当履行的程序性事项有哪些?

安全生产监督检查人员应当将检查的时间、地点、内容、发现的问题及其处理情况，作出书面记录，并由检查人员和被检查单位的负责人签字；被检查单位的负责人拒绝签字的，检查人员应当将情况记录在案，并向负有安全生产监督管理职责的部门报告。

7. 负有安全生产监督管理职责的部门之间在监督检查过程中应该如何进行配合?

负有安全生产监督管理职责的部门在监督检查中，应当互相配合，实行联合检查；确需分别进行检查的，应当互通情况，发现存在的安全问题应当由其他有关部门进行处理的，应当及时移送其他有关部门并形成记录备查，接受移送的部门应当及时进行处理。

8. 紧急情况下法律赋予负有安全生产监督管理职责的部门相应的强制执行权，其内容是什么?

负有安全生产监督管理职责的部门依法对存在重大事故隐患的生产经营单位作出停产停业、停止施工、停止使用相关设施或者设备的决定，生产经营单位应当依法执行，及时消除事故隐患。生产经营单位拒不执行，有发生生产安全事故现实危险的，在保证安全的前提下，经本部门主要负责人批准，负有安全生产监督管理职责的部门可以采取通知有关单位停止供电、停止供应民用易燃易爆物品等措施，强制生产经营单位履行决定。通知应当采用书面形式，有关单位应当予以配合。

负有安全生产监督管理职责的部门依照前款规定采取停止供电措施，除有危及生产安全的紧急情形外，应当提前二十四小时通知生产经营单位。生产经营单位依法履行行政决定、采取相应措施消除事故隐患的，负有安全生产监督管理职责的部门应当及时解除前款规定的措施。

第六章 >>>>

事故发生怎么办　应急救援和调查
——2021 年新法“生产安全事故的应急救援与调查处理”制度释义及问题解答

一 制度释义

（一）应急救援体系

1. 国家及县级以上地方人民政府加强生产安全事故应急能力建设，建立应急救援体系的规定

第七十九条　国家加强生产安全事故应急能力建设，在重点行业、领域建立应急救援基地和应急救援队伍，并由国家安全生产应急救援机构统一协调指挥；鼓励生产经营单位和其他社会力量建立应急救援队伍，配备相应的应急救援装备和物资，提高应急救援的专业化水平。

国务院应急管理部门牵头建立全国统一的生产安全事故应急救援信息系统，国务院交通运输、住房和城乡建设、水利、民航等有关部门和县级以上地方人民政府建立健全相关行业、领域、地区的生产安全事故应急救援信息系统，实现互联互通、信息共享，通过推行网上安全信息采集、安全监管和监测预警，提升监管的精准化、智能化水平。

理解运用

本条是关于国家加强生产安全事故应急能力建设的规定。其具体内容包括以下几个方面：（1）国家在重点行业、领域内应当建立应急救援基地和应急救援队伍。这主要是为了防患于未然，保证在发生生产安全事故的情况下，完善的应急救援机制能够马上启动，控制事故情况的蔓延。（2）国家鼓励生产经营单位以及社会的其他力量建立应急救援队伍，辅助、配合国家在其领域内建立的应急救援队伍，一起对生产安全事故进行防范和控制。（3）国务院应急管理部门牵头建立全国统一的生产安全事故应急救援信息系统，国务院交通运输、住房和城乡建设、水利、民航等有关部门和县级以上地方人民政府建立健全相关行业、领域、地区的生产安全事故应急救援信息系统。在现代信息社会，利用好信息工具，及时了解安全生产事故的真实信息，建立一个规范统一、安全高效的生产安全事故应急救援信息系统是开展应急救援工作的重要前提，2021 年新法基于此理念，在 2014 年《安全生产法》规定的基础上，一是明确了国务院应急管理部门建立应急救援信息系统的牵头组织作用；二是我国目前实行安全生产综合监管和专项监管相结合的体制，对于交通运输、住房和城乡建设、水利、民航等有关行业和领域的安全生产实行专项监管的国务院有关部门，应当根据本法的规定建立健全其所主管的相关行业、领域的生产安全事故应急救援信息系统；三是增加了县级以上地方人民政府建立健全相关行业、领域、地区的生产安全事故应急救援信息系统的规定，并纳入国家统一的生产安全事故应急救援信息系统；四是国家统一的应急救援系统要实现互联互通、安全监管和监测预警，提升监管的精准化、智能化水平。

相关知识

如何加强生产安全事故应急能力建设？

（1）在重点行业、领域建立应急救援基地和应急救援队伍，推进应急救援专业化处置能力建设。重点行业、领域的应急救援基地是由国家规划，由国家、地方和重点行业、领域的生产经营单位共同投资建设的，能够承担规划服务区域内特别重大和复杂的生产安全事故处置任务的重要救援队伍；具备重点行业、领域的应急救援人才储备、技术储备、装备储备和救援人员培训与演习训练功能。国家应急救援基地在负责本单位生产安全事故应急救援任务的同时，还要承担其他国家指定区域的生产安全事故救援任务而进行的救援行动。我国目前已经建立了多个国家级矿山救援基地和危险化学品救援基地，地方各级人民政府应积极推动矿山、危险化学品应急救援基地和中央企业应急救援队伍项目建设，继续加快地方特别是矿山、化工产业聚集区骨干应急救援队伍建设步伐，推动高危行业企业尤其是中小微企业专兼职应急救援队伍建设。同时，要积极配合有关部门推进公路交通、民航、铁路交通、水上搜救、船舶溢油、建筑施工、电力、核工业、旅游等重点行业、领域充分发挥组织优势、技术优势、人才优势，建设专业特色突出、布局配置合理的应急救援基地和队伍，配合各地公安消防部队加强综合应急救援队伍建设，基本实现安全生产应急救援力量在全国重要区域、行业领域全覆盖。鼓励应急救援基地在做好本生产经营单位应急救援工作的同时，积极参与社会应急救援工作。

（2）鼓励生产经营单位和其他社会力量建立应急救援队伍，配备相应的应急救援装备和物资，提高应急救援的专业化水平。加强生产经营单位专兼职队伍和职工队伍建设。按照专业救援和职工参与相结合、险时救援和平时防范相结合的原则，建设专业队伍为骨干、兼职队伍为辅助、职工队伍为基础的企业应急队伍体系。逐步建立社会化的应急救援机制，大中型企业特别是高危行业企业要建立专职或者兼职应急救援队伍，并积极参与社会应急救援。各级安全监管监察部门和有关中央企业要结合本地区、本企业安全生产应急救援队伍建设实际，科学制定地方各级安全生产应急救援队伍装备，推动各类生产经营单位尤其是小煤矿、小非煤矿山合理配置各类应急救援装备的同时，要建立健全安全生产应急救援物资储备制度，依托国家（区域）、骨干安全生产应急救援队伍以及有关企业、单位，储备必要的救援物资和救援物资生产能力，提高应急救援物资尤其是大型成套应急救援装备的储备水平。有条件的地区要专门设立安全生产应急救援物资储备库，加强对储备物资的动态管理，保证及时补充和更新。暂时没有条件建立储备库的，要与相关装备设施拥有单位建立协调机制，确保能够紧急调用，保障事故灾难应急处置的需要。推进矿山、危险化学品、高风险油气勘探与开采、核工业、森工、民航、铁路、水运、电力和电信等生产经营单位应急救援队伍建设，按有关标准和规范配备应急技术装备，提高现场先期快速处置能力。各级安全监管监察部门和有关中央企业要加强事故救援技术、战术研究，科学制定救援技术和战术训练科目并认真组织训练，提高应急救援队伍专业化水平。要加强对矿山、危险化学品等重点行业领域地方骨干安全生产应急救援队伍建设的指导，明确其组织管理、人员配备、装备设施等标准，提高应急救援队伍标准化水平。同时，地方各级各类安全生产应急救援队伍要积极开展质量标准化达标活动和准军事化建设工作，通过开展理论学习、加强专业训练、参加技术竞赛和救援实践等活动，锻炼过硬作风，提高指挥员的组织指挥和专业救援能力，提高救援队员的技能水平和装备操作能力。要建立应急救援专家队伍，充分发挥专家学者的专业特长和技术优势，提高应急救援的专业化水平。依托共青团组织、中国红十字会、中国青年志愿者协会、基层社区以及其他组织，建立形式多样的应急志愿者队伍，重点加强青年志愿者队伍。通过构筑社会参与平台和制定相关鼓励政策，逐步建立国家支持、项目化管理、社会化运作的应急志愿服务机制，发挥志愿者队伍在科普宣教、应急救助和恢复重建等方面的重要作用。在应对危机时，每个地区都必须充分利用现代化的科学技术，整合现有的应急管理资源，加强专业应急救援队伍与非专业应急救援队伍的合作，合成应急、协调作战。这就要求县级以上人民政府平时重视专业应急救援队伍和非专业应急救援队伍的联合培训、联合演练，提升应急队伍的合成应急、协调作战能力。推进生产经营单位建立应急救援互助机制，发挥生产经营单位应急救援队伍在区域联防和救援互助中的重要作用。

2. 应急救援预案的制定和应急救援体系的建立

第八十条 县级以上地方各级人民政府应当组织有关部门制定本行政区域内生产安全事故应急救援预案，建立应急救援体系。

乡镇人民政府和街道办事处，以及开发区、工业园区、港区、风景区等应当制定相应的生产安全事故应急救援预案，协助人民政府有关部门或者按照授权依法履行生产安全事故应急救援工作职责。

理解运用

本条是对各级政府组织制定生产安全事故应急救援预案、建立应急救援体系的规定。与2014年《安全生产法》相比，2021年新法主要明确规定了乡镇人民政府和街道办事处，以及开发区、工业园区、港区、风景区等应当制定相应的生产安全事故应急救援预案，协助上级人民政府有关部门依法履行生产安全事故应急救援工作职责。乡镇人民政府和街道办事处是最接近生产经营单位的基层政府、基层组织，最熟悉生产经营单位实际情况，本次修订将应急救援预案的制定义务下沉到基层，并要求基层政府、基层组织协助上级人民政府有关部门依法履行生产安全事故应急救援工作职责。2021年新法第九条增加了对开发区、工业园区、港区、风景区的安全生产监督管理职责的规定，因此本条也相应增加了对这些机构应急救援预案制定义务的规定。

相关知识

1. 应急救援预案：指面对突发事件如自然灾害、重特大事故、环境公害及人为破坏的应急管理、指挥、救援计划等，一般应当建立在综合防灾规划的基础上。生产安全事故应急救援预案是针对具体设备、设施、场所和环境，在安全评价的基础上，为降低事故造成的人身、财产损失与环境危害，就事故发生后的应急救援机构和人员，应急救援的设备、设施、条件和环境，行动的步骤、纲领，控制事故发展的方法、程序等，预先做出的科学而有效的计划和安排。应急救援预案的制定一般分为五个步骤：组建应急救援预案编制队伍、开展危险与应急能力分析、预案编制、预案评审与发布、预案的实施。

2. 应急救援体系：指应对突发事件所需的组织、人力、物力、财力等各种要素及其相互关系的总和。应急救援体系的建设和完善是一项复杂的系统工程，需要以国情、各地情况、企业情况为依据，以专项公共资源的配置、整合为手段，以社会力量为依托，以提高突发事件应急救援能力和效率为目标，坚持常抓不懈、稳步推进。当前，我国基本形成了以公安消防、武警、解放军为骨干和突击力量，以防汛抗旱、抗震救灾、森林防火、海上搜救、铁路事故救援、矿山救护、危险化学品事故救援、核应急、医疗救护、动物疫情处置等行业领域专业队伍为基本力量，以企事业单位专兼职队伍、社会救援力量、应急志愿者为辅助力量的应急救援队伍体系。

3. 危险物品生产经营单位应急救援组织及应急救援器材

第八十二条　危险物品的生产、经营、储存单位以及矿山、金属冶炼、城市轨道交通运营、建筑施工单位应当建立应急救援组织；生产经营规模较小的，可以不建立应急救援组织，但应当指定兼职的应急救援人员。

危险物品的生产、经营、储存、运输单位以及矿山、金属冶炼、城市轨道交通运营、建筑施工单位应当配备必要的应急救援器材、设备和物资，并进行经常性维护、保养，保证正常运转。

理解运用

本条一方面明确了需要建立应急救援组织的生产经营单位以及需要指定兼职应急救援人员的生产经营单位，另一方面要求有关危险物品的生产、经营、储存、运输单位以及矿山、金属冶炼、城市轨道交通运营、建筑施工单位应当配备必要的应急救援器材、设备和物资，并进行经常性维护、保养，保证正常运转。

相关知识

危险物品（包括易燃易爆物品、危险化学品、放射性物品等）的生产、经营、存储单位以及矿山、金属冶炼、城市轨道交通运营、建筑施工单位（以下称为高危行业生产经营单位），由于其所从事的生产、经营、存储等活动的特殊性，一旦发生事故，将会对人民群众的生命财产安全造成严重损害。因此上述高危行业生产经营单位必须本着高度负责的态度，严格执行国家有关安全生产的相关法律、法规、标准或者安全技术规范的规定，建立健全严格的安全管理规章制度，设置必要的安全防护设施，提高从业人员的素质，保证生产经营活动的安全进行。鉴于高危行业的特殊性，本法对高危行业的应急救援义务作出专门规定。

（二）事故后的调查处理

1. 生产经营单位的事故报告

第八十三条 生产经营单位发生生产安全事故后，事故现场有关人员应当立即报告本单位负责人。

单位负责人接到事故报告后，应当迅速采取有效措施，组织抢救，防止事故扩大，减少人员伤亡和财产损失，并按照国家有关规定立即如实报告当地负有安全生产监督管理职责的部门，不得隐瞒不报、谎报或者迟报，不得故意破坏事故现场、毁灭有关证据。

理解运用

本条是关于生产经营单位有关人员报告生产安全事故及进行事故控制的规定。在生产经营单位发生生产安全事故的情况下：（1）事故现场的有关人员应当马上向单位负责人报告。方便主要负责人组织救援及向有关负责部门报告。（2）生产经营单位的负责人在接到报告后，应当立即采取相关措施，组织抢救，防止事故的扩大，尽量减少人员伤亡与财产损失，秉持“安全第一，生命高于一切”的理念进行救援工作；同时，单位负责人还应当及时如实向事故发生地县级以上人民政府安全生产监督管理部门和其他负有安全生产监督管理职责的有关部门报告事故情况。不得隐瞒不报、谎报或者迟报，不得故意破坏事故现场、毁灭有关证据。

相关知识

《生产安全事故报告和调查处理条例》规定，发生生产安全事故的生产经营单位应当按照下列程序作出报告：（1）事故发生后，事故现场有关人员应当立即向本单位负责人报告。（2）单位负责人接到报告后，应当于1小时内向事故发生地县级以上人民政府安全生产监督管理部门和负有安全生产监督管理职责的有关部门报告。需要注意的是，本条中“当地负有安全生产监督管理职责的部门”包括当地县级以上人民政府安全生产监督管理部门和对事故单位负有安全生产监督管理职责的其他相关部门。因此，事故单位既负有向县级以上人民政府安全生产监督管理部门报告的义务，又有向负有安全生产监督管理职责的其他有关部门报告的义务，即事故报告是两条线，实行双报告制。这是由我国现行的综合监管与专项监管相结合的安全生产管理体制决定的。(3) 情况紧急时，事故现场有关人员可以直接向事故发生地县级以上人民政府安全生产监督管理部门和负有安全生产监督管理职责的有关部门报告，以利于积极组织事故救援力量调度。“情况紧急”应该作较为灵活的理解，例如事故单位负责人联系不上、事故重大需要政府部门迅速调集救援力量等情形。对于负有安全生产监督管理职责的部门和具体工作人员来说，只要接到事故现场有关人员的报告，无论是否属于“情况紧急”，都应当立即赶赴现场，并积极组织事故救援。(4) 报告事故应当包括下列内容：①事故发生单位概况；②事故发生的时间、地点以及事故现场情况；③事故的简要经过；④事故已经造成或者可能造成的伤亡人数（包括下落不明的人数）和初步估计的直接经济损失；⑤已经采取的措施；⑥其他应当报告的情况。(5) 事故报告后出现新情况的，应当及时补报。自事故发生之日起 30 日内，事故造成的伤亡人数发生变化的，应当及时补报。道路交通事故、火灾事故自发生之日起 7 日内，事故造成的伤亡人数发生变化的，应当及时补报。

2. 组织事故抢救

第八十五条 有关地方人民政府和负有安全生产监督管理职责的部门的负责人接到生产安全事故报告后，应当按照生产安全事故应急救援预案的要求立即赶到事故现场，组织事故抢救。

参与事故抢救的部门和单位应当服从统一指挥，加强协同联动，采取有效的应急救援措施，并根据事故救援的需要采取警戒、疏散等措施，防止事故扩大和次生灾害的发生，减少人员伤亡和财产损失。

事故抢救过程中应当采取必要措施，避免或者减少对环境造成的危害。

任何单位和个人都应当支持、配合事故抢救，并提供一切便利条件。

理解运用

本条是对于在发生事故时应当如何进行组织事故抢救的原则性规定。强调了组织事故抢救是有关地方人民政府和负有安全生产监督管理职责的部门及其负责人的一项法定的职责；强调参与事故抢救的部门与单位应当统一服从指挥，采取有效应急救援措施，以保证应急救援工作的顺利开展。

相关知识

1. 警戒措施：一般是指对具有危险因素的事故现场周围的道路、出入口等进行暂时封闭、设立警戒标志或者人工隔离，防止与事故抢救无关的人员进入危险区域而受到伤害。

2. 疏散：指将事故现场危险区域的从业人员和群众及时转移安置到其他安全场所，防止聚集在事故现场及其周边的人员受到进一步的伤害。

3. 次生灾害：指由原生灾害所诱导出来的灾害，具体到生产安全领域的次生灾害，是指生产安全事故发生后，由于事故源本身的特点或采取措施不及时等原因，进一步引发其他灾害事故，例如由于生产、储存危险化学品的工厂坍塌，对有关危险化学品处理、转移不及时又引起爆炸等灾害。这样的规定是与近年来不断完善的事故等级划分标准、事故应急救援措施等内容相适应的。

3. 事故的调查和处理

第八十六条　事故调查处理应当按照科学严谨、依法依规、实事求是、注重实效的原则，及时、准确地查清事故原因，查明事故性质和责任，评估应急处置工作，总结事故教训，提出整改措施，并对事故责任单位和人员提出处理建议。事故调查报告应当依法及时向社会公布。事故调查和处理的具体办法由国务院制定。

事故发生单位应当及时全面落实整改措施，负有安全生产监督管理职责的部门应当加强监督检查。

负责事故调查处理的国务院有关部门和地方人民政府应当在批复事故调查报告后一年内，组织有关部门对事故整改和防范措施落实情况进行评估，并及时向社会公开评估结果；对不履行职责导致事故整改和防范措施没有落实的有关单位和人员，应当按照有关规定追究责任。

理解运用

本条主要规定了事故调查处理应当遵循的原则、生产安全事故调查处理的任务和主要内容、事故调查报告应当及时向社会公布、事故发生的生产经营单位应当及时落实整改措施等内容。

2021 年新法第八十六条与原法第八十三条相比增加了评估应急处置工作的内容，这样有利于总结应急处置工作经验教训，提升应急救援处置能力。该条将“对事故责任者提出处理意见”修改为“对事故责任单位和人员提出处理建议”，这与《生产安全事故报告和调查处理条例》第二十五条的规定是一致的，“事故调查组履行下列职责：（一）查明事故发生的经过、原因、人员伤亡情况及直接经济损失；（二）认定事故的性质和事故责任；（三）提出对事故责任者的处理建议；（四）总结事故教训，提出防范和整改措施；（五）提交事故调查报告”。

该条规定除了要求事故发生单位落实整改措施的义务并依法及时公布事故调查报告，还要求负责事故调查处理的国务院有关部门和地方人民政府应当在批复事故调查报告后一年内，组织有关部门对事故整改和防范措施落实情况进行评估，并及时向社会公开评估结果；对不履行职责导致没有落实事故整改措施的有关单位和人员，应当按照有关规定追究责任。这样有利于督促有关单位和人员落实事故整改措施，防止再次发生生产安全事故。

相关知识

事故调查处理应当遵循的原则具体分为科学严谨、依法依规、实事求是、注重实效。

（1）科学严谨的原则。调查处理生产安全事故，需要做很多技术上的分析和研究，要科学调查、严谨分析，特别是要充分发挥专家和技术人员的作用，把对事故原因的查明、事故责任的分析、认定建立在科学分析的基础上，力求客观、公正。

（2）依法依规的原则。事故调查处理要严格按照本法和《生产安全事故报告和调查处理条例》等法律法规规定的原则、程序进行，做到客观公正、恪尽职守、严守纪律。事故责任认定要“以事实为依据，以法律为准绳”，严格按照法律法规的规定，严肃追究相关责任人的责任。

（3）实事求是的原则。对生产安全事故进行调查处理，必须从实际出发，在深入调查的基础上，客观、真实地查清事故真相，明确事故责任人，提出处理意见。不得从主观出发，凭空想象，不得感情用事，不得夸大事实或缩小事实，不得弄虚作假。

（4）注重实效的原则。事故调查处理要提高效率，尽快完成。除了要严肃认真彻底查清事故原因和责任，还要通过事故调查加强警示教育，提出防范措施，用事故教训推动安全生产工作，不能用鲜血换来的教训，再次用鲜血去验证。

4. 行政部门的法律责任

第八十七条　生产经营单位发生生产安全事故，经调查确定为责任事故的，除了应当查明事故单位的责任并依法予以追究外，还应当查明对安全生产的有关事项负有审查批准和监督职责的行政部门的责任，对有失职、渎职行为的，依照本法第九十条的规定追究法律责任。

理解运用

本条规定了有关生产经营单位和行政部门的法律责任。生产经营单位发生安全生产事故，其原因往往比较复杂。（1）从管理的角度看，可以分为非责任事故和责任事故两种。其中，非责任事故是指事故的发生是由于自然原因（包括不可抗力）或者他人人为破坏造成的，与生产经营单位或者对安全生产有关事项负有审批和监督职责的行政部门的安全生产监督管理无关。在这种情况下，不应追究生产经营单位或有关行政部门的法律责任。责任事故是指由于生产经营单位在安全生产管理方面的问题造成的事故，如安全生产规章制度不健全，安全投入不到位，不对从业人员进行安全生产教育和培训，不及时消除事故隐患，违章指挥、强令冒险作业等；或者是由于对安全生产的有关事项负有审查批准和监督职责的行政部门及其工作人员不依法履行职责，失职、渎职等造成的事故。（2）生产经营单位发生生产安全事故后，要依法进行事故调查处理。事故调查处理的重要任务之一是查明事故的性质，即是否属于责任事故。一旦确定为责任事故，就必须对有关责任人依法予以追究。（3）为了使所有事故责任人员都受到应有的追究，本条规定，事故经调查确定为责任事故的，首先要查明生产经营单位的责任并依法予以追究。即要查明生产经营单位是否因安全生产管理方面的问题而导致事故发生，同时依法追究有关负责人、主管人员以及其他负有直接责任的人员的法律责任。责任形式包括给予处分或者行政处罚；构成犯罪的，依照刑法有关规定追究刑事责任。同时，还应查明对有关安全生产事项负有审查批准和监督职责的有关行政部门的责任，主要查明是否有失职、渎职行为，包括：对不符合法定安全生产条件的涉及安全生产的事项予以批准或者验收通过的；发现未依法取得批准、验收的单位擅自从事有关活动或者接到举报后不予取缔或者不依法予以处理的；对已经依法取得批准的单位不履行监督管理职责，发现其不再具备安全生产条件而不撤销原批准或者发现安全生产违法行为不予查处的，等等。

相关知识

1. 如何认定对安全生产的有关事项负有审查批准和监督职责的行政部门的责任

这些部门的责任，需要结合生产安全事故调查报告予以认定。按照国务院《生产安全事故报告和调查处理条例》的规定，在事故调查过程中，根据事故的具体情况，事故调查组由有关人民政府、安全生产监督管理部门、负有安全生产监督管理职责的有关部门、监察机关、公安机关以及工会派人组成，并应当邀请人民检察院派人参加。监察机关和人民检察院根据事故责任认定情况和在调查过程中发现的线索，也会及时发现有关的失职、渎职行为，予以立案查处。

2. 追究失职、渎职行为时，要避免盲目扩大化

事故的调查处理，最终目的是查明原因、接受教训、举一反三，以后不要再发生相类似的事故，而不仅仅是为了处罚相关人员。目前，不少地方出现的一出事故就“抓人”“关人”、以回应舆论压力或向社会有个交代的做法，把重点放在了惩戒方面，忽视了对事故真正原因的分析，并没有把原因向同行业或社会公布，结果使同样的事故再次发生。这种做法应当予以转变。从总体来说，只要负有安全生产监督管理职责的部门及其工作人员按照法律、法规规定的职责，认真履行了义务，尽职尽责做了工作，就不能简单地以结果论“罪”。只有对确实属于不负责任的，或者有徇私枉法行为的，才应按失职、渎职处理。

5. 事故的信息公开

第八十九条　县级以上地方各级人民政府应急管理部门应当定期统计分析本行政区域内发生生产安全事故的情况，并定期向社会公布。

理解运用

本条是关于相关部门应当定期统计分析生产安全事故情况并向社会公布的规定。为了更好地了解一个地区或一个特定生产经营领域的安全生产状况，对生产安全事故类型、影响因素等各个方面真实而准确地统计尤为重要。为了保障公众的知情权，发挥公众对安全生产工作的监督作用，县级以上地方各级人民政府应急管理部门还应当将统计分析的本行政区域内的生产安全事故发生情况定期向社会公众公布。

相关知识

1. 定期统计分析生产安全事故的情况

定期统计分析生产安全事故的情况，对于全面把握和了解某一地区的安全生产状况，及时总结经验教训，做好安全生产决策、加强安全生产管理等，具有重要意义。本条规定，县级以上地方各级人民政府安全生产监督管理部门应当定期对本行政区域内的生产安全事故进行统计和分析。这是一项重要的法定职责，安全生产监督管理部门必须认真履行。

做好事故的统计工作，最基本的要求就是统计的数字要全面、准确，没有遗漏。为此，安全生产监督管理部门要建立健全有关事故统计的规章制度，严格照章办事。同时，要和其他有关部门以及有关生产经营单位密切配合，加强监督检查，防止个别生产经营单位瞒报或者谎报事故。在统计方法上，可以按照行业、地域以及死亡人数等不同标准，分门别类地予以统计。

在全面、准确地对事故进行统计的基础上，需要认真地对事故进行分析，对事故的种类、原因、特点以及造成的伤亡、损失等进行研究、分析、归纳，总结事故经验教训，为有关安全生产决策提供依据。

关于“定期统计分析”中“定期”的含义，本条没有作具体规定，可以在实际工作中，根据本行政区域内的生产安全事故情况灵活掌握。例如，可以分别以月、季度和年度为单位。

2. 定期将生产安全事故的有关情况向社会公布

要求安全生产监督管理部门定期将生产安全事故的有关情况向社会公布，有以下几个方面的意义：

（1）这是公众知情权的体现和要求。安全生产事关群众的生命和财产安全，对于本地区发生的生产安全事故，群众有权知悉和了解。

（2）有利于提高群众的安全生产意识。定期公布生产安全事故的有关情况，对群众是一种生动的、现实的安全生产教育，必将有利于提高本地区群众的安全生产意识。

（3）有利于发挥社会各界对安全生产工作的监督作用。将生产安全事故的有关情况定期公布，使社会各界及时了解、掌握本地区的安全生产状况，可以更有效地对安全生产工作进行监督。

（4）可以促使负有安全生产监督管理职责的部门和有关生产经营单位（特别是发生事故的单位）进一步增强责任心，认真依法履行安全生产监督管理职责，加强安全生产工作。

二　一问一答

1. 政府组织制定应急救援预案的具体规定是什么？

县级以上人民政府应当组织有关部门制定生产安全事故应急救援预案，建立应急救援体系。

乡镇人民政府和街道办事处，以及开发区、工业园区、港区、风景区等应当制定相应的生产安全事故应急救援预案，协助人民政府有关部门或者按照授权依法履行生产安全事故应急救援工作职责。

2. 本法对生产经营单位制定生产安全事故应急救援预案有哪些要求?

生产经营单位应当制定本单位生产安全事故应急救援预案，与所在地县级以上地方人民政府组织制定的生产安全事故应急救援预案相衔接，并定期组织演练。

3. 什么类型的单位应当建立应急救援组织和配备应急救援器材?

危险物品的生产、经营、储存单位以及矿山、金属冶炼、城市轨道交通运营、建筑施工单位应当建立应急救援组织；生产经营规模较小的，可以不建立应急救援组织，但应当指定兼职的应急救援人员。

危险物品的生产、经营、储存、运输单位以及矿山、金属冶炼、城市轨道交通运营、建筑施工单位应当配备必要的应急救援器材、设备和物资，并进行经常性维护、保养，保证正常运转。

4. 生产经营单位发生生产安全事故后应该如何处理?

生产经营单位发生生产安全事故后，事故现场有关人员应当立即报告本单位负责人。

单位负责人接到事故报告后，应当迅速采取有效措施，组织抢救，防止事故扩大，减少人员伤亡和财产损失，并按照国家有关规定立即如实报告当地负有安全生产监督管理职责的部门，不得隐瞒不报、谎报或者迟报，不得故意破坏事故现场、毁灭有关证据。

5. 负有安全生产监督管理职责的部门在接到事故报告后应该如何处理?

负有安全生产监督管理职责的部门接到事故报告后，应当立即按照国家有关规定上报事故情况。负有安全生产监督管理职责的部门和有关地方人民政府对事故情况不得隐瞒不报、谎报或者迟报。

6. 有关地方政府和负有安全生产监督管理职责部门的负责人在接到生产安全事故报告后，应该如何处理?

有关地方人民政府和负有安全生产监督管理职责的部门的负责人接到生产安全事故报告后，应当按照生产安全事故应急救援预案的要求立即赶到事故现场，组织事故抢救。

参与事故抢救的部门和单位应当服从统一指挥，加强协同联动，采取有效的应急救援措施，并根据事故救援的需要采取警戒、疏散等措施，防止事故扩大和次生灾害的发生，减少人员伤亡和财产损失。

事故抢救过程中应当采取必要措施，避免或者减少对环境造成的危害。

任何单位和个人都应当支持、配合事故抢救，并提供一切便利条件。

7. 在生产安全事故发生后，应当如何进行事故调查处理?

事故调查处理应当按照科学严谨、依法依规、实事求是、注重实效的原则，及时、准确地查清事故原因，查明事故性质和责任，评估应急处置工作，总结事故教训，提出整改措施，并对事故责任者提出处理建议。事故调查报告应当依法及时向社会公布。事故调查和处理的具体办法由国务院制定。

事故发生单位应当及时全面落实整改措施，负有安全生产监督管理职责的部门应当加强监督检查。

负责事故调查处理的国务院有关部门和地方人民政府应当在批复事故调查报告后一年内，组织有关部门对事故整改和防范措施落实情况进行评估，并及时向社会公开评估结果；对不履行职责导致没有落实事故整改措施的有关单位和人员，应当按照有关规定追究责任。

8. 对于生产安全事故的相关单位与责任人应该如何处理?

生产经营单位发生生产安全事故，经调查确定为责任事故的，除了应当查明事故单位的责任并依法予以追究外，还应当查明对安全生产的有关事项负有审查批准和监督职责的行政部门的责任，对有失职、渎职行为的，依照本法第九十条的规定追究法律责任。

第七章 >>>>

切勿踩红线　违法要担责
——2021年新法“法律责任”制度释义及问题解答

一 制度释义

（一）负有安全生产监督管理职责的部门的工作人员的法律责任

第九十条　负有安全生产监督管理职责的部门的工作人员，有下列行为之一的，给予降级或者撤职的处分；构成犯罪的，依照刑法有关规定追究刑事责任：

（一）对不符合法定安全生产条件的涉及安全生产的事项予以批准或者验收通过的；

（二）发现未依法取得批准、验收的单位擅自从事有关活动或者接到举报后不予取缔或者不依法予以处理的；

（三）对已经依法取得批准的单位不履行监督管理职责，发现其不再具备安全生产条件而不撤销原批准或者发现安全生产违法行为不予查处的；

（四）在监督检查中发现重大事故隐患，不依法及时处理的。

负有安全生产监督管理职责的部门的工作人员有前款规定以外的滥用职权、玩忽职守、徇私舞弊行为的，依法给予处分；构成犯罪的，依照刑法有关规定追究刑事责任。

理解运用

本条是关于监管部门工作人员不依法履行监管职责的法律责任的规定。监管部门的工作人员的违法行为主要体现在以下几个方面：（1）对不符合法定安全生产条件的涉及安全生产的事项予以批准或者验收通过。“法定安全生产条件”是指本法和有关法律、行政法规和国家标准或者行业标准规定的安全生产条件，“涉及安全生产的事项”既包括本法规定的矿山、金属冶炼、建筑施工、道路运输等活动中涉及的安全设施的监管等事项，也包括其他有关法律、行政法规规定应由负有安全生产监督管理职责的部门进行审批、验收的事项。（2）发现未依法取得批准、验收的单位擅自从事有关活动或者接到举报后不予取缔或者不依法予以处理。按照本法规定，对未依法取得批准或者验收合格的单位擅自从事有关活动的，负责行政审批的部门发现或者接到举报后应当根据情况予以取缔，或者依法给予其他处理。否则就属于不依法履行法定职责的行为，应依照本条规定追究法律责任。（3）对已经依法取得批准的单位，不履行监管职责，发现其不再具备安全生产条件而不撤销原批准或者发现安全生产违法行为不予查处。按照本法规定，对已经依法取得批准的单位，负责行政审批的部门发现其不再具备安全生产条件的，应当撤销原批准。负责审批的部门不依法履行法律所规定的这一职责的，依照本条规定追究其法律责任。（4）在监督检查中发现重大事故隐患，不依法及时处理。根据本法规定，安全生产监督管理部门和其他负有安全生产监督管理职责的部门对检查中发现的事故隐患，应当责令立即排除；重大事故隐患排除前或者排除过程中无法保证安全的，应当责令作业人员从危险区域内撤出，责令暂时停产停业或者停止使用相关设施或者设备。如果对发现的重大事故隐患不及时依法处理，依照本条规定追究法律责任。

对于本条所列违法行为之一的负有安全生产监督管理职责的部门的工作人员，应当按照下列规定追究法律责任：（1）给予降级或者撤职的处分。《公务员法》规定了公务员因违法违纪应当承担纪律责任的依法给予处分，处分分为警告、记过、记大过、降级、撤职、开除。负有安全生产监督管理职责的部门的工作人员有本条列举的违法行为的，应当受到降级或者撤职的处分。（2）构成犯罪的，依照刑法有关规定追究刑事责任。主要涉及玩忽职守犯罪和滥用职权犯罪。是否构成犯罪以及如何追究刑事责任，需要根据《刑法》规定的犯罪构成和刑罚等内容确定。

相关知识

1. 负有安全生产监督管理职责的部门

包括国务院负责安全生产监督管理的部门、县级以上地方各级人民政府负责安全生产监督管理的部门，依照法律、法规规定对有关行业、领域的安全生产工作负有监督管理职责的国务院有关部门和县级以上地方人民政府其他有关部门。

2. 违法行为的具体形式

本条列举了有关人员违法行为的几种具体形式，但实践中违法行为的情况比较复杂，除了这几种形式外还可能有其他情形。例如，本条规定的是“在监督检查中发现重大事故隐患，不依法及时处理”，可能在检查过程中发现的是一般的事故隐患，也会造成比较严重的后果，这种情况下同样要依法及时处理，否则也应承担相应的法律责任。本条规定，有滥用职权、玩忽职守、徇私舞弊行为以外行为的，也要依法给予处分，可能是警告、记过、记大过，也可能是降级、撤职、开除等，需要根据具体情况确定。构成犯罪的，也要依法承担刑事责任。

（二）监管部门违反规定指定购买产品或者收取费用的法律责任

第九十一条 负有安全生产监督管理职责的部门，要求被审查、验收的单位购买其指定的安全设备、器材或者其他产品的，在对安全生产事项的审查、验收中收取费用的，由其上级机关或者监察机关责令改正，责令退还收取的费用；情节严重的，对直接负责的主管人员和其他直接责任人员依法给予处分。

理解运用

本条是关于监管部门违反规定指定购买产品或者收取费用的法律责任的规定。

对有关安全生产设施、设备等依法进行安全审查、验收是负有安全生产监督管理职责的部门的权力，同时也是其必须履行的职责，在履行法律赋予的职责时不得滥用职权，更不得以权谋私。有些负有安全生产监督管理职责的部门在对生产经营单位进行审查、验收时，违反规定收取费用，或者要求企业使用其推荐的安全设备、器材、产品，以从中牟取不正当利益。这些违法行为加重了生产经营单位的负担，侵犯了生产经营单位的经营自主权等合法权利，损害了负有安全生产监督管理职责的部门作为国家机关公正法的形象和信誉，还可能会滋生腐败。因此，对这些违法行为应施以相应的法律责任。

相关知识

根据本条规定，对于有本条规定的违法行为的，应由其上级机关或者监察机关责令改正，责令退还收取的费用。对于接受审查、验收的单位符合审批、验收的条件，如果只是因为接受审查、验收的单位没有缴纳“审查费”“验收费”等费用或者没有购买负有安全生产监督管理职责的部门指定品牌或者指定生产、销售单位的产品，而不予审查批准或验收通过的，还应责令审批部门依法予以批准或验收通过。

有本条规定的违法行为，情节严重的，对直接负责的主管人员和其他直接责任人员依法给予处分。处分包括警告、记过、记大过、降级、撤职、开除，具体给予哪种处分，可根据具体情况作出。这里说的“情节严重”，包括在审查、验收中多次要求接受审查、验收的单位购买其指定品牌或者指定的生产、销售单位的安全设备、器材或者其他产品；在审查、验收中多次收取费用，且数额较大，社会影响较恶劣等。这里所说的“直接负责的主管人员”，是指在单位违法行为中负有直接领导责任的人员，包括违法行为的决策人、事后对单位违法行为予以认可和支持的领导人员，以及由于疏于管理或放任而对单位违法行为负有不可推卸的责任的领导人员。这里所说的“其他直接责任人员”，是指直接实施违法行为的人员。

（三）中介机构及其直接责任人员的法律责任

第九十二条 承担安全评价、认证、检测、检验职责的机构出具失实报告的，责令停业整顿，并处三万元以上十万元以下的罚款；给他人造成损害的，依法承担赔偿责任。

承担安全评价、认证、检测、检验职责的机构租借资质、挂靠、出具虚假报告的，没收违法所得；违法所得在十万元以上的，并处违法所得二倍以上五倍以下的罚款，没有违法所得或者违法所得不足十万元的，单处或者并处十万元以上二十万元以下的罚款；对其直接负责的主管人员和其他直接责任人员处五万元以上十万元以下的罚款；给他人造成损害的，与生产经营单位承担连带赔偿责任；构成犯罪的，依照刑法有关规定追究刑事责任。

对有前款违法行为的机构及其直接责任人员，吊销其相应资质和资格，五年内不得从事安全评价、认证、检测、检验等工作；情节严重的，实行终身行业和职业禁入。

理解运用

本条是关于承担安全生产技术服务机构及其直接责任人的法律责任的规定。本次修改区分技术服务机构出具失实报告的行为与本次增加的机构从事租借资质、挂靠、出具虚假报告的行为，对两种法律行为分别规定了法律责任；增加了对出具失实报告的上述服务机构并处三万元以上十万元以下罚款的规定；也增加了对机构直接责任人相应资格罚的规定，有利于增强承担安全评价、认证、检测、检验工作的机构及其从业人员的责任意识。

承担安全评价、认证、检测、检验职责的机构出具失实报告，相关法律责任如下：（1）承担安全评价、认证、检测、检验职责的机构出具失实报告的，责令停业整顿，并处三万元以上十万元以下的罚款；给他人造成损害的，依法承担赔偿责任。（2）承担安全评价、认证、检测、检验职责的机构租借资质、挂靠、出具虚假报告的，一是没收违法所得。由本法规定的行政执法机关将承担安全评价、认证、检测、检验职责的机构由于出具虚假证明文件而获得的财产上的非法利益强制无偿收归国有。二是罚款。罚款分为对机构的罚款和对个人的罚款。对机构的罚款：违法所得在十万元以上的，在没收违法所得的同时，处违法所得二倍以上五倍以下的罚款。没有违法所得或者违法所得不足十万元的，单处或者并处十万元以上二十万元以下的罚款。对个人的罚款：2021 年新法提高了对直接负责的主管人员和其他直接责任人员罚款数额，由“处二万元以上五万元以下的罚款”提高到“处五万元以上十万元以下的罚款”。（3）赔偿责任。因出具虚假证明导致发生生产安全事故给他人造成损害的，与生产经营单位承担连带赔偿责任。没收违法所得和罚款都是国家对其进行的处罚，而对于给他人造成的损失，还要承担民事赔偿责任。（4）构成犯罪的，依照刑法有关规定追究刑事责任。这里讲的构成犯罪，对有关的中介机构来说，主要是指构成中介机构提供虚假证明文件的犯罪。构成该罪须具备以下的条件：一是主体特定，必须是有关的中介机构。二是客观上实施了故意提供虚假证明文件的行为。三是情节严重。这里说的

“情节严重”是指故意提供虚假证明文件手段比较恶劣、虚假的内容特别重要以及因此造成生产安全事故等。按照《刑法》的规定，对故意提供虚假证明文件，情节严重的，处五年以下有期徒刑或者拘役，并处罚金。由于严重不负责任，出具的证明文件有重大失实，造成严重后果的，处三年以下有期徒刑或者拘役。单位犯该罪的，对单位判处罚金，并对其直接负责的主管人员和其他直接责任人员追究刑事责任。（5）对有前款违法行为的机构及其直接责任人员，吊销其相应资质和资格，五年内不得从事安全评价、认证、检测、检验等工作，情节严重的，实行终身行业和职业禁入。这是一种资格惩罚，即由有关部门撤销有违法行为的机构所取得的安全评价、认证、检测、检验的资质，对有违法行为的个人吊销其相应资格，且五年内不得从事安全评价、认证、检测、检验等工作，情节严重的，实行终身行业和职业禁入。

相关知识

2016年12月9日发布的《中共中央 国务院关于推进安全生产领域改革发展的意见》提出健全社会化服务体系。将安全生产专业技术服务纳入现代服务业发展规划，培育多元化服务主体。建立政府购买安全生产服务制度。支持发展安全生产专业化行业组织，强化自治自律。完善注册安全工程师制度。改革完善安全生产和职业健康技术服务机构资质管理办法。支持相关机构开展安全生产和职业健康一体化评价等技术服务，严格实施评价公开制度，进一步激活和规范专业技术服务市场。鼓励中小微企业订单式、协作式购买运用安全生产管理和技术服务。建立安全生产和职业健康技术服务机构公示制度和由第三方实施的信用评定制度，严肃查处租借资质、违法挂靠、弄虚作假、垄断收费等各类违法违规行为。

承担安全评价、认证、检测、检验工作的机构是提供技术服务的机构，其出具的安全评价报告，作出的认证、检测、检验结论是安全生产单位开展安全生产活动以及负有安全生产监督管理职责的部门进行安全生产监督管理的重要依据，如果出具有关安全生产的虚假报告，会对安全生产构成很大威胁，甚至会导致重大生产安全事故。因此应当严格遵守职业道德和执业准则，本着客观、公正的原则从事安全评价、认证等工作，不能出具虚假报告，否则就要承担相应的法律责任。这里所说的“出具虚假报告”，是指出具内容与实际情况严重不符的安全评价报告、认证结论或者有关检测、检验数据。

（四）生产经营单位的主要负责人、其他负责人和安全生产管理人员的法律责任

1. 生产经营单位的主要负责人未履行安全生产管理职责的法律责任

第九十四条　生产经营单位的主要负责人未履行本法规定的安全生产管理职责的，责令限期改正，处二万元以上五万元以下的罚款；逾期未改正的，处五万元以上十万元以下的罚款，责令生产经营单位停产停业整顿。

生产经营单位的主要负责人有前款违法行为，导致发生生产安全事故的，给予撤职处分；构成犯罪的，依照刑法有关规定追究刑事责任。

生产经营单位的主要负责人依照前款规定受刑事处罚或者撤职处分的，自刑罚执行完毕或者受处分之日起，五年内不得担任任何生产经营单位的主要负责人；对重大、特别重大生产安全事故负有责任的，终身不得担任本行业生产经营单位的主要负责人。

第九十五条　生产经营单位的主要负责人未履行本法规定的安全生产管理职责，导致发生生产安全事故的，由应急管理部门依照下列规定处以罚款：

（一）发生一般事故的，处上一年年收入百分之四十的罚款；

（二）发生较大事故的，处上一年年收入百分之六十的罚款；

（三）发生重大事故的，处上一年年收入百分之八十的罚款；

（四）发生特别重大事故的，处上一年年收入百分之一百的罚款。

理解运用>>>

这两条是关于生产经营单位主要负责人不履行安全生产管理职责的法律责任的规定。

第九十四条是对原法第九十一条的修改，与原条文相比，第一款对主要负责人未履行安全生产管理职责的，除了责令限期改正外，增加了“处二万元以上五万元以下罚款”的规定；对逾期未改正违法行为时，提高了罚款的数额，由原来的“处二万元以上五万元以下的罚款”提高至“处五万元以上十万元以下的罚款”，目的是加强威慑力度，促使其积极履行安全生产管理职责，尽可能消除生产安全事故隐患。第三款规定，生产经营单位主要负责人对重大、特别重大安全事故负有责任的，终身不得担任本行业生产经营单位的主要负责人，目的是通过加大对主要负责人违法行为的处罚，增强生产经营单位及主要负责人的安全生产观念。

生产经营单位的主要负责人未履行本法规定的安全生产管理职责，导致发生生产安全事故，给予其撤职处分。构成犯罪的，依照《刑法》有关规定追究刑事责任。生产经营单位的主要负责人依照本条规定受刑事处罚或者撤职处分的，自刑罚执行完毕或者受处分之日起，五年内不得担任任何生产经营单位的主要负责人。这里规定的起算时间，受到刑事处罚的，即从刑罚执行完毕之日起计算；受到处分的，即从处分之日起计算；既受到刑事处罚，又受到处分的，仍依此规定执行。对重大、特别重大生产安全事故负有责任的，终身不得担任本行业生产经营单位的主要负责人。

第九十五条是对生产经营单位主要负责人罚款的规定。该条是对原法第九十二条作出的修改，将生产经营单位的主要负责人未履行安全生产管理职责，导致发生生产安全事故的，提高了由安全生产监督管理部门处以罚款的数额：由一般事故、较大事故、重大事故、特别重大事故分别处以上一年年收入百分之三十、百分之四十、百分之六十、百分之八十的罚款提高至上一年年收入百分之四十、百分之六十、百分之八十、百分之一百的罚款。目的是加大对生产经营单位主要负责人个人的处罚力度，促使其积极履行安全生产管理职责。根据第九十五条规定，对主要负责人的罚款有两个条件：一是其未履行本法规定的安全生产管理职责，二是发生生产安全事故。处罚部门由安全生产监督管理部门变更为应急管理部门。

第九十五条结合生产安全事故的严重程度和主要负责人的收入确定处罚标准。发生一般事故，即造成 3 人以下死亡，或者 10 人以下重伤，或者 1000 万元以下直接经济损失的事故，处上一年年收入 40% 的罚款。发生较大事故，即造成 3 人以上 10 人以下死亡，或者 10 人以上 50 人以下重伤，或者 1000 万元以上 5000 万元以下直接经济损失的事故，处上一年年收入 60% 的罚款。发生重大事故，即造成 10 人以上 30 人以下死亡，或者 50 人以上 100 人以下重伤，或者 5000 万元以上 1 亿元以下直接经济损失的事故，处上一年年收入 80% 的罚款。发生特别重大事故，即造成 30 人以上死亡，或者 100 人以上重伤，或者 1 亿元以上直接经济损失的事故，处上一年年收入 100% 的罚款。

相关知识

1. 生产经营单位的主要负责人对本单位的安全生产工作职责

建立健全并落实本单位全员安全生产责任制，加强安全生产标准化建设；组织制定本单位安全生产规章制度和操作规程；组织制定并实施本单位安全生产教育和培训计划；保证本单位安全生产投入的有效实施；组织建立并落实安全风险分级管控和隐患排查治理双重预防工作机制，督促、检查本单位的安全生产工作，及时消除生产安全事故隐患；组织制定并实施本单位的生产安全事故应急救援预案；及时、如实报告生产安全事故。

2. 生产安全事故的等级

《生产安全事故报告和调查处理条例》第三条根据生产安全事故（以

下简称事故）造成的人员伤亡或者直接经济损失，事故一般分为以下等级：

（1）特别重大事故，是指造成 30 人以上死亡，或者 100 人以上重伤（包括急性工业中毒，下同），或者 1 亿元以上直接经济损失的事故；

（2）重大事故，是指造成 10 人以上 30 人以下死亡，或者 50 人以上 100 人以下重伤，或者 5000 万元以上 1 亿元以下直接经济损失的事故；

（3）较大事故，是指造成 3 人以上 10 人以下死亡，或者 10 人以上 50 人以下重伤，或者 1000 万元以上 5000 万元以下直接经济损失的事故；

（4）一般事故，是指造成 3 人以下死亡，或者 10 人以下重伤，或者 1000 万元以下直接经济损失的事故。

2. 生产经营单位的其他负责人和安全生产管理人员未履行安全生产管理职责的法律责任

第九十六条 生产经营单位的其他负责人和安全生产管理人员未履行本法规定的安全生产管理职责的，责令限期改正，处一万元以上三万元以下的罚款；导致发生生产安全事故的，暂停或者吊销其与安全生产有关的资格，并处上一年年收入百分之二十以上百分之五十以下的罚款；构成犯罪的，依照刑法有关规定追究刑事责任。

理解运用

本条是关于生产经营单位其他负责人和安全生产管理人员的法律责任的规定。

本次修改规定了生产经营单位其他负责人的责任，进一步完善了本法关于相关主体法律责任的规定，并增加了罚款的行政处罚。

一是生产经营单位的其他负责人和安全生产管理人员未履行本法规定的安全生产管理职责的，责令限期改正，处一万元以上三万元以下的罚款。

二是其他负责人和安全生产管理人员未履行本法规定的安全生产管理职

责而导致发生生产安全事故的，暂停或者吊销其与安全生产有关的资格，并处上一年年收入百分之二十以上百分之五十以下的罚款。生产经营单位可以依法暂停让该安全生产管理人员负责安全生产管理工作，也可以依法对其进行撤换。危险物品的生产、储存单位以及矿山、金属冶炼单位应当有注册安全工程师从事安全生产管理工作，注册安全工程师应当保证执业活动的质量，如果这些单位负责安全生产管理工作的注册安全工程师不依法履行职责而导致发生生产安全事故的，有关部门还可以吊销其与安全生产有关的资格。

三是安全生产管理人员构成犯罪的，依照《刑法》有关规定追究刑事责任。

相关知识

安全生产管理机构及人员的职责：

组织或者参与拟订本单位安全生产规章制度、操作规程和生产安全事故应急救援预案；组织或者参与本单位安全生产教育和培训，如实记录安全生产教育和培训情况；组织开展危险源辨识和评估，督促落实本单位重大危险源的安全管理措施；组织或者参与本单位应急救援演练；检查本单位的安全生产状况，及时排查生产安全事故隐患，提出改进安全生产管理的建议；制止和纠正违章指挥、强令冒险作业、违反操作规程的行为；督促落实本单位安全生产整改措施。生产经营单位可以设置专职安全生产分管负责人，协助本单位负责人履行安全生产管理职责。

（五）生产经营单位的法律责任

1. 生产经营单位违法行为的法律责任

第九十七条　生产经营单位有下列行为之一的，责令限期改正，处十万元以下的罚款；逾期未改正的，责令停产停业整顿，并处十万元以上二十万元以下的罚款，对其直接负责的主管人员和其他直接责任人员处二万元以上五万元以下的罚款：

（一）未按照规定设置安全生产管理机构或者配备安全生产管理人员、注册安全工程师的；

（二）危险物品的生产、经营、储存、装卸单位以及矿山、金属冶炼、建筑施工、运输单位的主要负责人和安全生产管理人员未按照规定经考核合格的；

（三）未按照规定对从业人员、被派遣劳动者、实习学生进行安全生产教育和培训，或者未按照规定如实告知有关的安全生产事项的；

（四）未如实记录安全生产教育和培训情况的；

（五）未将事故隐患排查治理情况如实记录或者未向从业人员通报的；

（六）未按照规定制定生产安全事故应急救援预案或者未定期组织演练的；

（七）特种作业人员未按照规定经专门的安全作业培训并取得相应资格，上岗作业的。

理解运用

本条是关于生产经营单位违法行为的法律责任的规定。

本条是对原法第九十四条进行的修改，与原法条相比，一是提高了处罚的额度，由原来的“生产经营单位有下列行为之一的，责令限期改正，可以处五万元以下的罚款；逾期未改正的，责令停产停业整顿，并处五万元以上十万元以下的罚款，对其直接负责的主管人员和其他直接责任人员处一万元以上二万元以下的罚款”改为“生产经营单位有下列行为之一的，责令限期改正，处十万元以下的罚款；逾期未改正的，责令停产停业整顿，并处十万元以上二十万元以下的罚款，对其直接负责的主管人员和其他直接责任人员处二万元以上五万元以下的罚款”。二是结合本次对前几章的修改，违法行为增加了未按照规定设置注册安全工程师，以及主要负责人和安全生产管理人员未按照规定经考核合格的违法行为，增加了危险物品的装卸单位、运输单位两类生产经营单位。这样，本条规定的违法行为涵盖了对生产经营单位设定的各种义务。

相关知识

注册安全工程师：指通过职业资格考试取得中华人民共和国注册安全工程师职业资格证书，经注册后从事安全生产管理、安全工程技术工作或提供安全生产专业服务的专业技术人员。注册安全工程师专业类别划分为：煤矿安全、金属非金属矿山安全、化工安全、金属冶炼安全、建筑施工安全、道路运输安全、其他安全（不包括消防安全）。注册安全工程师级别设置为：高级、中级、初级（助理）。注册安全工程师按照专业类别进行注册，国家安全监管总局或其授权的机构为注册安全工程师职业资格的注册管理机构。注册安全工程师可在相应行业领域生产经营单位和安全评价检测等安全生产专业服务机构中执业。

2. 与建设项目相关的法律责任

第九十八条　生产经营单位有下列行为之一的，责令停止建设或者停产停业整顿，限期改正，并处十万元以上五十万元以下的罚款，对其直接负责的主管人员和其他直接责任人员处二万元以上五万元以下的罚款；逾期未改正的，处五十万元以上一百万元以下的罚款，对其直接负责的主管人员和其他直接责任人员处五万元以上十万元以下的罚款；构成犯罪的，依照刑法有关规定追究刑事责任：

（一）未按照规定对矿山、金属冶炼建设项目或者用于生产、储存、装卸危险物品的建设项目进行安全评价的；

（二）矿山、金属冶炼建设项目或者用于生产、储存、装卸危险物品的建设项目没有安全设施设计或者安全设施设计未按照规定报经有关部门审查同意的；

（三）矿山、金属冶炼建设项目或者用于生产、储存、装卸危险物品的建设项目的施工单位未按照批准的安全设施设计施工的；

（四）矿山、金属冶炼建设项目或者用于生产、储存、装卸危险物品的建设项目竣工投入生产或者使用前，安全设施未经验收合格的。

理解运用

本条是关于与建设项目相关的法律责任的规定。

本条规定了比修改前第九十五条更为严格的法律责任。矿山、金属冶炼建设项目或者用于生产、储存、装卸危险物品的建设项目涉及较高的生产安全要求，要对其进行安全评价，需要有安全设施设计并按照有关规定报经有关部门审查同意，施工单位必须按照批准的安全设施设计施工，这些建设项目竣工投入生产或者使用前安全设施需要经验收合格。生产经营单位违反这些要求的，要承担相应的法律责任。

修改前的《安全生产法》第九十五条规定，“生产经营单位有下列行为之一的，责令停止建设或者停产停业整顿，限期改正；逾期未改正的，处五十万元以上一百万元以下的罚款，对其直接负责的主管人员和其他直接责任人员处二万元以上五万元以下的罚款”；本次修改，增加了对违法行为“并处十万元以上五十万元以下的罚款，对其直接负责的主管人员和其他直接责任人员处二万元以上五万元以下的罚款”的规定，大大提高了生产经营单位及其直接负责的主管人员和其他直接责任人员的违法成本，有利于有效遏制其相关违法行为；对于逾期未改正的，提高了对其直接负责的主管人员和其他直接责任人员的处罚额度，由之前的“处二万元以上五万元以下的罚款”修改为“处五万元以上十万元以下的罚款”，有助于他们增强安全生产意识，积极采取确保安全生产的措施。

对于上述违法行为构成犯罪的，还应当依照刑法有关规定追究刑事责任。

相关知识

安全评价：也称“危险评价”“风险评价”，是一种探明系统危险、寻求安全对策的方法和技术，也是安全系统工程的一个重要组成部分。安全评价旨在在建立必要的安全措施前，掌握系统内可能的危险种类、危险程度和危险后果，并对其进行定量、定性的分析，从而提出有效的危险控制措施。可用事故率评价指标，也可用工效学方法进行安全评价，如通过业务分析、实验方法、模拟法、可靠性测定和动作时间研究等进行安全评价。

3. 违反危险物品安全管理规定、重大危险源违法行为、进行危险作业未安排专门人员进行现场安全管理、安全风险分级管控制度及管控措施，未建立事故隐患排查治理制度的法律责任

第一百零一条　生产经营单位有下列行为之一的，责令限期改正，处十万元以下的罚款；逾期未改正的，责令停产停业整顿，并处十万元以上二十万元以下的罚款，对其直接负责的主管人员和其他直接责任人员处二万元以上五万元以下的罚款；构成犯罪的，依照刑法有关规定追究刑事责任：

（一）生产、经营、运输、储存、使用危险物品或者处置废弃危险物品，未建立专门安全管理制度、未采取可靠的安全措施的；

（二）对重大危险源未登记建档，未进行定期检测、评估、监控，未制定应急预案，或者未告知应急措施的；

（三）进行爆破、吊装、动火、临时用电以及国务院应急管理部门会同国务院有关部门规定的其他危险作业，未安排专门人员进行现场安全管理的；

（四）未建立安全风险分级管控制度或者未按照安全风险分级采取相应管控措施的；

（五）未建立事故隐患排查治理制度，或者重大事故隐患排查治理情况未

按照规定报告的。

理解运用

本条是关于违反危险物品安全管理规定、重大危险源违法行为、进行危险作业未安排专门人员进行现场安全管理、安全风险分级管控制度及管控措施，未建立事故隐患排查治理制度的法律责任的规定。

本条是对原法第九十八条的修订。本条处罚中增加了对重大危险源未进行定期检测、未告知应急措施，未建立安全风险分级管控制度、按安全风险分级采取相应管控措施以及重大事故隐患未按规定报告三类违法行为等的规定；其中，对重大危险源安全管理的违法行为补充了对重大危险源未进行定期检测、未告知应急措施两项违法行为；对未安排专门人员进行现场安全管理的违法行为，新增了动火、临时用电两项危险作业的规定；新增了对“未建立安全风险分级管控制度或者未按照安全风险分级采取相应管控措施”的违法行为；事故隐患排查治理违法行为中，新增了重大事故隐患未按规定报告的违法行为。

（1）本条规定的承担法律责任的主体有两类：一是有本条规定的违法行为的生产经营单位；二是有本条规定的违法行为的生产经营单位的直接负责的主管人员和其他直接责任人员。

（2）本条规定的法律责任

①责令限期改正，处十万元以下的罚款。按照本条规定，对于生产经营单位有本条所列五项违法行为之一的，将由有关行政执法机关责令有违法行为的生产经营单位在规定的期限内纠正违法行为。本次修订将原法的选择性处罚措施改为强制性罚款，加强了处罚的威慑力度。

②逾期未改正的，责令停产停业整顿，并处十万元以上二十万元以下的罚款，对其直接负责的主管人员和其他直接责任人员处二万元以上五万元以下的罚款。生产经营单位有本条规定的违法行为，经有关行政执法机关责令限期改正而在规定的期限内没有纠正违法行为的，有关行政执法机关将同时

给予以下三种行政处罚：其一，责令停产停业整顿，即责令违法的生产经营单位停止有关的生产经营活动，进行整顿；其二，给予十万元以上二十万元以下的罚款处罚，即有关行政执法机关根据生产经营单位违法行为的具体情节给予不低于十万元但不超过二十万元罚款的处罚；其三，给予违法的生产经营单位的直接负责的主管人员和其他直接责任人员二万元以上五万元以下的罚款处罚，具体罚款数额由有关行政执法机关根据案件的具体情况决定。若生产经营单位在有关行政执法机关规定的期限内纠正了违法行为，则不再给予以上三种处罚。

③构成犯罪的，依照《刑法》有关规定追究刑事责任。这里所讲的构成犯罪，主要是指构成刑法第一百三十六条规定的危险物品肇事罪。要构成危险物品肇事罪，行为人主观上需出于过失，客观上需实施了违反爆炸性、易燃性、放射性、毒害性、腐蚀性物品管理规定的行为，并且由于违反管理规定发生重大事故造成严重后果，不符合其中任何一项均不构成本罪。

相关知识

危险物品肇事罪：指违反爆炸性、易燃性、放射性、毒害性、腐蚀性物品的管理规定，在生产、储存、运输、使用中，由于过失发生重大事故，造成严重后果的行为。

4. 未采取措施消除事故隐患的法律责任

第一百零二条　生产经营单位未采取措施消除事故隐患的，责令立即消除或者限期消除，处五万元以下的罚款；生产经营单位拒不执行的，责令停产停业整顿，对其直接负责的主管人员和其他直接责任人员处五万元以上十万元以下的罚款；构成犯罪的，依照刑法有关规定追究刑事责任。

理解运用

本条是关于未采取措施消除事故隐患的法律责任的规定，主要目的是督促生产经营单位采取措施消除事故隐患，从源头上防止生产安全事故的发生。本条在原法第九十九条规定的基础上进行了三点修订：一是增加了对生产经营单位未采取措施消除事故隐患的违法行为“处五万元以下的罚款”的规定。二是取消了生产经营单位拒不执行的，并处十万元以上五十万元以下的罚款的规定，这是因为2021年新法第一百一十二条规定了生产经营单位违反本法规定，被责令改正且受到罚款处罚，拒不改正的，负有安全生产监督管理职责的部门可以自作出责令改正之日的次日起，按照原处罚数额按日连续处罚。此处可直接适用该条的规定进行连续处罚。三是提高了对生产经营单位拒不执行的违法行为直接负责的主管人员和其他直接责任人员的处罚数额，从“处二万元以上五万元以下”提高至“处五万元以上十万元以下”。

本条规定的承担法律责任的主体有两类：一是有违法行为的生产经营单位；二是有违法行为的生产经营单位的直接负责的主管人员和其他直接责任人员。生产经营单位，包括一切从事生产经营活动的国有企业事业单位、集体所有制的企业事业单位、股份制企业、中外合资经营企业、中外合作经营企业、外资企业、合伙企业、个人独资企业等。生产经营活动，既包括资源的开采活动、各种产品的加工、制作活动，也包括各类工程建设和商业、娱乐业以及其他服务业的经营活动。直接负责的主管人员，是指在单位违法行为中负有直接领导责任的人员，包括违法行为的决策人、事后对单位违法行为予以认可和支持的领导人员，以及由于疏于管理或放任，因而对单位违法行为负有不可推卸的责任的领导人员。其他直接责任人员，是指直接实施单位违法行为的人员。

本条规定的法律责任主要包括以下几个方面：

一是责令立即消除或者限期消除事故隐患，处五万元以下的罚款。本法是安全生产领域的基本法，规定的各项措施都是为了防止和减少生产安全事故的发生。一般来说，凡是不符合本法规定的各种情形，都有可能导致生产安全事故的发生，都可以初步认定为生产安全事故隐患，但现实中往往还要根据工作经验和具体情况来判断。对于生产安全事故隐患，生产经营单位有义务主动予以消除。生产经营单位不履行本法规定的义务主动消除生产安全事故隐患的，有关行政执法机关应当视情况责令其立即消除或者限期消除事故隐患。一般来说，凡是事故隐患都具有危险性，都应当责令立即消除。但是考虑到现实情况非常复杂，有些事故隐患现实性不是很突出，并且消除需要一定的时间，无法立即消除，比如需要补办某些手续，有关行政执法机关可以责令其限期消除。对于有紧迫现实危险性的事故隐患，应当责令生产经营单位立即消除。究竟是责令生产经营单位立即消除事故隐患还是限期消除事故隐患，由有关行政执法机关根据具体情况作出自由裁量，对于自由裁量失误酿成事故的，有关行政执法机关及有关责任人员要承担相应的法律责任。在责令限期消除的期限问题上，应当遵循合理性原则，即应根据事故隐患的性质和实际情况，合理地确定消除时限，既不能让生产经营单位因时间太短而无法消除事故隐患，也不能过于宽松导致生产安全事故发生。责令限期消除的期限，应当在综合考虑消除事故隐患需要的时间、事故隐患的现实危险性等因素的基础上合理地确定。除处理责令立即消除或限期消除外，同时还处五万元以下的罚款，加大了对未采取措施消除事故隐患的违法行为的处罚力度。

二是拒不执行的，责令停产停业整顿，对其直接负责的主管人员和其他直接责任人员处五万元以上十万元以下的罚款。生产经营单位拒不按照有关行政执法机关的要求立即消除或者在规定的期限内消除事故隐患的，根据本条，有关行政执法机关将同时给予以下两种处罚：（1）责令停产停业整顿，即责令违法的生产经营单位停止有关的生产经营活动，进行整顿；（2）给予违法的生产经营单位的直接负责的主管人员和其他直接责任人员五万元以上十万元以下的罚款处罚，具体罚款数额由有关行政执法机关根据案件的具体情况决定。以上处罚措施的实施不以实际发生生产安全事故为前提，只要生产经营单位没有按照有关行政执法机关的要求立即消除或者在规定的期限内消除事故隐患，不论是否导致生产安全事故发生，都应当给予处罚。如果生产经营单位按照有关行政执法机关的要求立即消除或者在规定的期限内消除了事故隐患，则不再给予以上处罚。

三是构成犯罪的，依照刑法有关规定追究刑事责任。

相关知识

《安全生产事故隐患排查治理暂行规定》

第三条　本规定所称安全生产事故隐患（以下简称事故隐患），是指生产经营单位违反安全生产法律、法规、规章、标准、规程和安全生产管理制度的规定，或者因其他因素在生产经营活动中存在可能导致事故发生的物的危险状态、人的不安全行为和管理上的缺陷。

事故隐患分为一般事故隐患和重大事故隐患。一般事故隐患，是指危害和整改难度较小，发现后能够立即整改排除的隐患。重大事故隐患，是指危害和整改难度较大，应当全部或者局部停产停业，并经过一定时间整改治理方能排除的隐患，或者因外部因素影响致使生产经营单位自身难以排除的隐患。

5. 生产经营单位违法发包、出租的法律责任以及矿山、金属冶炼、危险物品有关建设项目施工单位非法转让施工资质、违法分包转包等的法律责任

第一百零三条　生产经营单位将生产经营项目、场所、设备发包或者出租给不具备安全生产条件或者相应资质的单位或者个人的，责令限期改正，没收违法所得；违法所得十万元以上的，并处违法所得二倍以上五倍以下的罚款；没有违法所得或者违法所得不足十万元的，单处或者并处十万元以上二十万元以下的罚款；对其直接负责的主管人员和其他直接责任人员处一万元以上二万元以下的罚款；导致发生生产安全事故给他人造成损害的，与承

包方、承租方承担连带赔偿责任。

生产经营单位未与承包单位、承租单位签订专门的安全生产管理协议或者未在承包合同、租赁合同中明确各自的安全生产管理职责，或者未对承包单位、承租单位的安全生产统一协调、管理的，责令限期改正，处五万元以下的罚款，对其直接负责的主管人员和其他直接责任人员处一万元以下的罚款；逾期未改正的，责令停产停业整顿。

矿山、金属冶炼建设项目和用于生产、储存、装卸危险物品的建设项目的施工单位未按照规定对施工项目进行安全管理的，责令限期改正，处十万元以下的罚款，对其直接负责的主管人员和其他直接责任人员处二万元以下的罚款；逾期未改正的，责令停产停业整顿。以上施工单位倒卖、出租、出借、挂靠或者以其他形式非法转让施工资质的，责令停产停业整顿，吊销资质证书，没收违法所得；违法所得十万元以上的，并处违法所得二倍以上五倍以下的罚款，没有违法所得或者违法所得不足十万元的，单处或者并处十万元以上二十万元以下的罚款；对其直接负责的主管人员和其他直接责任人员处五万元以上十万元以下的罚款；构成犯罪的，依照刑法有关规定追究刑事责任。

理解运用

根据本法规定，生产经营单位不得将生产经营项目、场所、设备发包或者出租给不具备安全生产条件或者相应资质的单位或者个人。生产经营项目、场所发包或者出租给其他单位的，生产经营单位应当与承包单位、承租单位签订专门的安全生产管理协议，或者在承包合同、租赁合同中约定各自的安全生产管理职责；生产经营单位对承包单位、承租单位的安全生产工作统一协调、管理，定期进行安全检查，发现安全问题的，应当及时督促整改。这里所说的“不具备安全生产条件”，是指不具备本法和有关法律、行政法规和国家标准或者行业标准规定的安全生产条件；不具备“相应资质”，是指不具备法律、法规规定的承包、承租有关生产经营项目、场所、设备所需要的资格条件。生产经营单位违反上述规定发包或者出租的，实际上是一种对安全生产不负责任的行为，应当根据本条规定承担相应的法律责任。

（1）生产经营单位将生产经营项目、场所、设备发包或者出租给不具备安全生产条件或者相应资质的单位或者个人的，根据本条规定应当承担以下法律责任：

①责令限期改正。即由有关行政执法机关责令有违法行为的生产经营单在规定的期限内解除与不具备安全生产条件或者相应资质的单位或者个人的发、承包关系或者租赁关系。

②没收违法所得。即没收因将生产经营项目、场所、设备发包或者出租给不具备安全生产条件或者相应资质的单位或者个人所得到的不正当利益。实施上述行政处罚的前提是有违法所得，没有违法所得的就不必给予上述行政处罚。

③区分违法所得的数额，规定了两种不同幅度的罚款：违法所得在十万元以上的，在没收违法所得的同时应当给予违法所得二倍以上五倍以下的罚款。有违法所得但违法所得不足十万元的，在没收违法所得的同时应当给予十万元以上二十万元以下的罚款；没有违法所得的也要给予十万元以上二十万元以下的罚款。

④除给予生产经营单位罚款处罚外，对于违法的生产经营单位的直接负责的主管人员和其他直接责任人员，有关行政执法机关也要同时给予罚款处罚，数额为不低于一万元但不超过二万元。

⑤导致发生生产安全事故给他人造成损害的，与承包方、承租方承担连带赔偿责任。即因生产经营单位将生产经营项目、场所、设备发包或者出租给不具备安全生产条件或者相应资质的单位或者个人，导致发生生产安全事故给他人造成损害的，受损失方可以要求作为发包方或者出租方的生产经营单位和承包方或者承租方的任何一方承担全部赔偿责任。

（2）生产经营单位未与承包单位、承租单位签订专门的安全生产管理协议或者未在承包合同、租赁合同中明确各自的安全生产管理职责，或者未对承包单位、承租单位的安全生产统一协调、管理的，根据本条规定应当承担以下法律责任：

①责令限期改正，可以处五万元以下的罚款，对其直接负责的主管人员和其他直接责任人员可以处一万元以下的罚款。对这一违法行为，首先应由有关行政执法机关责令限期改正，即责令有违法行为的生产经营单位在一定期限内纠正违法行为，与承包单位、承租单位签订专门的安全生产管理协议或者在承包合同、租赁合同中明确约定各自的安全生产管理职责，或者对承包单位、承租单位的安全生产统一协调、管理。在责令违法的生产经营单位限期改正的同时，有关行政执法机关还可以根据具体情况，决定是否给予生产经营单位及其直接负责的主管人员和其他直接责任人员罚款的处罚。一般来说，违法情节较轻的，责令其限期改正即可，可以不再给予罚款的处罚；违法情节较为恶劣，甚至造成一定后果的，可以在责令限期改正的同时给予罚款的处罚，罚款的数额对于生产经营单位是在五万元以下，对于其直接负责的主管人员和其他直接责任人员是在一万元以下。

②逾期未改正的，责令停产停业整顿。如果生产经营单位在规定的期限内不纠正违法行为，则由有关行政执法机关责令其在一定时间内停止生产经营活动，进行整顿。

（3）矿山、金属冶炼建设项目和用于生产、储存、装卸危险物品的建设项目的施工单位未按照规定对施工项目进行安全管理和倒卖、出租、出借、挂靠或者以其他形式非法转让施工资质的法律责任：

①矿山、金属冶炼建设项目和用于生产、储存、装卸危险物品的建设项目的施工单位未按照规定对施工项目进行安全管理的，责令限期改正，处十万元以下的罚款，对其直接负责的主管人员和其他直接责任人员处二万元以下的罚款；逾期未改正的，责令停产停业整顿。

②以上施工单位倒卖、出租、出借、挂靠或者以其他形式非法转让施工资质的，责令停产停业整顿，吊销资质证书，没收违法所得；违法所得十万元以上的，并处违法所得二倍以上五倍以下的罚款，没有违法所得或者违法

所得不足十万元的，单处或者并处十万元以上二十万元以下的罚款；对其直接负责的主管人员和其他直接责任人员处五万元以上十万元以下的罚款；构成犯罪的，依照刑法有关规定追究刑事责任。

本款为此次修正新增加的条款，矿山、金属冶炼、危险物品有关建设项目施工单位非法转让施工资质、违法分包转包等，是当前安全生产工作中面临的突出问题。相应此处增加了相关施工单位未按规定进行施工项目的安全管理以及非法转让施工资质、违法分包转包的法律责任。

相关知识

连带责任：也称为“连带债务”，是民事责任的一种。指数个债务人就同一债务各负全部给付的一种责任形式，即债权人可对债务人中的一人、数人或全体，同时或先后请求全部或部分给付的一种债务形式。

6. 未投保安全生产责任保险的法律责任

第一百零九条 高危行业、领域的生产经营单位未按照国家规定投保安全生产责任保险的，责令限期改正，处五万元以上十万元以下的罚款；逾期未改正的，处十万元以上二十万元以下的罚款。

理解运用

本条是此次修订增加的法律责任规定。2021 年新法第五十一条第二款规定，国家鼓励生产经营单位投保安全生产责任保险；属于国家规定的高危行业、领域的生产经营单位，应当投保安全生产责任保险。具体范围和实施办法由国务院应急管理部门会同国务院财政部门、国务院保险监督管理机构和相关行业主管部门制定。本条规定了对于违反该项义务的不利后果。国家鼓励所有行业、领域的生产经营单位投保安全生产责任保险，而对于属于国家规定的高危行业、领域的，则强制性要求投保安全生产责任保险。

违反该项强制性投保义务的，处罚形式包括两种情况，一是责令限期改正，处五万元以上十万元以下的罚款；二是逾期未改正的，处十万元以上二十万元以下的罚款，并责令停产停业整顿直至其投保安全生产责任保险。

相关知识

对高危行业的范围界定，不同法规的表述略有不同。2009 年《国家安全生产监督管理总局关于在高危行业推进安全生产责任保险的指导意见》提出高危行业包括煤矿、非煤矿山、危险化学品、烟花爆竹、道路交通、建筑施工 6 个；2010 年《国务院关于进一步加强企业安全生产工作的通知》提出包括煤矿、非煤矿山、交通运输、建筑施工、危险化学品、烟花爆竹、民用爆炸物品、冶金 8 个高危（重点）行业（领域）；2016 年 12 月 18 日，中共中央、国务院发布《关于推进安全生产领域改革发展的意见》规定，建立健全安全生产责任保险制度，在矿山、危险化学品、烟花爆竹、交通运输、建筑施工、民用爆炸物品、金属冶炼、渔业生产等高危行业领域强制实施，切实发挥保险机构参与风险评估管控和事故预防功能；2017 年原国家安全监管总局、原保监会、财政部联合印发了《安全生产责任保险实施办法》第六条规定，煤矿、非煤矿山、危险化学品、烟花爆竹、交通运输、建筑施工、民用爆炸物品、金属冶炼、渔业生产等高危行业领域的生产经营单位应当投保安全生产责任保险。鼓励其他行业领域生产经营单位投保安全生产责任保险。各地区可针对本地区安全生产特点，明确应当投保的生产经营单位。因此，按照最新的部门规章《安全生产责任保险实施办法》第六条的规定，应当投保安全生产责任保险的高危行业包括煤矿、非煤矿山、危险化学品、烟花爆竹、交通运输、建筑施工、民用爆炸物品、金属冶炼、渔业生产等，这些高危行业的生产经营单位都应当投保安全生产责任保险，违反投保义务的，应当按照 2021 年新法的第一百零九条的规定承担法律责任。

7. 按日连续处罚的法律责任

第一百一十二条 生产经营单位违反本法规定，被责令改正且受到罚款处罚，拒不改正的，负有安全生产监督管理职责的部门可以自作出责令改正之日的次日起，按照原处罚数额按日连续处罚。

理解运用

该条是本次修订新增的条款。通过这种按日连续不间断的处罚，加大违规生产经营单位的违法成本，从而起到威慑作用，达到从根本上改变“违法成本低、守法成本高”现状的效果。

适用该条需注意以下几点：

（1）生产经营单位有违反本法规定的行为；

（2）生产经营单位因为违反本法规定的行为，被责令改正且受到罚款处罚；

（3）生产经营单位因为违反本法规定的行为，被责令改正且受到罚款处罚后仍拒不改正；

（4）处罚部门为作出原处罚的负有安全生产监督管理职责的部门。

相关知识

“按日连续处罚”作为一种创新性的处罚规则和简便有效的执法手段，加大违法成本，从而对违规企业产生震慑效果，从根本上改变“违法成本低、守法成本高”的不良现状。通过连续不间断的处罚手段，迫使行政相对人产生巨大的经济和心理压力，进而积极履行法律上的行为或不作为义务。“按日连续处罚”首先出现在 2014 年修订的《中华人民共和国环境保护法》中。

8. 不具备安全生产条件的生产经营单位的法律责任

第一百一十三条　生产经营单位存在下列情形之一的，负有安全生产监督管理职责的部门应当提请地方人民政府予以关闭，有关部门应当依法吊销其有关证照。生产经营单位主要负责人五年内不得担任任何生产经营单位的主要负责人；情节严重的，终身不得担任本行业生产经营单位的主要负责人：

（一）存在重大事故隐患，一百八十日内三次或者一年内四次受到本法规定的行政处罚的；

（二）经停产停业整顿，仍不具备法律、行政法规和国家标准或者行业标准规定的安全生产条件的；

（三）不具备法律、行政法规和国家标准或者行业标准规定的安全生产条件，导致发生重大、特别重大生产安全事故的；

（四）拒不执行负有安全生产监督管理职责的部门作出的停产停业整顿决定的。

理解运用

本条是关于对不具备安全生产条件的生产经营单位予以关闭和吊销证照，以及对生产经营单位主要负责人禁入处罚的规定。

（1）修订内容。本条在原法第一百零八条的基础上作了修改：一是增加了本条处罚的情形，除了不具备法律、行政法规和国家标准或者行业标准规定的安全生产条件，经停产停业整顿，仍不具备相应安全生产条件的情形外，还有以下三项：其一，存在重大事故隐患，一百八十日内三次或者一年内四次受到本法规定的行政处罚的；其二，不具备法律、行政法规和国家标准或者行业标准规定的安全生产条件，导致发生重大、特别重大生产安全事故的；其三，拒不执行负有安全生产监督管理职责的部门作出的停产停业整顿决定的。二是明确了作出关闭处罚的主体，即由负有安全生产监督管理职责的部门提请地方人民政府予以关闭，地方人民政府的职能部门接到负有安全生产监督管理职责的部门的关闭提请后，应当予以关闭；有关部门应当依法吊销其有关证照。三是增加了对生产经营单位主要负责人的处罚规定，即生产经营单位有本条规定的四项违法行为时，其主要负责人五年内不得担任任何生产经营单位的主要负责人；情节严重的，终身不得担任本行业生产经营单位的主要负责人。

（2）生产经营单位的安全生产条件。本法对生产经营单位的安全生产条件有若干规定，例如，要求生产经营单位新建、改建、扩建工程项目的安全设施必须与主体工程同时设计、同时施工、同时投入生产和使用；生产经营单位应当在有较大危险因素的生产经营场所和有关设施、设备上，设置明显的安全警示标志；安全设备的安装、使用、检测、改造和报废，应当符合国家标准或者行业标准；等等。依照本法有关规定，对于生产经营单位违反有关安全生产的法律、法规和国家标准或者行业标准，不具备安全生产条件的，负有安全生产监督管理职责的部门应当提请地方人民政府予以关闭，有关部门应当依法吊销其有关证照。生产经营单位主要负责人五年内不得担任任何生产经营单位的主要负责人；情节严重的，终身不得担任本行业生产经营单位的主要负责人。

（3）本条规定的四种违法情形。第一种情形是存在重大事故隐患，一百八十日内三次或者一年内四次受到本法规定的行政处罚的。一百八十日内或一年内因重大事故隐患受到数次行政处罚，说明该生产经营单位重大事故隐患重重，难以保证生产安全的基本条件。第二种情形是经停产停业整顿，仍不具备法律、行政法规和国家标准或者行业标准规定的安全生产条件的；生产经营单位经过停产停业进行整顿以后，仍然达不到安全要求、不符合安全生产条件，说明该生产经营单位根本不具备保证生产安全的基本条件，不能再继续从事生产经营活动，应当予以关闭。第三种情形是不具备法律、行政法规和国家标准或者行业标准规定的安全生产条件，导致发生重大、特别重大生产安全事故的。因不具备安全生产条件导致发生重大、特别重大生产安全事故的生产经营单位除了应当承担相应刑事法律责任外，亦应当承担被关闭、吊销其有关证照的行政处罚。这在很大程度上加强了对于生产经营单位依照法律规定的安全生产经营条件开展生产经营活动的督促作用。第四种情形是拒不执行负有安全生产监督管理职责的部门作出的停产停业整顿决定的，2021年新法第九十三条、第九十四条、第九十七条等多处对各种违反该法律的违法情形都规定了停产停业整顿的处罚措施，生产经营单位拒不执行停产停业整顿决定，意味着该单位所存在的违法情形仍然持续存在，仍有可能产生安全生产事故，因此有必要对其作出关闭、吊销证照的行政处罚。这样的规定，能够在很大程度上督促生产经营单位执行停产停业整顿决定，确保安全生产。这里所说的“关闭”，是指行政机关对违反行政管理秩序的企业、事业单位或者其他组织，依法剥夺其从事某项生产经营活动的权利的一种行政处罚。关闭对于生产经营单位来说，是一种比较严厉的行政处罚，因此在实施时应当慎重。

（4）本条规定的法律责任。对于有本条规定的违法行为的，在予以关闭的同时，有关部门应当依法吊销其有关证照。这里说的“吊销其有关证照”，是指有关行政执法机关依法取消生产经营单位从事生产经营活动的合法凭证，包括吊销营业执照、吊销采矿许可证、吊销危险化学品生产许可证、吊销危险化学品经营许可证等。

本次修改也增加了对生产经营单位主要负责人“五年内不得担任任何生产经营单位的主要负责人；情节严重的，终身不得担任本行业生产经营单位的主要负责人”。2021年新法第二十二条规定了生产经营单位的主要负责人对本单位安全生产工作负有的职责。生产经营单位主要负责人对本单位的安全生产工作负有全面责任，当本单位因违法行为被关闭、吊销相关证照时，主要负责人难辞其咎，亦应承担相应的法律责任，五年内或终身不得担任本行业生产经营单位的主要负责人无疑是一种非常严厉的处罚措施，在行业日益呈现细分化的现代社会，如果某人曾经担任某一行业生产经营单位主要负责人，意味着其是该行业的专家，术业有专攻，很难再进入另一行业。对其施以禁入的处罚，有利于督促其更好地履行所负有的安全生产管理职责。

相关知识

2021 年新法规定的责令停产停业整顿的条款：第九十三条、第九十四条、第九十七条、第九十八条、第九十九条、第一百零一条、第一百零二条、第一百零三条、第一百零四条、第一百零五条。

9. 对事故责任单位的处罚

第一百一十四条 发生生产安全事故，对负有责任的生产经营单位除要求其依法承担相应的赔偿等责任外，由应急管理部门依照下列规定处以罚款：

（一）发生一般事故的，处三十万元以上一百万元以下的罚款；

（二）发生较大事故的，处一百万元以上二百万元以下的罚款；

（三）发生重大事故的，处二百万元以上一千万元以下的罚款；

（四）发生特别重大事故的，处一千万元以上二千万元以下的罚款。

发生生产安全事故，情节特别严重、影响特别恶劣的，应急管理部门可以按照前款罚款数额的二倍以上五倍以下对负有责任的生产经营单位处以罚款。

理解运用

本条是关于对事故责任单位的处罚的规定。目的在于进一步加大对事故责任单位的监督处罚力度。

（1）生产安全事故往往会给人民群众生命安全带来重大损失，预防生产安全事故的发生是本法的重要立法目的。对生产安全事故不仅需要从源头上加以防范，对发生事故负有责任的单位，也应当依法给予制裁，从而督促其更好地加强前期预防。因此，在本法责任部分有关条文对生产经营单位的违法行为作出具体规定的前提下，进一步增加对事故责任单位的罚款，是十分必要的。

（2）给予本条规定的处罚应当具备以下条件：

①生产经营单位发生生产安全事故，这里的“事故”既包括重特大事故和较大事故，也包括一般事故，按照2021年新法第一百一十八条的规定，各类事故的划分标准由国务院规定。

②生产经营单位对事故发生负有责任，即该事故是责任事故。因第三方原因、不可抗力等因素引起的事故，生产经营单位没有责任，不应当依据本条规定给予处罚。

此外，根据本条规定，对事故责任单位处以罚款与生产经营单位依法承担民事赔偿责任并不冲突。生产安全事故发生后，往往需要对受害人承担民事赔偿责任，二者互不影响。

（3）本条以及2021年新法第九十五条规定的处罚决定机关是应急管理部门，这是本法关于处罚决定机关的专门规定。依据第一百一十五条的规定，本法规定的行政处罚，由应急管理部门和其他负有安全生产监督管理职责的部门按照职责分工决定。根据本法第九十三条、第一百零八条、第一百一十二条的规定，应当给予民航、铁路、电力行业的生产经营单位及其主要负责人行政处罚的，也可以由主管的负有安全生产监督管理职责的部门进行处罚。予以关闭的行政处罚由负有安全生产监督管理职责的部门报请县级以上人民政府按照国务院规定的权限决定；给予拘留的行政处罚由公安机关依照治安管理处罚法的规定决定。但是从实际工作中看，对于生产安全事故的调查和处理，原则上是由应急管理部门在政府领导下进行组织或者牵头，其他部门参加，为了统一、公正执法，对事故单位处以罚款，原则上也应当由一个执法部门执行。因此，本条专门规定由应急管理部门进行处罚。根据本法第二条的规定，有关法律、行政法规对消防安全和道路交通安全、铁路交通安全、水上交通安全、民用航空安全以及核与辐射安全、特种设备安全另有规定的，适用其规定。目前，一些法律、行政法规对事故责任单位的处罚决定机关有相应的规定。例如，根据特种设备安全法和国务院《特种设备安全监察条例》的规定，特种设备重大以下事故的责任单位，由负责特种设备安全监督管理的部门给予相应的罚款。本条规定并不排斥有关法律、行政法规对事故责任单位的处罚决定机关另行作出规定。

（4）与原法条相比，本条规定提高了罚款数额。需要说明的是，在具体适用中，本条规定中具体的处罚数额依据违法行为的情节轻重等因素，在法定的处罚幅度范围内确定。

（5）本条在原法条的基础上补充了对发生情节特别严重、社会影响特别恶劣的生产安全事故的生产经营单位的处罚。

相关知识

行政处罚的种类：

（1）警告、通报批评；

（2）罚款、没收违法所得、没收非法财物；

（3）暂扣许可证件、降低资质等级、吊销许可证件；

（4）限制开展生产经营活动、责令停产停业、责令关闭、限制从业；

（5）行政拘留；

（6）法律、行政法规规定的其他行政处罚。

（六）从业人员违反安全生产规定的法律责任

第一百零七条 生产经营单位的从业人员不落实岗位安全责任，不服从管理，违反安全生产规章制度或者操作规程的，由生产经营单位给予批评教育，依照有关规章制度给予处分；构成犯罪的，依照刑法有关规定追究刑事责任。

理解运用

按照本法规定，从业人员在作业过程中，应当严格落实岗位安全职责，遵守本单位的安全生产规章制度和操作规程，服从管理，正确佩戴和使用劳动防护用品。这是本法对从业人员规定的义务，也是保障安全生产的一个必要条件，从业人员必须遵守，如果违反了法律所规定的这项义务，就要依照本条规定承担相应的法律责任。本条规定的承担法律责任的主体是生产经营单位的从业人员，包括生产经营单位的主要负责人、安全生产管理人员、特种作业人员和其他从业人员。

按照本条规定，对于从业人员未严格落实岗位安全职责，不服从管理，违反安全生产规章制度或者操作规程的，应当从以下几个方面进行处理：

（1）由生产经营单位给予批评教育。即由生产经营单位对该从业人员由于未能严格落实岗位安全职责，违反安全生产规章制度或者操作规程的行为进行批评，同时对其进行有关安全生产知识等方面的教育，使其认识到严格遵守安全生产规章制度和操作规程的重要性，以及违反安全生产规章制度或者操作规程可能造成的严重后果和依法应当承担的法律责任，确保其不再违法。

（2）依照有关规章制度给予处分。这里的“规章制度”，主要是指生产经营单位依法制定的内部惩戒制度，给予从业人员处分的主体是从业人员所属的生产经营单位。

（3）构成犯罪的，依照《刑法》有关规定追究刑事责任。这里所讲的构成犯罪，主要是指构成《刑法》第一百三十四条规定的重大责任事故罪。

相关知识

1. 生产经营单位的规章制度

1982 年，国务院颁布《企业职工奖惩条例》，规定对于全民所有制企业和城镇集体所有制企业职工的处分包括警告、记过、记大过、降级、撤职、留用察看、开除 7 种。2008 年，《企业职工奖惩条例》被废止，国家不再直接干预企业对其职工的奖惩，对从业人员的奖惩问题由用人单位自己决定，用人单位根据自身特点和需要制定奖惩方面的规章制度，体现了用人单位的自主权。用人单位的规章制度是其内部管理的主要依据，可以直接用于员工的日常管理，相当于其内部的“法律”。根据《劳动合同法》规定，劳动者严重违反用人单位的规章制度的，用人单位可以解除劳动合同。需要注意的是，用人单位的企业规章制度不能违反法律、法规的规定，规章制度的制定程序也要符合法律的要求。根据劳动合同法规定，用人单位在制定、修改或者决定有关劳动报酬、工作时间、休息休假、劳动安全卫生、保险福利、职工培训、劳动纪律以及劳动定额管理等直接涉及劳动者切身利益的规章制度或者重大事项时，应当经职工代表大会或者全体职工讨论，提出方案和意见，与工会或者职工代表平等协商确定。用人单位应当将直接涉及劳动者切身利益的规章制度和重大事项决定公示，或者告知劳动者。用人单位的规章制度违反法律、法规的规定，损害劳动者权益的，劳动者可以解除劳动合同，并要求用人单位支付经济补偿。用人单位直接涉及劳动者切身利益的规章制度违反法律、法规规定的，由劳动行政部门责令改正，给予警告；给劳动者造成损害的，应当承担赔偿责任。

2. 重大责任事故罪

《刑法》第一百三十四条规定，在生产、作业中违反有关安全管理的规定，因而发生重大伤亡事故或者造成其他严重后果的，处三年以下有期徒刑或者拘役；情节特别恶劣的，处三年以上七年以下有期徒刑。构成重大责任事故罪，须具备以下条件：一是行为人在生产、作业中实施了违反有关安全管理规定的行为。二是因违反安全管理规定造成重大伤亡事故或者其他严重后果，违反规定的行为与重大伤亡事故或者其他严重后果之间存在刑法上的因果关系。三是行为人主观方面表现为过失。即应当知道自己违反安全管理规定生产、作业的行为可能会造成重大伤亡事故或者其他严重后果但因为疏忽大意而没有预见，或者虽然已经预见但根据主客观条件轻信能够避免，最终导致重大伤亡事故或者其他严重后果。如果行为人对造成的后果的心态是故意，则构成其他危害公共安全的犯罪。无论是疏忽大意的过失还是过于自信的过失，主观上行为人都不希望发生重大伤亡事故或者其他严重后果，但其对于违反安全管理规定本身则可能出于故意。

二 一问一答

1. 生产经营单位的相关保证人员不按规定投入资金导致单位不具备安全生产条件，应当如何处理？

生产经营单位的决策机构、主要负责人或者个人经营的投资人不依照本法规定保证安全生产所必需的资金投入，致使生产经营单位不具备安全生产条件的，责令限期改正，提供必需的资金；逾期未改正的，责令生产经营单位停产停业整顿。

有前款违法行为，导致发生生产安全事故的，对生产经营单位的主要负责人给予撤职处分，对个人经营的投资人处二万元以上二十万元以下的罚款；构成犯罪的，依照刑法有关规定追究刑事责任。

2. 生产经营单位在安全警示设置、安全设备管理、劳动防护用品提供、特种设备管理以及使用工艺、设备等方面违反相关规定的，应当承担什么法律责任？

生产经营单位有下列行为之一的，责令限期改正，处五万元以下的罚款；逾期未改正的，处五万元以上二十万元以下的罚款，对其直接负责的主管人员和其他直接责任人员处一万元以上二万元以下的罚款；情节严重的，责令停产停业整顿；构成犯罪的，依照刑法有关规定追究刑事责任：

（1）未在有较大危险因素的生产经营场所和有关设施、设备上设置明显的安全警示标志的；

（2）安全设备的安装、使用、检测、改造和报废不符合国家标准或者行业标准的；

（3）未对安全设备进行经常性维护、保养和定期检测的；

（4）关闭、破坏直接关系生产安全的监控、报警、防护、救生设备、设施，或者篡改、隐瞒、销毁其相关数据、信息的；

（5）未为从业人员提供符合国家标准或者行业标准的劳动防护用品的；

（6）危险物品的容器、运输工具，以及涉及人身安全、危险性较大的海洋石油开采特种设备和矿山井下特种设备未经具有专业资质的机构检测、检验合格，取得安全使用证或者安全标志，投入使用的；

（7）使用应当淘汰的危及生产安全的工艺、设备的；

（8）餐饮等行业的生产经营单位使用燃气未安装可燃气体报警装置的。

3. 两个以上生产经营单位在同一作业区域内进行生产经营活动时违反安全生产管理规定，应承担什么法律责任？

两个以上生产经营单位在同一作业区域内进行可能危及对方安全生产的生产经营活动，未签订安全生产管理协议或者未指定专职安全生产管理人员进行安全检查与协调的，责令限期改正，处五万元以下的罚款，对其直接负责的主管人员和其他直接责任人员处一万元以下的罚款；逾期未改正的，责令停产停业。

4. 生产经营单位违反有关员工宿舍设置的要求，以及作业场所或者员工宿舍出口设置和安全管理要求，应当承担什么法律责任？

生产经营单位有下列行为之一的，责令限期改正，处五万元以下的罚款，对其直接负责的主管人员和其他直接责任人员处一万元以下的罚款；逾期未改正的，责令停产停业整顿；构成犯罪的，依照刑法有关规定追究刑事责任：

（1）生产、经营、储存、使用危险物品的车间、商店、仓库与员工宿舍在同一座建筑内，或者与员工宿舍的距离不符合安全要求的；

（2）生产经营场所和员工宿舍未设有符合紧急疏散需要、标志明显、保持畅通的出口、疏散通道，或者占用、锁闭、封堵生产经营场所或者员工宿舍出口、疏散通道的。

5. 生产经营单位与从业人员违法签订免责协议，应当承担什么法律责任？

生产经营单位与从业人员订立协议，免除或者减轻其对从业人员因生产安全事故伤亡依法应承担的责任的，该协议无效；对生产经营单位的主要负责人、个人经营的投资人处二万元以上十万元以下的罚款。

6. 生产经营单位拒绝、阻挠有关部门依法实施监督检查的，应当承担什么法律责任？

违反本法规定，生产经营单位拒绝、阻碍负有安全生产监督管理职责的部门依法实施监督检查的，责令改正；拒不改正的，处二万元以上二十万元以下的罚款；对其直接负责的主管人员和其他直接责任人员处一万元以上二万元以下的罚款；构成犯罪的，依照刑法有关规定追究刑事责任。

7. 生产经营单位的主要负责人在本单位发生生产安全事故时不履行相关职责时，应当承担什么法律责任？

生产经营单位的主要负责人在本单位发生生产安全事故时，不立即组织抢救或者在事故调查处理期间擅离职守或者逃匿的，给予降级、撤职的处分，并由应急管理部门处上一年年收入百分之六十至百分之一百的罚款；对逃匿的，处十五日以下拘留；构成犯罪的依照刑法有关规定追究刑事责任。

生产经营单位的主要负责人对生产安全事故隐瞒不报、谎报或者迟报的，依照前款规定处罚。

8. 有关地方人民政府、负有安全生产监督管理职责的部门对事故隐瞒不报、谎报或者迟报的，应当承担什么法律责任？

有关地方人民政府、负有安全生产监督管理职责的部门，对生产安全事故隐瞒不报、谎报或者迟报的，对直接负责的主管人员和其他直接责任人员依法给予处分；构成犯罪的，依照刑法有关规定追究刑事责任。

第三部分

新《安全生产法》测试题

A卷

一、单选题

1. 安全生产工作应当实行“三必须”，不包括以下哪一项？（　）

A. 管行业必须管安全　　B. 管业务必须管安全

C. 管生产经营必须管安全　　D. 管员工必须管安全

2. 关于安全生产工作机制的表述，错误的是（　）。

A. 生产经营单位参与　　B. 职工参与

C. 政府监管　　D. 行业自律和社会监督

3. 生产经营单位安全生产第一责任人是（　）。

A. 生产经营单位的主要负责人　　B. 生产经营单位党委

C. 其他负责人　　D. 主要负责人指定的人

4. 生产经营单位的工会在监督安全生产工作中的职责不包括（　）。

A. 依法组织职工参加本单位安全生产工作的民主管理和民主监督

B. 维护职工在安全生产方面的合法权益

C. 为职工缴纳工伤保险

D. 在生产经营单位制定或修改有关安全生产的规章制度时，提出意见

5. 各级人民政府应当加强安全生产基础设施建设和安全生产能力建设，所需经费（　）。

A. 由上级政府拨付　　B. 列入本级预算

C. 向生产经营单位征缴　　D. 由社保基金支付

6. 县级以上地方各级人民政府应当组织有关部门建立完善安全风险评估

与论证机制，按照（ ），进行产业规划和空间布局，并对位置相邻、行业相近、业态相似的生产经营单位实施重大安全风险联防联控。

A. 安全风险管控要求　　　　B. 产业发展需要

C. 空间布局需要　　　　D. 本地经济发展需求

7.（ ）统筹提出安全生产强制性国家标准的立项计划。

A. 国务院有关部门　　　　B. 国务院应急管理部门

C. 国务院标准化行政主管部门　　　　D. 国务院安全生产委员会

8. 国家实行生产安全事故责任追究制度，依照本法和有关法律、法规的规定，追究生产安全事故（ ）的法律责任。

A. 责任单位和责任人员　　　　B. 责任单位

C. 责任人员　　　　D. 责任单位董事会

9. 县级以上各级人民政府应当组织负有安全生产监督管理职责的部门依法编制安全生产权力和责任清单，公开并接受（ ）。

A. 上级监督　　　　B. 社会监督

C. 人民监督　　　　D. 群众监督

10. 关于安全生产费用的提取和使用，错误的表述是（ ）。

A. 安全生产费用提取的具体比例由生产经营单位根据本单位实际情况决定

B. 安全生产费用专门用于改善安全生产条件支出

C. 安全生产费用在成本中据实列支

D. 按照规定提取和使用安全生产费用

11. 下列单位中，哪一个不属于应当设置安全生产管理机构或者配备专职安全生产管理人员的单位？（ ）

A. 矿山、建筑施工单位

B. 金属冶炼、道路运输单位

C. 危险物品的生产、经营、储存单位

D. 从业人员 99 人的百货公司

12. 生产经营单位的安全生产管理机构以及安全生产管理人员应履行的职责不包括以下哪一项？（　）

A. 组织或者参与拟订本单位安全生产规章制度、操作规程和生产安全事故应急救援预案

B. 组织或者参与本单位安全生产教育和培训，如实记录安全生产教育和培训情况

C. 组织开展危险源辨识和评估，督促落实本单位重大危险源的安全管理措施；

D. 检查本单位的安全生产状况，及时排查生产安全事故隐患，改进安全生产管理

13. 下列生产经营单位员工宿舍的安全保障措施中，哪一项符合要求？（　）

A. 生产、经营、储存、使用危险物品的车间、商店、仓库虽然与员工宿舍在同一座建筑物内，但与员工宿舍保持安全距离

B. 生产、经营、储存、使用危险物品的车间、商店、仓库与员工宿舍保持安全距离

C. 考虑到员工非常熟悉厂区情况，员工宿舍的出口、疏散通道没有设置明显标志

D. 因库房不足，取得员工同意后，公司决定占用员工宿舍的疏散通道用于存放货物

14. 国家对严重危及生产安全的工艺、设备实施（　）制度。

A. 审批　　B. 登记

C. 淘汰　　D. 监管

15. 依据《安全生产法》的规定，生产经营单位的从业人员有权了解其作业场所和工作岗位存在的危险因素、防范措施及（　）。

A. 劳动用工情况　　B. 安全技术措施

C. 安全投入资金情况　　D. 事故应急措施

16. 安全设备的设计、制造、安装、使用、检测、维修、改造和报废，应当符合国家标准或者（　）。

A. 行业标准　　B. 地方标准

C. 企业标准　　D. 车间标准

17. 发现危及从业人员生命安全情况时，工会有权（　）从业人员撤离危险场所。

A. 代表生产经营单位决定　　B. 命令现场负责人组织

C. 向生产经营单位建议组织　　D. 采取紧急措施指挥

18. 关于负有安全生产监督管理职责的部门依法进行监督检查时可以行使的职权，错误的表述是（　）。

A. 对违法生产危险物品的作业场所予以查封

B. 对违法生产的危险物品予以扣押

C. 对违法运输的危险物品予以查封、扣押

D. 对违法经营的危险物品予以变卖

19. 生产经营单位从业人员安全生产培训的费用由（　）承担。

A. 从业人员　　B. 安全培训机构

C. 政府主管部门　　D. 生产经营单位

20. 负责事故调查处理的国务院有关部门和地方人民政府应当在批复事故调查报告后（　）内，组织有关部门对事故整改和防范措施落实情况进行评估，并及时向社会公开评估结果；对不履行职责导致没有落实事故整改措施的有关单位和人员，应当按照有关规定追究责任。

A. 一年　　B. 六个月

C. 三个月　　D. 一个月

二、判断题

1.《安全生产法》规定的行政处罚，由县级以上人民政府决定。（　）

2. 煤矿企业的安全生产管理人员可以直接任免，不用告知主管的负有安

全生产监督管理职责的部门。( )

3. 生产、经营、储存、使用危险物品的车间、仓库可以与员工宿舍在同一座建筑物内，但应与员工宿舍保持一定安全距离。( )

4. 依照《安全生产法》，生产经营单位的从业人员享有工伤保险和伤亡求偿权；危险因素和应急措施的知情权；安全管理的批评检控权；拒绝违章指挥和强令冒险作业权；紧急情况下的停止作业和紧急撤离权。( )

5. 生产经营单位不得因安全生产管理人员依法履行职责而降低其工资、福利等待遇或者解除与其订立的劳动合同。( )

6. 重大事故隐患与重大危险源是引发重大事故的源头，所以两者的概念是等同的。( )

7. 从业人员有权了解作业场所和工作岗位存在的危险因素，生产经营单位应当如实告之，不得隐瞒和欺骗。( )

8. 劳务派遣单位不用对被派遣劳动者进行安全生产教育和培训，而由生产经营单位培训即可。( )

9. 生产经营单位必须遵守本法和其他有关安全生产的法律、法规，加强安全生产管理，建立健全全员安全生产责任制和安全生产规章制度。( )

10. 国家对在改善安全生产条件、防止生产安全事故、参加抢险救护等方面取得显著成绩的单位给予奖励；个人给予鼓励。( )

三、简答题

1. 什么是安全生产“三同时”？

2. 简述生产经营单位的安全生产管理机构以及安全生产管理人员依法应履行的职责。

参考答案

一、单选题

1~5：DAACB　　6~10：ABABA

11~15：DDBCD　　16~20：ACDDA

二、判断题

1~5：×××√√　　6~10：×√×√×

三、简答题

1. 生产经营单位新建、改建、扩建工程项目的安全设施，必须与主体工程同时设计、同时施工、同时投入生产和使用。

2. 生产经营单位的安全生产管理机构以及安全生产管理人员履行下列职责：

（1）组织或者参与拟订本单位安全生产规章制度、操作规程和生产安全事故应急救援预案；

（2）组织或者参与本单位安全生产教育和培训，如实记录安全生产教育和培训情况；

（3）组织开展危险源辨识和评估，督促落实本单位重大危险源的安全管理措施；

（4）组织或者参与本单位应急救援演练；

（5）检查本单位的安全生产状况，及时排查生产安全事故隐患，提出改进安全生产管理的建议；

（6）制止和纠正违章指挥、强令冒险作业、违反操作规程的行为；

（7）督促落实本单位安全生产整改措施。

生产经营单位可以设置专职安全生产分管负责人，协助本单位负责人履行安全生产管理职责。

B卷

一、单选题

1. 特种作业人员必须按照国家有关规定经专门的安全作业培训。取得（　），方可上岗作业。

A. 特种作业操作资格证书　　B. 培训合格证书

C. 相应资格　　D. 特种作业操作证书

2. 生产经营单位的从业人员不落实岗位安全责任，不服从管理，违反安全生产规章制度或者操作规程的，由生产经营单位给予批评教育，依照有关规章制度给予（　）。

A. 行政处罚　　B. 处分

C. 追究刑事责任　　D. 批评教育

3. 生产经营单位的建设项目的安全设施必须做到“三同时”，即生产经营单位新建、改建、扩建工程项目的安全设施，必须与主体工程（　）。

A. 同时勘察、同时设计、同时施工

B. 同时审批、同时设计、同时施工

C. 同时设计、同时施工、同时投入生产和使用

D. 同时施工、同时修复、同时投入生产和使用

4. 从业人员（　）了解其作业场所和工作岗位存在的危险因素、防范措施及事故应急措施。

A. 无权　　B. 经批准可以

C. 特殊情况下有权　　D. 有权

5. 生产经营单位的安全生产管理机构以及安全生产管理人员履行的职责不包括下列哪种情况？（　）

A. 及时、如实报告生产安全事故

B. 检查本单位的安全生产状况，及时排查生产安全事故隐患，提出改进安全生产管理的建议

C. 制止和纠正违章指挥、强令冒险作业、违反操作规程的行为

D. 督促落实本单位安全生产整改措施

6. 两个以上生产经营单位在同一作业区域内进行生产经营活动，可能危及对方生产安全时，正确的处理方式是（　）。

A. 互相提醒注意安全后继续进行生产经营活动

B. 由各自主管的负有安全生产监督管理职责的部门确定生产经营活动方案

C. 各方自行采取安全措施

D. 签订安全生产管理协议，明确各自的安全生产管理职责和应当采取的安全措施，并指定专职安全生产管理人员进行安全检查与协调

7. 关于安全生产责任保险，正确的说法是（　）。

A. 安全生产责任保险是政策性保险

B. 生产经营单位必须投保安全生产责任保险

C. 安全生产责任保险是商业保险，生产经营单位自主决定是否投保

D. 国家鼓励生产经营单位投保安全生产责任保险

8. 关于从业人员在安全生产方面的权利，错误的说法是（　）。

A. 从业人员有权对本单位安全生产工作中存在的问题提出批评、检举、控告

B. 有权拒绝违章指挥和强令冒险作业

C. 发现直接危及人身安全的紧急情况时，有权停止作业或者在采取可能的应急措施后撤离作业场所

D. 本单位做出有关安全生产的决策，必须经全体从业人员同意

9. 安全生产监督检查人员的下列行为中，哪项不符合安全生产法的规定?（　）

A. 执行监督检查任务时出示有效的行政执法证件

B. 执行监督检查任务时，对涉及被检查单位的技术秘密和业务秘密予以保密

C. 对发现的违法行为，依照法律、行政法规的规定给予行政处罚

D. 将检查发现的问题及其处理情况以口头形式告知被检查单位的负责人

10. 负有安全生产监督管理职责的部门依法采取停止供电措施，强制生产经营单位履行有关决定，除有危及生产安全的紧急情形的，应当提前通知生产经营单位的时间为（　）。

A. 2 天　　　　B. 3 天

C. 24 小时　　　　D. 一周

11. 关于安全生产违法行为举报制度，以下表述错误的是（　）。

A. 负有安全生产监督管理职责的部门应当建立举报制度

B. 举报电话、信箱或者电子邮件地址应当公开

C. 只有对实名的举报才应当进行调查核实

D. 举报事项需要落实整改措施的，报经有关负责人签字并督促落实

12. 生产经营单位有下列行为之一的，责令限期改正，处（　）万元以下的罚款，对其直接负责的主管人员和其他直接责任人员处一万元以下的罚款；逾期未改正的，责令停产停业整顿；构成犯罪的，依照刑法有关规定追究刑事责任：

（一）生产、经营、储存、使用危险物品的车间、商店、仓库与员工宿舍在同一座建筑内，或者与员工宿舍的距离不符合安全要求的；

（二）生产经营场所和员工宿舍未设有符合紧急疏散需要、标志明显、保持畅通的出口、疏散通道，或者占用、锁闭、封堵生产经营场所或者员工宿舍出口、疏散通道的。

A. 二　　　　B. 三

C. 五　　D. 十

13. 高危行业、领域的生产经营单位未按照国家规定投保安全生产责任保险的处罚，不包括哪一项？（　）

A. 责令限期改正

B. 处五万元以上十万元以下的罚款

C. 逾期未改正的，处十万元以上二十万元以下的罚款，并责令停产停业整顿直至其投保安全生产责任保险

D. 构成犯罪的，依照刑法有关规定追究刑事责任

14. 矿山、金属冶炼建设项目和用于生产、储存危险物品的建设项目竣工投入生产或者使用前，应当由（　）负责组织对安全设施进行验收。

A. 建设单位　　B. 监察单位

C. 行政单位　　D. 安全管理单位

15. 负有安全生产监督管理职责的部门应当建立（　），公开举报电话、信箱或者电子邮件地址，受理有关安全生产的举报。

A. 报告制度　　B. 公开制度

C. 举报制度　　D. 检举制度

16. 县级以上地方各级人民政府应当建立（　）体系。

A. 应急救助　　B. 应急救援

C. 应急支援　　D. 应急资助

17. 生产经营单位对负有安全生产监督管理职责的部门的监督检查人员依法监督检查职责，应当予以配合，不得（　）。

A. 拒绝、干涉　　B. 阻挠、强迫

C. 干涉、阻挠　　D. 拒绝、阻挠

18. 承担安全评价、认证、检测、检验的机构应当建立并实施（　）制度和报告公开制度，不得租借资质、挂靠、出具虚假报告。

A. 保护客户隐私　　B. 服务公开

C. 一对一服务　　D. 回访

19. 国家实行生产安全事故（　），追究生产安全事故责任人员的法律责任。

A. 黑名单制度　　B. 一案双查制度

C. 责任追究制度　　D. 责任倒查制度

20.（　）依法对安全生产工作进行监督。

A. 工商部门　　B. 国有资产监管部门

C. 纪检监察部门　　D. 工会

二、判断题

1. 安全生产监督管理部门和其他负有安全生产监督管理职责的部门对企业执行有关安全生产的法律、法规和国家标准或者行业标准的情况进行监督检查时，生产经营单位可以以技术保密、业务保密等理由拒绝检查。（　）

2. 生产经营单位不得以任何形式与从业人员订立协议，免除或者减轻其对从业人员因生产安全事故伤亡依法应承担的责任，但从业人员有违章作业情形的除外。（　）

3. 生产经营单位对负有安全生产监督管理职责的部门的监督检查人员依法履行监督检查职责，应当予以配合，不得拒绝、阻挠。（　）

4. 负有安全生产监督管理职责的部门对检查中发现的事故隐患，应当责令立即排除。（　）

5. 全员安全生产责任制是一项最基本的安全生产制度，是其他各项安全规章制度得以切实实施的基本保证。（　）

6. 党和国家的安全生产方针政策、法律法规，可以通过各项安全生产规章制度和宣传教育等形式具体落实到基层，落实到每个职工。（　）

7. 生产经营单位发生生产安全事故后，事故现场有关人员应当先行处理，无法处理再报告本单位负责人。（　）

8. 危险物品的生产、经营、储存单位以及矿山、金属冶炼、城市轨道交通运营、建筑施工单位应当建立应急救援组织；生产经营规模较小的，可以

不建立应急救援组织，但应当指定兼职的应急救援人员。(　　)

9. 国家对严重危及生产安全的工艺、设备实行更换维修制度。(　　)

10. 工会不能对建设项目的安全设施和主体工程同时设计、同时施工、同时投入生产和使用进行监督。(　　)

三、简答题

1. 生产经营单位的主要负责人对本单位安全生产工作负有哪些职责？

2. 负有安全生产监督管理职责的部门的工作人员，在哪些情况下，应当给予降级或者撤职的处分；构成犯罪的，依照刑法有关规定追究刑事责任？

参考答案

一、单选题

1~5：CBCDA　　6~10：DDDDC

11~15：CCDAC　　16~20：BDBCD

二、判断题

1~5：××√√√　　6~10：√×√××

三、简答题

1. 生产经营单位的主要负责人对本单位安全生产工作负有下列职责：

（1）建立健全并落实本单位全员安全生产责任制，加强安全生产标准化建设；

（2）组织制定本单位安全生产规章制度和操作规程；

（3）组织制定并实施本单位安全生产教育和培训计划；

（4）保证本单位安全生产投入的有效实施；

（5）组织建立并落实安全风险分级管控和隐患排查治理双重预防工作机制，督促、检查本单位的安全生产工作，及时消除生产安全事故隐患；

（6）组织制定并实施本单位的生产安全事故应急救援预案；

（7）及时、如实报告生产安全事故。

2. 负有安全生产监督管理职责的部门的工作人员，有下列行为之一的，给予降级或者撤职的处分；构成犯罪的，依照刑法有关规定追究刑事责任：

（1）对不符合法定安全生产条件的涉及安全生产的事项予以批准或者验收通过的；

（2）发现未依法取得批准、验收的单位擅自从事有关活动或者接到举报后不予取缔或者不依法予以处理的；

（3）对已经依法取得批准的单位不履行监督管理职责，发现其不再具备安全生产条件而不撤销原批准或者发现安全生产违法行为不予查处的；

（4）在监督检查中发现重大事故隐患，不依法及时处理的。

负有安全生产监督管理职责的部门的工作人员有前款规定以外的滥用职权、玩忽职守、徇私舞弊行为的，依法给予处分；构成犯罪的，依照刑法有关规定追究刑事责任。

第四部分

附　录

中华人民共和国安全生产法

（2002 年 6 月 29 日第九届全国人民代表大会常务委员会第二十八次会议通过 根据 2009 年 8 月 27 日第十一届全国人民代表大会常务委员会第十次会议《关于修改部分法律的决定》第一次修正 根据 2014 年 8 月 31 日第十二届全国人民代表大会常务委员会第十次会议《关于修改〈中华人民共和国安全生产法〉的决定》第二次修正 根据 2021 年 6 月 10 日第十三届全国人民代表大会常务委员会第二十九次会议《关于修改〈中华人民共和国安全生产法〉的决定》第三次修正）

目 录

第一章 总 则

第一条 为了加强安全生产工作，防止和减少生产安全事故，保障人民群众生命和财产安全，促进经济社会持续健康发展，制定本法。

第二条 在中华人民共和国领域内从事生产经营活动的单位（以下统称生产经营单位）的安全生产，适用本法；有关法律、行政法规对消防安全和道路交通安全、铁路交通安全、水上交通安全、民用航空安全以及核与辐射安全、特种设备安全另有规定的，适用其规定。

第三条 安全生产工作坚持中国共产党的领导。

安全生产工作应当以人为本，坚持人民至上、生命至上，把保护人民生命安全摆在首位，树牢安全发展理念，坚持安全第一、预防为主、综合治理的方针，从源头上防范化解重大安全风险。

安全生产工作实行管行业必须管安全、管业务必须管安全、管生产经营必须管安全，强化和落实生产经营单位主体责任与政府监管责任，建立生产经营单位负责、职工参与、政府监管、行业自律和社会监督的机制。

第四条 生产经营单位必须遵守本法和其他有关安全生产的法律、法规，加强安全生产管理，建立健全全员安全生产责任制和安全生产规章制度，加大对安全生产资金、物资、技术、人员的投入保障力度，改善安全生产条件，加强安全生产标准化、信息化建设，构建安全风险分级管控和隐患排查治理双重预防机制，健全风险防范化解机制，提高安全生产水平，确保安全生产。

平台经济等新兴行业、领域的生产经营单位应当根据本行业、领域的特点，建立健全并落实全员安全生产责任制，加强从业人员安全生产教育和培训，履行本法和其他法律、法规规定的有关安全生产义务。

第五条 生产经营单位的主要负责人是本单位安全生产第一责任人，对本单位的安全生产工作全面负责。其他负责人对职责范围内的安全生产工作负责。

第六条 生产经营单位的从业人员有依法获得安全生产保障的权利，并应当依法履行安全生产方面的义务。

第七条 工会依法对安全生产工作进行监督。

生产经营单位的工会依法组织职工参加本单位安全生产工作的民主管理和民主监督，维护职工在安全生产方面的合法权益。生产经营单位制定或者修改有关安全生产的规章制度，应当听取工会的意见。

第八条 国务院和县级以上地方各级人民政府应当根据国民经济和社会发展规划制定安全生产规划，并组织实施。安全生产规划应当与国土空间规划等相关规划相衔接。

各级人民政府应当加强安全生产基础设施建设和安全生产监管能力建设，所需经费列入本级预算。

县级以上地方各级人民政府应当组织有关部门建立完善安全风险评估与论证机制，按照安全风险管控要求，进行产业规划和空间布局，并对位置相邻、行业相近、业态相似的生产经营单位实施重大安全风险联防联控。

第九条 国务院和县级以上地方各级人民政府应当加强对安全生产工作的领导，建立健全安全生产工作协调机制，支持、督促各有关部门依法履行安全生产监督管理职责，及时协调、解决安全生产监督管理中存在的重大问题。

乡镇人民政府和街道办事处，以及开发区、工业园区、港区、风景区等应当明确负责安全生产监督管理的有关工作机构及其职责，加强安全生产监管力量建设，按照职责对本行政区域或者管理区域内生产经营单位安全生产状况进行监督检查，协助人民政府有关部门或者按照授权依法履行安全生产监督管理职责。

第十条 国务院应急管理部门依照本法，对全国安全生产工作实施综合监督管理；县级以上地方各级人民政府应急管理部门依照本法，对本行政区域内安全生产工作实施综合监督管理。

国务院交通运输、住房和城乡建设、水利、民航等有关部门依照本法和其他有关法律、行政法规的规定，在各自的职责范围内对有关行业、领域的安全生产工作实施监督管理；县级以上地方各级人民政府有关部门依照本法和其他有关法律、法规的规定，在各自的职责范围内对有关行业、领域的安全生产工作实施监督管理。对新兴行业、领域的安全生产监督管理职责不明确的，由县级以上地方各级人民政府按照业务相近的原则确定监督管理部门。

应急管理部门和对有关行业、领域的安全生产工作实施监督管理的部门，统称负有安全生产监督管理职责的部门。负有安全生产监督管理职责的部门应当相互配合、齐抓共管、信息共享、资源共用，依法加强安全生产监督管理工作。

第十一条 国务院有关部门应当按照保障安全生产的要求，依法及时制定有关的国家标准或者行业标准，并根据科技进步和经济发展适时修订。

生产经营单位必须执行依法制定的保障安全生产的国家标准或者行业标准。

第十二条 国务院有关部门按照职责分工负责安全生产强制性国家标准的项目提出、组织起草、征求意见、技术审查。国务院应急管理部门统筹提出安全生产强制性国家标准的立项计划。国务院标准化行政主管部门负责安全生产强制性国家标准的立项、编号、对外通报和授权批准发布工作。国务院标准化行政主管部门、有关部门依据法定职责对安全生产强制性国家标准的实施进行监督检查。

第十三条 各级人民政府及其有关部门应当采取多种形式，加强对有关安全生产的法律、法规和安全生产知识的宣传，增强全社会的安全生产意识。

第十四条 有关协会组织依照法律、行政法规和章程，为生产经营单位提供安全生产方面的信息、培训等服务，发挥自律作用，促进生产经营单位加强安全生产管理。

第十五条 依法设立的为安全生产提供技术、管理服务的机构，依照法律、行政法规和执业准则，接受生产经营单位的委托为其安全生产工作提供技术、管理服务。

生产经营单位委托前款规定的机构提供安全生产技术、管理服务的，保证安全生产的责任仍由本单位负责。

第十六条 国家实行生产安全事故责任追究制度，依照本法和有关法律、法规的规定，追究生产安全事故责任单位和责任人员的法律责任。

第十七条 县级以上各级人民政府应当组织负有安全生产监督管理职责

的部门依法编制安全生产权力和责任清单，公开并接受社会监督。

第十八条　国家鼓励和支持安全生产科学技术研究和安全生产先进技术的推广应用，提高安全生产水平。

第十九条　国家对在改善安全生产条件、防止生产安全事故、参加抢险救护等方面取得显著成绩的单位和个人，给予奖励。

第二章　生产经营单位的安全生产保障

第二十条　生产经营单位应当具备本法和有关法律、行政法规和国家标准或者行业标准规定的安全生产条件；不具备安全生产条件的，不得从事生产经营活动。

第二十一条　生产经营单位的主要负责人对本单位安全生产工作负有下列职责：

（一）建立健全并落实本单位全员安全生产责任制，加强安全生产标准化建设；

（二）组织制定并实施本单位安全生产规章制度和操作规程；

（三）组织制定并实施本单位安全生产教育和培训计划；

（四）保证本单位安全生产投入的有效实施；

（五）组织建立并落实安全风险分级管控和隐患排查治理双重预防工作机制，督促、检查本单位的安全生产工作，及时消除生产安全事故隐患；

（六）组织制定并实施本单位的生产安全事故应急救援预案；

（七）及时、如实报告生产安全事故。

第二十二条　生产经营单位的全员安全生产责任制应当明确各岗位的责任人员、责任范围和考核标准等内容。

生产经营单位应当建立相应的机制，加强对全员安全生产责任制落实情况的监督考核，保证全员安全生产责任制的落实。

第二十三条　生产经营单位应当具备的安全生产条件所必需的资金投入，由生产经营单位的决策机构、主要负责人或者个人经营的投资人予以保证，并对由于安全生产所必需的资金投入不足导致的后果承担责任。

有关生产经营单位应当按照规定提取和使用安全生产费用，专门用于改善安全生产条件。安全生产费用在成本中据实列支。安全生产费用提取、使用和监督管理的具体办法由国务院财政部门会同国务院应急管理部门征求国务院有关部门意见后制定。

第二十四条 矿山、金属冶炼、建筑施工、运输单位和危险物品的生产、经营、储存、装卸单位，应当设置安全生产管理机构或者配备专职安全生产管理人员。

前款规定以外的其他生产经营单位，从业人员超过一百人的，应当设置安全生产管理机构或者配备专职安全生产管理人员；从业人员在一百人以下的，应当配备专职或者兼职的安全生产管理人员。

第二十五条 生产经营单位的安全生产管理机构以及安全生产管理人员履行下列职责：

（一）组织或者参与拟订本单位安全生产规章制度、操作规程和生产安全事故应急救援预案；

（二）组织或者参与本单位安全生产教育和培训，如实记录安全生产教育和培训情况；

（三）组织开展危险源辨识和评估，督促落实本单位重大危险源的安全管理措施；

（四）组织或者参与本单位应急救援演练；

（五）检查本单位的安全生产状况，及时排查生产安全事故隐患，提出改进安全生产管理的建议；

（六）制止和纠正违章指挥、强令冒险作业、违反操作规程的行为；

（七）督促落实本单位安全生产整改措施。

生产经营单位可以设置专职安全生产分管负责人，协助本单位主要负责人履行安全生产管理职责。

第二十六条 生产经营单位的安全生产管理机构以及安全生产管理人员

应当恪尽职守，依法履行职责。

生产经营单位作出涉及安全生产的经营决策，应当听取安全生产管理机构以及安全生产管理人员的意见。

生产经营单位不得因安全生产管理人员依法履行职责而降低其工资、福利等待遇或者解除与其订立的劳动合同。

危险物品的生产、储存单位以及矿山、金属冶炼单位的安全生产管理人员的任免，应当告知主管的负有安全生产监督管理职责的部门。

第二十七条　生产经营单位的主要负责人和安全生产管理人员必须具备与本单位所从事的生产经营活动相应的安全生产知识和管理能力。

危险物品的生产、经营、储存、装卸单位以及矿山、金属冶炼、建筑施工、运输单位的主要负责人和安全生产管理人员，应当由主管的负有安全生产监督管理职责的部门对其安全生产知识和管理能力考核合格。考核不得收费。

危险物品的生产、储存、装卸单位以及矿山、金属冶炼单位应当有注册安全工程师从事安全生产管理工作。鼓励其他生产经营单位聘用注册安全工程师从事安全生产管理工作。注册安全工程师按专业分类管理，具体办法由国务院人力资源和社会保障部门、国务院应急管理部门会同国务院有关部门制定。

第二十八条　生产经营单位应当对从业人员进行安全生产教育和培训，保证从业人员具备必要的安全生产知识，熟悉有关的安全生产规章制度和安全操作规程，掌握本岗位的安全操作技能，了解事故应急处理措施，知悉自身在安全生产方面的权利和义务。未经安全生产教育和培训合格的从业人员，不得上岗作业。

生产经营单位使用被派遣劳动者的，应当将被派遣劳动者纳入本单位从业人员统一管理，对被派遣劳动者进行岗位安全操作规程和安全操作技能的教育和培训。劳务派遣单位应当对被派遣劳动者进行必要的安全生产教育和培训。

生产经营单位接收中等职业学校、高等学校学生实习的，应当对实习学生进行相应的安全生产教育和培训，提供必要的劳动防护用品。学校应当协助生产经营单位对实习学生进行安全生产教育和培训。

生产经营单位应当建立安全生产教育和培训档案，如实记录安全生产教育和培训的时间、内容、参加人员以及考核结果等情况。

第二十九条 生产经营单位采用新工艺、新技术、新材料或者使用新设备，必须了解、掌握其安全技术特性，采取有效的安全防护措施，并对从业人员进行专门的安全生产教育和培训。

第三十条 生产经营单位的特种作业人员必须按照国家有关规定经专门的安全作业培训，取得相应资格，方可上岗作业。

特种作业人员的范围由国务院应急管理部门会同国务院有关部门确定。

第三十一条 生产经营单位新建、改建、扩建工程项目（以下统称建设项目）的安全设施，必须与主体工程同时设计、同时施工、同时投入生产和使用。安全设施投资应当纳入建设项目概算。

第三十二条 矿山、金属冶炼建设项目和用于生产、储存、装卸危险物品的建设项目，应当按照国家有关规定进行安全评价。

第三十三条 建设项目安全设施的设计人、设计单位应当对安全设施设计负责。

矿山、金属冶炼建设项目和用于生产、储存、装卸危险物品的建设项目的安全设施设计应当按照国家有关规定报经有关部门审查，审查部门及其负责审查的人员对审查结果负责。

第三十四条 矿山、金属冶炼建设项目和用于生产、储存、装卸危险物品的建设项目的施工单位必须按照批准的安全设施设计施工，并对安全设施的工程质量负责。

矿山、金属冶炼建设项目和用于生产、储存、装卸危险物品的建设项目竣工投入生产或者使用前，应当由建设单位负责组织对安全设施进行验收；验收合格后，方可投入生产和使用。负有安全生产监督管理职责的部门应当加强对建设单位验收活动和验收结果的监督核查。

第三十五条　生产经营单位应当在有较大危险因素的生产经营场所和有关设施、设备上，设置明显的安全警示标志。

第三十六条　安全设备的设计、制造、安装、使用、检测、维修、改造和报废，应当符合国家标准或者行业标准。

生产经营单位必须对安全设备进行经常性维护、保养，并定期检测，保证正常运转。维护、保养、检测应当作好记录，并由有关人员签字。

生产经营单位不得关闭、破坏直接关系生产安全的监控、报警、防护、救生设备、设施，或者篡改、隐瞒、销毁其相关数据、信息。

餐饮等行业的生产经营单位使用燃气的，应当安装可燃气体报警装置，并保障其正常使用。

第三十七条　生产经营单位使用的危险物品的容器、运输工具，以及涉及人身安全、危险性较大的海洋石油开采特种设备和矿山井下特种设备，必须按照国家有关规定，由专业生产单位生产，并经具有专业资质的检测、检验机构检测、检验合格，取得安全使用证或者安全标志，方可投入使用。检测、检验机构对检测、检验结果负责。

第三十八条　国家对严重危及生产安全的工艺、设备实行淘汰制度，具体目录由国务院应急管理部门会同国务院有关部门制定并公布。法律、行政法规对目录的制定另有规定的，适用其规定。

省、自治区、直辖市人民政府可以根据本地区实际情况制定并公布具体目录，对前款规定以外的危及生产安全的工艺、设备予以淘汰。

生产经营单位不得使用应当淘汰的危及生产安全的工艺、设备。

第三十九条　生产、经营、运输、储存、使用危险物品或者处置废弃危险物品的，由有关主管部门依照有关法律、法规的规定和国家标准或者行业标准审批并实施监督管理。

生产经营单位生产、经营、运输、储存、使用危险物品或者处置废弃危险物品，必须执行有关法律、法规和国家标准或者行业标准，建立专门的安全管理制度，采取可靠的安全措施，接受有关主管部门依法实施的监督管理。

第四十条 生产经营单位对重大危险源应当登记建档，进行定期检测、评估、监控，并制定应急预案，告知从业人员和相关人员在紧急情况下应当采取的应急措施。

生产经营单位应当按照国家有关规定将本单位重大危险源及有关安全措施、应急措施报有关地方人民政府应急管理部门和有关部门备案。有关地方人民政府应急管理部门和有关部门应当通过相关信息系统实现信息共享。

第四十一条 生产经营单位应当建立安全风险分级管控制度，按照安全风险分级采取相应的管控措施。

生产经营单位应当建立健全并落实生产安全事故隐患排查治理制度，采取技术、管理措施，及时发现并消除事故隐患。事故隐患排查治理情况应当如实记录，并通过职工大会或者职工代表大会、信息公示栏等方式向从业人员通报。其中，重大事故隐患排查治理情况应当及时向负有安全生产监督管理职责的部门和职工大会或者职工代表大会报告。

县级以上地方各级人民政府负有安全生产监督管理职责的部门应当将重大事故隐患纳入相关信息系统，建立健全重大事故隐患治理督办制度，督促生产经营单位消除重大事故隐患。

第四十二条 生产、经营、储存、使用危险物品的车间、商店、仓库不得与员工宿舍在同一座建筑物内，并应当与员工宿舍保持安全距离。

生产经营场所和员工宿舍应当设有符合紧急疏散要求、标志明显、保持畅通的出口、疏散通道。禁止占用、锁闭、封堵生产经营场所或者员工宿舍的出口、疏散通道。

第四十三条 生产经营单位进行爆破、吊装、动火、临时用电以及国务院应急管理部门会同国务院有关部门规定的其他危险作业，应当安排专门人员进行现场安全管理，确保操作规程的遵守和安全措施的落实。

第四十四条 生产经营单位应当教育和督促从业人员严格执行本单位的安全生产规章制度和安全操作规程；并向从业人员如实告知作业场所和工作

岗位存在的危险因素、防范措施以及事故应急措施。

生产经营单位应当关注从业人员的身体、心理状况和行为习惯，加强对从业人员的心理疏导、精神慰藉，严格落实岗位安全生产责任，防范从业人员行为异常导致事故发生。

第四十五条 生产经营单位必须为从业人员提供符合国家标准或者行业标准的劳动防护用品，并监督、教育从业人员按照使用规则佩戴、使用。

第四十六条 生产经营单位的安全生产管理人员应当根据本单位的生产经营特点，对安全生产状况进行经常性检查；对检查中发现的安全问题，应当立即处理；不能处理的，应当及时报告本单位有关负责人，有关负责人应当及时处理。检查及处理情况应当如实记录在案。

生产经营单位的安全生产管理人员在检查中发现重大事故隐患，依照前款规定向本单位有关负责人报告，有关负责人不及时处理的，安全生产管理人员可以向主管的负有安全生产监督管理职责的部门报告，接到报告的部门应当依法及时处理。

第四十七条 生产经营单位应当安排用于配备劳动防护用品、进行安全生产培训的经费。

第四十八条 两个以上生产经营单位在同一作业区域内进行生产经营活动，可能危及对方生产安全的，应当签订安全生产管理协议，明确各自的安全生产管理职责和应当采取的安全措施，并指定专职安全生产管理人员进行安全检查与协调。

第四十九条 生产经营单位不得将生产经营项目、场所、设备发包或者出租给不具备安全生产条件或者相应资质的单位或者个人。

生产经营项目、场所发包或者出租给其他单位的，生产经营单位应当与承包单位、承租单位签订专门的安全生产管理协议，或者在承包合同、租赁合同中约定各自的安全生产管理职责；生产经营单位对承包单位、承租单位的安全生产工作统一协调、管理，定期进行安全检查，发现安全问题的，应当及时督促整改。

矿山、金属冶炼建设项目和用于生产、储存、装卸危险物品的建设项目的施工单位应当加强对施工项目的安全管理，不得倒卖、出租、出借、挂靠或者以其他形式非法转让施工资质，不得将其承包的全部建设工程转包给第三人或者将其承包的全部建设工程支解以后以分包的名义分别转包给第三人，不得将工程分包给不具备相应资质条件的单位。

第五十条 生产经营单位发生生产安全事故时，单位的主要负责人应当立即组织抢救，并不得在事故调查处理期间擅离职守。

第五十一条 生产经营单位必须依法参加工伤保险，为从业人员缴纳保险费。

国家鼓励生产经营单位投保安全生产责任保险；属于国家规定的高危行业、领域的生产经营单位，应当投保安全生产责任保险。具体范围和实施办法由国务院应急管理部门会同国务院财政部门、国务院保险监督管理机构和相关行业主管部门制定。

第三章 从业人员的安全生产权利义务

第五十二条 生产经营单位与从业人员订立的劳动合同，应当载明有关保障从业人员劳动安全、防止职业危害的事项，以及依法为从业人员办理工伤保险的事项。

生产经营单位不得以任何形式与从业人员订立协议，免除或者减轻其对从业人员因生产安全事故伤亡依法应承担的责任。

第五十三条 生产经营单位的从业人员有权了解其作业场所和工作岗位存在的危险因素、防范措施及事故应急措施，有权对本单位的安全生产工作提出建议。

第五十四条 从业人员有权对本单位安全生产工作中存在的问题提出批评、检举、控告；有权拒绝违章指挥和强令冒险作业。

生产经营单位不得因从业人员对本单位安全生产工作提出批评、检举、控告或者拒绝违章指挥、强令冒险作业而降低其工资、福利等待遇或者解除与其订立的劳动合同。

第五十五条　从业人员发现直接危及人身安全的紧急情况时，有权停止作业或者在采取可能的应急措施后撤离作业场所。

生产经营单位不得因从业人员在前款紧急情况下停止作业或者采取紧急撤离措施而降低其工资、福利等待遇或者解除与其订立的劳动合同。

第五十六条　生产经营单位发生生产安全事故后，应当及时采取措施救治有关人员。

因生产安全事故受到损害的从业人员，除依法享有工伤保险外，依照有关民事法律尚有获得赔偿的权利的，有权提出赔偿要求。

第五十七条　从业人员在作业过程中，应当严格落实岗位安全责任，遵守本单位的安全生产规章制度和操作规程，服从管理，正确佩戴和使用劳动防护用品。

第五十八条　从业人员应当接受安全生产教育和培训，掌握本职工作所需的安全生产知识，提高安全生产技能，增强事故预防和应急处理能力。

第五十九条　从业人员发现事故隐患或者其他不安全因素，应当立即向现场安全生产管理人员或者本单位负责人报告；接到报告的人员应当及时予以处理。

第六十条　工会有权对建设项目的安全设施与主体工程同时设计、同时施工、同时投入生产和使用进行监督，提出意见。

工会对生产经营单位违反安全生产法律、法规，侵犯从业人员合法权益的行为，有权要求纠正；发现生产经营单位违章指挥、强令冒险作业或者发现事故隐患时，有权提出解决的建议，生产经营单位应当及时研究答复；发现危及从业人员生命安全的情况时，有权向生产经营单位建议组织从业人员撤离危险场所，生产经营单位必须立即作出处理。

工会有权依法参加事故调查，向有关部门提出处理意见，并要求追究有关人员的责任。

第六十一条　生产经营单位使用被派遣劳动者的，被派遣劳动者享有本法规定的从业人员的权利，并应当履行本法规定的从业人员的义务。

第四章 安全生产的监督管理

第六十二条 县级以上地方各级人民政府应当根据本行政区域内的安全生产状况，组织有关部门按照职责分工，对本行政区域内容易发生重大生产安全事故的生产经营单位进行严格检查。

应急管理部门应当按照分类分级监督管理的要求，制定安全生产年度监督检查计划，并按照年度监督检查计划进行监督检查，发现事故隐患，应当及时处理。

第六十三条 负有安全生产监督管理职责的部门依照有关法律、法规的规定，对涉及安全生产的事项需要审查批准（包括批准、核准、许可、注册、认证、颁发证照等，下同）或者验收的，必须严格依照有关法律、法规和国家标准或者行业标准规定的安全生产条件和程序进行审查；不符合有关法律、法规和国家标准或者行业标准规定的安全生产条件的，不得批准或者验收通过。对未依法取得批准或者验收合格的单位擅自从事有关活动的，负责行政审批的部门发现或者接到举报后应当立即予以取缔，并依法予以处理。对已经依法取得批准的单位，负责行政审批的部门发现其不再具备安全生产条件的，应当撤销原批准。

第六十四条 负有安全生产监督管理职责的部门对涉及安全生产的事项进行审查、验收，不得收取费用；不得要求接受审查、验收的单位购买其指定品牌或者指定生产、销售单位的安全设备、器材或者其他产品。

第六十五条 应急管理部门和其他负有安全生产监督管理职责的部门依法开展安全生产行政执法工作，对生产经营单位执行有关安全生产的法律、法规和国家标准或者行业标准的情况进行监督检查，行使以下职权：

（一）进入生产经营单位进行检查，调阅有关资料，向有关单位和人员了解情况；

（二）对检查中发现的安全生产违法行为，当场予以纠正或者要求限期改正；对依法应当给予行政处罚的行为，依照本法和其他有关法律、行政法规的规定作出行政处罚决定；

（三）对检查中发现的事故隐患，应当责令立即排除；重大事故隐患排除前或者排除过程中无法保证安全的，应当责令从危险区域内撤出作业人员，责令暂时停产停业或者停止使用相关设施、设备；重大事故隐患排除后，经审查同意，方可恢复生产经营和使用；

（四）对有根据认为不符合保障安全生产的国家标准或者行业标准的设施、设备、器材以及违法生产、储存、使用、经营、运输的危险物品予以查封或者扣押，对违法生产、储存、使用、经营危险物品的作业场所予以查封，并依法作出处理决定。

监督检查不得影响被检查单位的正常生产经营活动。

第六十六条 生产经营单位对负有安全生产监督管理职责的部门的监督检查人员（以下统称安全生产监督检查人员）依法履行监督检查职责，应当予以配合，不得拒绝、阻挠。

第六十七条 安全生产监督检查人员应当忠于职守，坚持原则，秉公执法。

安全生产监督检查人员执行监督检查任务时，必须出示有效的行政执法证件；对涉及被检查单位的技术秘密和业务秘密，应当为其保密。

第六十八条 安全生产监督检查人员应当将检查的时间、地点、内容、发现的问题及其处理情况，作出书面记录，并由检查人员和被检查单位的负责人签字；被检查单位的负责人拒绝签字的，检查人员应当将情况记录在案，并向负有安全生产监督管理职责的部门报告。

第六十九条 负有安全生产监督管理职责的部门在监督检查中，应当互相配合，实行联合检查；确需分别进行检查的，应当互通情况，发现存在的安全问题应当由其他有关部门进行处理的，应当及时移送其他有关部门并形成记录备查，接受移送的部门应当及时进行处理。

第七十条 负有安全生产监督管理职责的部门依法对存在重大事故隐患

的生产经营单位作出停产停业、停止施工、停止使用相关设施或者设备的决定，生产经营单位应当依法执行，及时消除事故隐患。生产经营单位拒不执行，有发生生产安全事故的现实危险的，在保证安全的前提下，经本部门主要负责人批准，负有安全生产监督管理职责的部门可以采取通知有关单位停止供电、停止供应民用爆炸物品等措施，强制生产经营单位履行决定。通知应当采用书面形式，有关单位应当予以配合。

负有安全生产监督管理职责的部门依照前款规定采取停止供电措施，除有危及生产安全的紧急情形外，应当提前二十四小时通知生产经营单位。生产经营单位依法履行行政决定、采取相应措施消除事故隐患的，负有安全生产监督管理职责的部门应当及时解除前款规定的措施。

第七十一条 监察机关依照监察法的规定，对负有安全生产监督管理职责的部门及其工作人员履行安全生产监督管理职责实施监察。

第七十二条 承担安全评价、认证、检测、检验职责的机构应当具备国家规定的资质条件，并对其作出的安全评价、认证、检测、检验结果的合法性、真实性负责。资质条件由国务院应急管理部门会同国务院有关部门制定。

承担安全评价、认证、检测、检验职责的机构应当建立并实施服务公开和报告公开制度，不得租借资质、挂靠、出具虚假报告。

第七十三条 负有安全生产监督管理职责的部门应当建立举报制度，公开举报电话、信箱或者电子邮件地址等网络举报平台，受理有关安全生产的举报；受理的举报事项经调查核实后，应当形成书面材料；需要落实整改措施的，报经有关负责人签字并督促落实。对不属于本部门职责，需要由其他有关部门进行调查处理的，转交其他有关部门处理。

涉及人员死亡的举报事项，应当由县级以上人民政府组织核查处理。

第七十四条 任何单位或者个人对事故隐患或者安全生产违法行为，均有权向负有安全生产监督管理职责的部门报告或者举报。

因安全生产违法行为造成重大事故隐患或者导致重大事故，致使国家利益或者社会公共利益受到侵害的，人民检察院可以根据民事诉讼法、行政诉讼法的相关规定提起公益诉讼。

第七十五条　居民委员会、村民委员会发现其所在区域内的生产经营单位存在事故隐患或者安全生产违法行为时，应当向当地人民政府或者有关部门报告。

第七十六条　县级以上各级人民政府及其有关部门对报告重大事故隐患或者举报安全生产违法行为的有功人员，给予奖励。具体奖励办法由国务院应急管理部门会同国务院财政部门制定。

第七十七条　新闻、出版、广播、电影、电视等单位有进行安全生产公益宣传教育的义务，有对违反安全生产法律、法规的行为进行舆论监督的权利。

第七十八条　负有安全生产监督管理职责的部门应当建立安全生产违法行为信息库，如实记录生产经营单位及其有关从业人员的安全生产违法行为信息；对违法行为情节严重的生产经营单位及其有关从业人员，应当及时向社会公告，并通报行业主管部门、投资主管部门、自然资源主管部门、生态环境主管部门、证券监督管理机构以及有关金融机构。有关部门和机构应当对存在失信行为的生产经营单位及其有关从业人员采取加大执法检查频次、暂停项目审批、上调有关保险费率、行业或者职业禁入等联合惩戒措施，并向社会公示。

负有安全生产监督管理职责的部门应当加强对生产经营单位行政处罚信息的及时归集、共享、应用和公开，对生产经营单位作出处罚决定后七个工作日内在监督管理部门公示系统予以公开曝光，强化对违法失信生产经营单位及其有关从业人员的社会监督，提高全社会安全生产诚信水平。

第五章　生产安全事故的应急救援与调查处理

第七十九条　国家加强生产安全事故应急能力建设，在重点行业、领域建立应急救援基地和应急救援队伍，并由国家安全生产应急救援机构统一协调指挥；鼓励生产经营单位和其他社会力量建立应急救援队伍，配备相应的应急救援装备和物资，提高应急救援的专业化水平。

国务院应急管理部门牵头建立全国统一的生产安全事故应急救援信息系统，国务院交通运输、住房和城乡建设、水利、民航等有关部门和县级以上地方人民政府建立健全相关行业、领域、地区的生产安全事故应急救援信息系统，实现互联互通、信息共享，通过推行网上安全信息采集、安全监管和监测预警，提升监管的精准化、智能化水平。

第八十条 县级以上地方各级人民政府应当组织有关部门制定本行政区域内生产安全事故应急救援预案，建立应急救援体系。

乡镇人民政府和街道办事处，以及开发区、工业园区、港区、风景区等应当制定相应的生产安全事故应急救援预案，协助人民政府有关部门或者按照授权依法履行生产安全事故应急救援工作职责。

第八十一条 生产经营单位应当制定本单位生产安全事故应急救援预案，与所在地县级以上地方人民政府组织制定的生产安全事故应急救援预案相衔接，并定期组织演练。

第八十二条 危险物品的生产、经营、储存单位以及矿山、金属冶炼、城市轨道交通运营、建筑施工单位应当建立应急救援组织；生产经营规模较小的，可以不建立应急救援组织，但应当指定兼职的应急救援人员。

危险物品的生产、经营、储存、运输单位以及矿山、金属冶炼、城市轨道交通运营、建筑施工单位应当配备必要的应急救援器材、设备和物资，并进行经常性维护、保养，保证正常运转。

第八十三条 生产经营单位发生生产安全事故后，事故现场有关人员应当立即报告本单位负责人。

单位负责人接到事故报告后，应当迅速采取有效措施，组织抢救，防止事故扩大，减少人员伤亡和财产损失，并按照国家有关规定立即如实报告当地负有安全生产监督管理职责的部门，不得隐瞒不报、谎报或者迟报，不得故意破坏事故现场、毁灭有关证据。

第八十四条 负有安全生产监督管理职责的部门接到事故报告后，应当立即按照国家有关规定上报事故情况。负有安全生产监督管理职责的部门和有关地方人民政府对事故情况不得隐瞒不报、谎报或者迟报。

第八十五条 有关地方人民政府和负有安全生产监督管理职责的部门的负责人接到生产安全事故报告后，应当按照生产安全事故应急救援预案的要求立即赶到事故现场，组织事故抢救。

参与事故抢救的部门和单位应当服从统一指挥，加强协同联动，采取有效的应急救援措施，并根据事故救援的需要采取警戒、疏散等措施，防止事故扩大和次生灾害的发生，减少人员伤亡和财产损失。

事故抢救过程中应当采取必要措施，避免或者减少对环境造成的危害。

任何单位和个人都应当支持、配合事故抢救，并提供一切便利条件。

第八十六条 事故调查处理应当按照科学严谨、依法依规、实事求是、注重实效的原则，及时、准确地查清事故原因，查明事故性质和责任，评估应急处置工作，总结事故教训，提出整改措施，并对事故责任单位和人员提出处理建议。事故调查报告应当依法及时向社会公布。事故调查和处理的具体办法由国务院制定。

事故发生单位应当及时全面落实整改措施，负有安全生产监督管理职责的部门应当加强监督检查。

负责事故调查处理的国务院有关部门和地方人民政府应当在批复事故调查报告后一年内，组织有关部门对事故整改和防范措施落实情况进行评估，并及时向社会公开评估结果；对不履行职责导致事故整改和防范措施没有落实的有关单位和人员，应当按照有关规定追究责任。

第八十七条 生产经营单位发生生产安全事故，经调查确定为责任事故的，除了应当查明事故单位的责任并依法予以追究外，还应当查明对安全生产的有关事项负有审查批准和监督职责的行政部门的责任，对有失职、渎职行为的，依照本法第九十条的规定追究法律责任。

第八十八条 任何单位和个人不得阻挠和干涉对事故的依法调查处理。

第八十九条 县级以上地方各级人民政府应急管理部门应当定期统计分

析本行政区域内发生生产安全事故的情况，并定期向社会公布。

第六章 法律责任

第九十条 负有安全生产监督管理职责的部门的工作人员，有下列行为之一的，给予降级或者撤职的处分；构成犯罪的，依照刑法有关规定追究刑事责任：

（一）对不符合法定安全生产条件的涉及安全生产的事项予以批准或者验收通过的；

（二）发现未依法取得批准、验收的单位擅自从事有关活动或者接到举报后不予取缔或者不依法予以处理的；

（三）对已经依法取得批准的单位不履行监督管理职责，发现其不再具备安全生产条件而不撤销原批准或者发现安全生产违法行为不予查处的；

（四）在监督检查中发现重大事故隐患，不依法及时处理的。

负有安全生产监督管理职责的部门的工作人员有前款规定以外的滥用职权、玩忽职守、徇私舞弊行为的，依法给予处分；构成犯罪的，依照刑法有关规定追究刑事责任。

第九十一条 负有安全生产监督管理职责的部门，要求被审查、验收的单位购买其指定的安全设备、器材或者其他产品的，在对安全生产事项的审查、验收中收取费用的，由其上级机关或者监察机关责令改正，责令退还收取的费用；情节严重的，对直接负责的主管人员和其他直接责任人员依法给予处分。

第九十二条 承担安全评价、认证、检测、检验职责的机构出具失实报告的，责令停业整顿，并处三万元以上十万元以下的罚款；给他人造成损害的，依法承担赔偿责任。

承担安全评价、认证、检测、检验职责的机构租借资质、挂靠、出具虚假报告的，没收违法所得；违法所得在十万元以上的，并处违法所得二倍以上五倍以下的罚款，没有违法所得或者违法所得不足十万元的，单处或者并处十万元以上二十万元以下的罚款；对其直接负责的主管人员和其他直接责任人员处五万元以上十万元以下的罚款；给他人造成损害的，与生产经营单位承担连带赔偿责任；构成犯罪的，依照刑法有关规定追究刑事责任。

对有前款违法行为的机构及其直接责任人员，吊销其相应资质和资格，五年内不得从事安全评价、认证、检测、检验等工作；情节严重的，实行终身行业和职业禁入。

第九十三条 生产经营单位的决策机构、主要负责人或者个人经营的投资人不依照本法规定保证安全生产所必需的资金投入，致使生产经营单位不具备安全生产条件的，责令限期改正，提供必需的资金；逾期未改正的，责令生产经营单位停产停业整顿。

有前款违法行为，导致发生生产安全事故的，对生产经营单位的主要负责人给予撤职处分，对个人经营的投资人处二万元以上二十万元以下的罚款；构成犯罪的，依照刑法有关规定追究刑事责任。

第九十四条 生产经营单位的主要负责人未履行本法规定的安全生产管理职责的，责令限期改正，处二万元以上五万元以下的罚款；逾期未改正的，处五万元以上十万元以下的罚款，责令生产经营单位停产停业整顿。

生产经营单位的主要负责人有前款违法行为，导致发生生产安全事故的，给予撤职处分；构成犯罪的，依照刑法有关规定追究刑事责任。

生产经营单位的主要负责人依照前款规定受刑事处罚或者撤职处分的，自刑罚执行完毕或者受处分之日起，五年内不得担任任何生产经营单位的主要负责人；对重大、特别重大生产安全事故负有责任的，终身不得担任本行业生产经营单位的主要负责人。

第九十五条 生产经营单位的主要负责人未履行本法规定的安全生产管理职责，导致发生生产安全事故的，由应急管理部门依照下列规定处以罚款：

（一）发生一般事故的，处上一年年收入百分之四十的罚款；

（二）发生较大事故的，处上一年年收入百分之六十的罚款；

（三）发生重大事故的，处上一年年收入百分之八十的罚款；

（四）发生特别重大事故的，处上一年年收入百分之一百的罚款。

第九十六条 生产经营单位的其他负责人和安全生产管理人员未履行本法规定的安全生产管理职责的，责令限期改正，处一万元以上三万元以下的罚款；导致发生生产安全事故的，暂停或者吊销其与安全生产有关的资格，并处上一年年收入百分之二十以上百分之五十以下的罚款；构成犯罪的，依照刑法有关规定追究刑事责任。

第九十七条 生产经营单位有下列行为之一的，责令限期改正，处十万元以下的罚款；逾期未改正的，责令停产停业整顿，并处十万元以上二十万元以下的罚款，对其直接负责的主管人员和其他直接责任人员处二万元以上五万元以下的罚款：

（一）未按照规定设置安全生产管理机构或者配备安全生产管理人员、注册安全工程师的；

（二）危险物品的生产、经营、储存、装卸单位以及矿山、金属冶炼、建筑施工、运输单位的主要负责人和安全生产管理人员未按照规定经考核合格的；

（三）未按照规定对从业人员、被派遣劳动者、实习学生进行安全生产教育和培训，或者未按照规定如实告知有关的安全生产事项的；

（四）未如实记录安全生产教育和培训情况的；

（五）未将事故隐患排查治理情况如实记录或者未向从业人员通报的；

（六）未按照规定制定生产安全事故应急救援预案或者未定期组织演练的；

（七）特种作业人员未按照规定经专门的安全作业培训并取得相应资格，上岗作业的。

第九十八条 生产经营单位有下列行为之一的，责令停止建设或者停产停业整顿，限期改正，并处十万元以上五十万元以下的罚款，对其直接负责的主管人员和其他直接责任人员处二万元以上五万元以下的罚款；逾期未改正的，处五十万元以上一百万元以下的罚款，对其直接负责的主管人员和其他直接责任人员处五万元以上十万元以下的罚款；构成犯罪的，依照刑法有关规定追究刑事责任：

（一）未按照规定对矿山、金属冶炼建设项目或者用于生产、储存、装卸危险物品的建设项目进行安全评价的；

（二）矿山、金属冶炼建设项目或者用于生产、储存、装卸危险物品的建设项目没有安全设施设计或者安全设施设计未按照规定报经有关部门审查同意的；

（三）矿山、金属冶炼建设项目或者用于生产、储存、装卸危险物品的建设项目的施工单位未按照批准的安全设施设计施工的；

（四）矿山、金属冶炼建设项目或者用于生产、储存、装卸危险物品的建设项目竣工投入生产或者使用前，安全设施未经验收合格的。

第九十九条 生产经营单位有下列行为之一的，责令限期改正，处五万元以下的罚款；逾期未改正的，处五万元以上二十万元以下的罚款，对其直接负责的主管人员和其他直接责任人员处一万元以上二万元以下的罚款；情节严重的，责令停产停业整顿；构成犯罪的，依照刑法有关规定追究刑事责任：

（一）未在有较大危险因素的生产经营场所和有关设施、设备上设置明显的安全警示标志的；

（二）安全设备的安装、使用、检测、改造和报废不符合国家标准或者行业标准的；

（三）未对安全设备进行经常性维护、保养和定期检测的；

（四）关闭、破坏直接关系生产安全的监控、报警、防护、救生设备、设施，或者篡改、隐瞒、销毁其相关数据、信息的；

（五）未为从业人员提供符合国家标准或者行业标准的劳动防护用品的；

（六）危险物品的容器、运输工具，以及涉及人身安全、危险性较大的海洋石油开采特种设备和矿山井下特种设备未经具有专业资质的机构检测、检验合格，取得安全使用证或者安全标志，投入使用的；

（七）使用应当淘汰的危及生产安全的工艺、设备的；

（八）餐饮等行业的生产经营单位使用燃气未安装可燃气体报警装置的。

第一百条　未经依法批准，擅自生产、经营、运输、储存、使用危险物品或者处置废弃危险物品的，依照有关危险物品安全管理的法律、行政法规的规定予以处罚；构成犯罪的，依照刑法有关规定追究刑事责任。

第一百零一条　生产经营单位有下列行为之一的，责令限期改正，处十万元以下的罚款；逾期未改正的，责令停产停业整顿，并处十万元以上二十万元以下的罚款，对其直接负责的主管人员和其他直接责任人员处二万元以上五万元以下的罚款；构成犯罪的，依照刑法有关规定追究刑事责任：

（一）生产、经营、运输、储存、使用危险物品或者处置废弃危险物品，未建立专门安全管理制度、未采取可靠的安全措施的；

（二）对重大危险源未登记建档，未进行定期检测、评估、监控，未制定应急预案，或者未告知应急措施的；

（三）进行爆破、吊装、动火、临时用电以及国务院应急管理部门会同国务院有关部门规定的其他危险作业，未安排专门人员进行现场安全管理的；

（四）未建立安全风险分级管控制度或者未按照安全风险分级采取相应管控措施的；

（五）未建立事故隐患排查治理制度，或者重大事故隐患排查治理情况未按照规定报告的。

第一百零二条　生产经营单位未采取措施消除事故隐患的，责令立即消除或者限期消除，处五万元以下的罚款；生产经营单位拒不执行的，责令停产停业整顿，对其直接负责的主管人员和其他直接责任人员处五万元以上十万元以下的罚款；构成犯罪的，依照刑法有关规定追究刑事责任。

第一百零三条　生产经营单位将生产经营项目、场所、设备发包或者出租给不具备安全生产条件或者相应资质的单位或者个人的，责令限期改正，没收违法所得；违法所得十万元以上的，并处违法所得二倍以上五倍以下的罚款；没有违法所得或者违法所得不足十万元的，单处或者并处十万元以上二十万元以下的罚款；对其直接负责的主管人员和其他直接责任人员处一万元以上二万元以下的罚款；导致发生生产安全事故给他人造成损害的，与承包方、承租方承担连带赔偿责任。

生产经营单位未与承包单位、承租单位签订专门的安全生产管理协议或者未在承包合同、租赁合同中明确各自的安全生产管理职责，或者未对承包单位、承租单位的安全生产统一协调、管理的，责令限期改正，处五万元以下的罚款，对其直接负责的主管人员和其他直接责任人员处一万元以下的罚款；逾期未改正的，责令停产停业整顿。

矿山、金属冶炼建设项目和用于生产、储存、装卸危险物品的建设项目的施工单位未按照规定对施工项目进行安全管理的，责令限期改正，处十万元以下的罚款，对其直接负责的主管人员和其他直接责任人员处二万元以下的罚款；逾期未改正的，责令停产停业整顿。以上施工单位倒卖、出租、出借、挂靠或者以其他形式非法转让施工资质的，责令停产停业整顿，吊销资质证书，没收违法所得；违法所得十万元以上的，并处违法所得二倍以上五倍以下的罚款，没有违法所得或者违法所得不足十万元的，单处或者并处十万元以上二十万元以下的罚款；对其直接负责的主管人员和其他直接责任人员处五万元以上十万元以下的罚款；构成犯罪的，依照刑法有关规定追究刑事责任。

第一百零四条　两个以上生产经营单位在同一作业区域内进行可能危及对方安全生产的生产经营活动，未签订安全生产管理协议或者未指定专职安全生产管理人员进行安全检查与协调的，责令限期改正，处五万元以下的罚款，对其直接负责的主管人员和其他直接责任人员处一万元以下的罚款；逾期未改正的，责令停产停业。

第一百零五条　生产经营单位有下列行为之一的，责令限期改正，处五万元以下的罚款，对其直接负责的主管人员和其他直接责任人员处一万元以下的罚款；逾期未改正的，责令停产停业整顿；构成犯罪的，依照刑法有关规定追究刑事责任：

（一）生产、经营、储存、使用危险物品的车间、商店、仓库与员工宿舍在同一座建筑内，或者与员工宿舍的距离不符合安全要求的；

（二）生产经营场所和员工宿舍未设有符合紧急疏散需要、标志明显、保持畅通的出口、疏散通道，或者占用、锁闭、封堵生产经营场所或者员工宿舍出口、疏散通道的。

第一百零六条 生产经营单位与从业人员订立协议，免除或者减轻其对从业人员因生产安全事故伤亡依法应承担的责任的，该协议无效；对生产经营单位的主要负责人、个人经营的投资人处二万元以上十万元以下的罚款。

第一百零七条 生产经营单位的从业人员不落实岗位安全责任，不服从管理，违反安全生产规章制度或者操作规程的，由生产经营单位给予批评教育，依照有关规章制度给予处分；构成犯罪的，依照刑法有关规定追究刑事责任。

第一百零八条 违反本法规定，生产经营单位拒绝、阻碍负有安全生产监督管理职责的部门依法实施监督检查的，责令改正；拒不改正的，处二万元以上二十万元以下的罚款；对其直接负责的主管人员和其他直接责任人员处一万元以上二万元以下的罚款；构成犯罪的，依照刑法有关规定追究刑事责任。

第一百零九条 高危行业、领域的生产经营单位未按照国家规定投保安全生产责任保险的，责令限期改正，处五万元以上十万元以下的罚款；逾期未改正的，处十万元以上二十万元以下的罚款。

第一百一十条 生产经营单位的主要负责人在本单位发生生产安全事故时，不立即组织抢救或者在事故调查处理期间擅离职守或者逃匿的，给予降级、撤职的处分，并由应急管理部门处上一年年收入百分之六十至百分之一百的罚款；对逃匿的处十五日以下拘留；构成犯罪的，依照刑法有关规定追究刑事责任。

生产经营单位的主要负责人对生产安全事故隐瞒不报、谎报或者迟报的，依照前款规定处罚。

第一百一十一条 有关地方人民政府、负有安全生产监督管理职责的部门，对生产安全事故隐瞒不报、谎报或者迟报的，对直接负责的主管人员和其他直接责任人员依法给予处分；构成犯罪的，依照刑法有关规定追究刑事责任。

第一百一十二条 生产经营单位违反本法规定，被责令改正且受到罚款处罚，拒不改正的，负有安全生产监督管理职责的部门可以自作出责令改正之日的次日起，按照原处罚数额按日连续处罚。

第一百一十三条 生产经营单位存在下列情形之一的，负有安全生产监督管理职责的部门应当提请地方人民政府予以关闭，有关部门应当依法吊销其有关证照。生产经营单位主要负责人五年内不得担任任何生产经营单位的主要负责人；情节严重的，终身不得担任本行业生产经营单位的主要负责人：

（一）存在重大事故隐患，一百八十日内三次或者一年内四次受到本法规定的行政处罚的；

（二）经停产停业整顿，仍不具备法律、行政法规和国家标准或者行业标准规定的安全生产条件的；

（三）不具备法律、行政法规和国家标准或者行业标准规定的安全生产条件，导致发生重大、特别重大生产安全事故的；

（四）拒不执行负有安全生产监督管理职责的部门作出的停产停业整顿决定的。

第一百一十四条 发生生产安全事故，对负有责任的生产经营单位除要求其依法承担相应的赔偿等责任外，由应急管理部门依照下列规定处以罚款：

（一）发生一般事故的，处三十万元以上一百万元以下的罚款；

（二）发生较大事故的，处一百万元以上二百万元以下的罚款；

（三）发生重大事故的，处二百万元以上一千万元以下的罚款；

（四）发生特别重大事故的，处一千万元以上二千万元以下的罚款。

发生生产安全事故，情节特别严重、影响特别恶劣的，应急管理部门可以按照前款罚款数额的二倍以上五倍以下对负有责任的生产经营单位处以罚款。

第一百一十五条 本法规定的行政处罚，由应急管理部门和其他负有安全生产监督管理职责的部门按照职责分工决定；其中，根据本法第九十五条、第一百一十条、第一百一十四条的规定应当给予民航、铁路、电力行业的生产经营单位及其主要负责人行政处罚的，也可以由主管的负有安全生产监督管理职责的部门进行处罚。予以关闭的行政处罚，由负有安全生产监督管理职责的部门报请县级以上人民政府按照国务院规定的权限决定；给予拘留的行政处罚，由公安机关依照治安管理处罚的规定决定。

第一百一十六条 生产经营单位发生生产安全事故造成人员伤亡、他人财产损失的，应当依法承担赔偿责任；拒不承担或者其负责人逃匿的，由人民法院依法强制执行。

生产安全事故的责任人未依法承担赔偿责任，经人民法院依法采取执行措施后，仍不能对受害人给予足额赔偿的，应当继续履行赔偿义务；受害人发现责任人有其他财产的，可以随时请求人民法院执行。

第七章 附 则

第一百一十七条 本法下列用语的含义：

危险物品，是指易燃易爆物品、危险化学品、放射性物品等能够危及人身安全和财产安全的物品。

重大危险源，是指长期地或者临时地生产、搬运、使用或者储存危险物品，且危险物品的数量等于或者超过临界量的单元（包括场所和设施）。

第一百一十八条 本法规定的生产安全一般事故、较大事故、重大事故、特别重大事故的划分标准由国务院规定。

国务院应急管理部门和其他负有安全生产监督管理职责的部门应当根据各自的职责分工，制定相关行业、领域重大危险源的辨识标准和重大事故隐患的判定标准。

第一百一十九条 本法自 2002 年 11 月 1 日起施行。

全国人民代表大会常务委员会关于修改《中华人民共和国安全生产法》的决定

（2021年6月10日第十三届全国人民代表大会常务委员会第二十九次会议通过）

第十三届全国人民代表大会常务委员会第二十九次会议决定对《中华人民共和国安全生产法》作如下修改：

一、将第三条修改为："安全生产工作坚持中国共产党的领导。

"安全生产工作应当以人为本，坚持人民至上、生命至上，把保护人民生命安全摆在首位，树牢安全发展理念，坚持安全第一、预防为主、综合治理的方针，从源头上防范化解重大安全风险。

"安全生产工作实行管行业必须管安全、管业务必须管安全、管生产经营必须管安全，强化和落实生产经营单位主体责任与政府监管责任，建立生产经营单位负责、职工参与、政府监管、行业自律和社会监督的机制。"

二、将第四条修改为："生产经营单位必须遵守本法和其他有关安全生产的法律、法规，加强安全生产管理，建立健全全员安全生产责任制和安全生产规章制度，加大对安全生产资金、物资、技术、人员的投入保障力度，改善安全生产条件，加强安全生产标准化、信息化建设，构建安全风险分级管控和隐患排查治理双重预防机制，健全风险防范化解机制，提高安全生产水平，确保安全生产。

"平台经济等新兴行业、领域的生产经营单位应当根据本行业、领域的特点，建立健全并落实全员安全生产责任制，加强从业人员安全生产教育和培训，履行本法和其他法律、法规规定的有关安全生产义务。”

三、将第五条修改为：“生产经营单位的主要负责人是本单位安全生产第一责任人，对本单位的安全生产工作全面负责。其他负责人对职责范围内的安全生产工作负责。”

四、将第八条改为两条，作为第八条、第九条，修改为：“第八条　国务院和县级以上地方各级人民政府应当根据国民经济和社会发展规划制定安全生产规划，并组织实施。安全生产规划应当与国土空间规划等相关规划相衔接。

“各级人民政府应当加强安全生产基础设施建设和安全生产监管能力建设，所需经费列入本级预算。

“县级以上地方各级人民政府应当组织有关部门建立完善安全风险评估与论证机制，按照安全风险管控要求，进行产业规划和空间布局，并对位置相邻、行业相近、业态相似的生产经营单位实施重大安全风险联防联控。”

“第九条　国务院和县级以上地方各级人民政府应当加强对安全生产工作的领导，建立健全安全生产工作协调机制，支持、督促各有关部门依法履行安全生产监督管理职责，及时协调、解决安全生产监督管理中存在的重大问题。

“乡镇人民政府和街道办事处，以及开发区、工业园区、港区、风景区等应当明确负责安全生产监督管理的有关工作机构及其职责，加强安全生产监管力量建设，按照职责对本行政区域或者管理区域内生产经营单位安全生产状况进行监督检查，协助人民政府有关部门或者按照授权依法履行安全生产监督管理职责。”

五、将第九条改为第十条，修改为：“国务院应急管理部门依照本法，对全国安全生产工作实施综合监督管理；县级以上地方各级人民政府应急管理部门依照本法，对本行政区域内安全生产工作实施综合监督管理。

“国务院交通运输、住房和城乡建设、水利、民航等有关部门依照本法和其他有关法律、行政法规的规定，在各自的职责范围内对有关行业、领域的安全生产工作实施监督管理；县级以上地方各级人民政府有关部门依照本法和其他有关法律、法规的规定，在各自的职责范围内对有关行业、领域的安全生产工作实施监督管理。对新兴行业、领域的安全生产监督管理职责不明确的，由县级以上地方各级人民政府按照业务相近的原则确定监督管理部门。

“应急管理部门和对有关行业、领域的安全生产工作实施监督管理的部门，统称负有安全生产监督管理职责的部门。负有安全生产监督管理职责的部门应当相互配合、齐抓共管、信息共享、资源共用，依法加强安全生产监督管理工作。”

六、增加一条，作为第十二条：“国务院有关部门按照职责分工负责安全生产强制性国家标准的项目提出、组织起草、征求意见、技术审查。国务院应急管理部门统筹提出安全生产强制性国家标准的立项计划。国务院标准化行政主管部门负责安全生产强制性国家标准的立项、编号、对外通报和授权批准发布工作。国务院标准化行政主管部门、有关部门依据法定职责对安全生产强制性国家标准的实施进行监督检查。”

七、增加一条，作为第十七条：“县级以上各级人民政府应当组织负有安全生产监督管理职责的部门依法编制安全生产权力和责任清单，公开并接受社会监督。”

八、将第十八条改为第二十一条，修改为：“生产经营单位的主要负责人对本单位安全生产工作负有下列职责：

“（一）建立健全并落实本单位全员安全生产责任制，加强安全生产标准化建设；

“（二）组织制定并实施本单位安全生产规章制度和操作规程；

“（三）组织制定并实施本单位安全生产教育和培训计划；

“（四）保证本单位安全生产投入的有效实施；

“（五）组织建立并落实安全风险分级管控和隐患排查治理双重预防工作机制，督促、检查本单位的安全生产工作，及时消除生产安全事故隐患；

“（六）组织制定并实施本单位的生产安全事故应急救援预案；

“（七）及时、如实报告生产安全事故。”

九、将第二十二条改为第二十五条，修改为：“生产经营单位的安全生产管理机构以及安全生产管理人员履行下列职责：

“（一）组织或者参与拟订本单位安全生产规章制度、操作规程和生产安全事故应急救援预案；

“（二）组织或者参与本单位安全生产教育和培训，如实记录安全生产教育和培训情况；

“（三）组织开展危险源辨识和评估，督促落实本单位重大危险源的安全管理措施；

“（四）组织或者参与本单位应急救援演练；

“（五）检查本单位的安全生产状况，及时排查生产安全事故隐患，提出改进安全生产管理的建议；

“（六）制止和纠正违章指挥、强令冒险作业、违反操作规程的行为；

“（七）督促落实本单位安全生产整改措施。

“生产经营单位可以设置专职安全生产分管负责人，协助本单位主要负责人履行安全生产管理职责。”

十、将第三十三条改为第三十六条，增加两款，作为第三款、第四款：“生产经营单位不得关闭、破坏直接关系生产安全的监控、报警、防护、救生设备、设施，或者篡改、隐瞒、销毁其相关数据、信息。

“餐饮等行业的生产经营单位使用燃气的，应当安装可燃气体报警装置，并保障其正常使用。”

十一、将第三十七条改为第四十条，第二款修改为：“生产经营单位应当按照国家有关规定将本单位重大危险源及有关安全措施、应急措施报有关地方人民政府应急管理部门和有关部门备案。有关地方人民政府应急管理部门和有关部门应当通过相关信息系统实现信息共享。”

十二、将第三十八条改为第四十一条，修改为：“生产经营单位应当建立安全风险分级管控制度，按照安全风险分级采取相应的管控措施。

“生产经营单位应当建立健全并落实生产安全事故隐患排查治理制度，采取技术、管理措施，及时发现并消除事故隐患。事故隐患排查治理情况应当如实记录，并通过职工大会或者职工代表大会、信息公示栏等方式向从业人员通报。其中，重大事故隐患排查治理情况应当及时向负有安全生产监督管理职责的部门和职工大会或者职工代表大会报告。

“县级以上地方各级人民政府负有安全生产监督管理职责的部门应当将重大事故隐患纳入相关信息系统，建立健全重大事故隐患治理督办制度，督促生产经营单位消除重大事故隐患。”

十三、将第四十一条改为第四十四条，增加一款，作为第二款：“生产经营单位应当关注从业人员的身体、心理状况和行为习惯，加强对从业人员的心理疏导、精神慰藉，严格落实岗位安全生产责任，防范从业人员行为异常导致事故发生。”

十四、将第四十六条改为第四十九条，增加一款，作为第三款：“矿山、金属冶炼建设项目和用于生产、储存、装卸危险物品的建设项目的施工单位应当加强对施工项目的安全管理，不得倒卖、出租、出借、挂靠或者以其他形式非法转让施工资质，不得将其承包的全部建设工程转包给第三人或者将其承包的全部建设工程支解以后以分包的名义分别转包给第三人，不得将工程分包给不具备相应资质条件的单位。”

十五、将第四十八条改为第五十一条，第二款修改为：“国家鼓励生产经营单位投保安全生产责任保险；属于国家规定的高危行业、领域的生产经营单位，应当投保安全生产责任保险。具体范围和实施办法由国务院应急管理部门会同国务院财政部门、国务院保险监督管理机构和相关行业主管部门制定。”

十六、将第五十三条改为第五十六条，修改为：“生产经营单位发生生产安全事故后，应当及时采取措施救治有关人员。

“因生产安全事故受到损害的从业人员，除依法享有工伤保险外，依照有关民事法律尚有获得赔偿的权利的，有权提出赔偿要求。”

十七、将第五十四条改为第五十七条，修改为："从业人员在作业过程中，应当严格落实岗位安全责任，遵守本单位的安全生产规章制度和操作规程，服从管理，正确佩戴和使用劳动防护用品。"

十八、将第六十九条改为第七十二条，修改为："承担安全评价、认证、检测、检验职责的机构应当具备国家规定的资质条件，并对其作出的安全评价、认证、检测、检验结果的合法性、真实性负责。资质条件由国务院应急管理部门会同国务院有关部门制定。

"承担安全评价、认证、检测、检验职责的机构应当建立并实施服务公开和报告公开制度，不得租借资质、挂靠、出具虚假报告。"

十九、将第七十条改为第七十三条，修改为："负有安全生产监督管理职责的部门应当建立举报制度，公开举报电话、信箱或者电子邮件地址等网络举报平台，受理有关安全生产的举报；受理的举报事项经调查核实后，应当形成书面材料；需要落实整改措施的，报经有关负责人签字并督促落实。对不属于本部门职责，需要由其他有关部门进行调查处理的，转交其他有关部门处理。

"涉及人员死亡的举报事项，应当由县级以上人民政府组织核查处理。"

二十、将第七十一条改为第七十四条，增加一款，作为第二款："因安全生产违法行为造成重大事故隐患或者导致重大事故，致使国家利益或者社会公共利益受到侵害的，人民检察院可以根据民事诉讼法、行政诉讼法的相关规定提起公益诉讼。"

二十一、将第七十五条改为第七十八条，修改为："负有安全生产监督管理职责的部门应当建立安全生产违法行为信息库，如实记录生产经营单位及其有关从业人员的安全生产违法行为信息；对违法行为情节严重的生产经营单位及其有关从业人员，应当及时向社会公告，并通报行业主管部门、投资主管部门、自然资源主管部门、生态环境主管部门、证券监督管理机构以及有关金融机构。有关部门和机构应当对存在失信行为的生产经营单位及其有关从业人员采取加大执法检查频次、暂停项目审批、上调有关保险费率、行业或者职业禁入等联合惩戒措施，并向社会公示。

“负有安全生产监督管理职责的部门应当加强对生产经营单位行政处罚信息的及时归集、共享、应用和公开，对生产经营单位作出处罚决定后七个工作日内在监督管理部门公示系统予以公开曝光，强化对违法失信生产经营单位及其有关从业人员的社会监督，提高全社会安全生产诚信水平。”

二十二、将第七十六条改为第七十九条，修改为：“国家加强生产安全事故应急能力建设，在重点行业、领域建立应急救援基地和应急救援队伍，并由国家安全生产应急救援机构统一协调指挥；鼓励生产经营单位和其他社会力量建立应急救援队伍，配备相应的应急救援装备和物资，提高应急救援的专业化水平。

“国务院应急管理部门牵头建立全国统一的生产安全事故应急救援信息系统，国务院交通运输、住房和城乡建设、水利、民航等有关部门和县级以上地方人民政府建立健全相关行业、领域、地区的生产安全事故应急救援信息系统，实现互联互通、信息共享，通过推行网上安全信息采集、安全监管和监测预警，提升监管的精准化、智能化水平。”

二十三、将第七十七条改为第八十条，增加一款，作为第二款：“乡镇人民政府和街道办事处，以及开发区、工业园区、港区、风景区等应当制定相应的生产安全事故应急救援预案，协助人民政府有关部门或者按照授权依法履行生产安全事故应急救援工作职责。”

二十四、将第八十三条改为第八十六条，第一款修改为：“事故调查处理应当按照科学严谨、依法依规、实事求是、注重实效的原则，及时、准确地查清事故原因，查明事故性质和责任，评估应急处置工作，总结事故教训，提出整改措施，并对事故责任单位和人员提出处理建议。事故调查报告应当依法及时向社会公布。事故调查和处理的具体办法由国务院制定。”

增加一款，作为第三款：“负责事故调查处理的国务院有关部门和地方人民政府应当在批复事故调查报告后一年内，组织有关部门对事故整改和防范措施落实情况进行评估，并及时向社会公开评估结果；对不履行职责导致事故整改和防范措施没有落实的有关单位和人员，应当按照有关规定追究责任。”

二十五、将第八十九条改为第九十二条，修改为：“承担安全评价、认证、检测、检验职责的机构出具失实报告的，责令停业整顿，并处三万元以上十万元以下的罚款；给他人造成损害的，依法承担赔偿责任。

“承担安全评价、认证、检测、检验职责的机构租借资质、挂靠、出具虚假报告的，没收违法所得；违法所得在十万元以上的，并处违法所得二倍以上五倍以下的罚款，没有违法所得或者违法所得不足十万元的，单处或者并处十万元以上二十万元以下的罚款；对其直接负责的主管人员和其他直接责任人员处五万元以上十万元以下的罚款；给他人造成损害的，与生产经营单位承担连带赔偿责任；构成犯罪的，依照刑法有关规定追究刑事责任。

“对有前款违法行为的机构及其直接责任人员，吊销其相应资质和资格，五年内不得从事安全评价、认证、检测、检验等工作；情节严重的，实行终身行业和职业禁入。”

二十六、将第九十一条改为第九十四条，第一款修改为：“生产经营单位的主要负责人未履行本法规定的安全生产管理职责的，责令限期改正，处二万元以上五万元以下的罚款；逾期未改正的，处五万元以上十万元以下的罚款，责令生产经营单位停产停业整顿。”

二十七、将第九十二条改为第九十五条，修改为：“生产经营单位的主要负责人未履行本法规定的安全生产管理职责，导致发生生产安全事故的，由应急管理部门依照下列规定处以罚款：

“（一）发生一般事故的，处上一年年收入百分之四十的罚款；

“（二）发生较大事故的，处上一年年收入百分之六十的罚款；

“（三）发生重大事故的，处上一年年收入百分之八十的罚款；

“（四）发生特别重大事故的，处上一年年收入百分之一百的罚款。”

二十八、将第九十三条改为第九十六条，修改为：“生产经营单位的其他负责人和安全生产管理人员未履行本法规定的安全生产管理职责的，责令限期改正，处一万元以上三万元以下的罚款；导致发生生产安全事故的，暂停或者吊销其与安全生产有关的资格，并处上一年年收入百分之二十以上百分之五十以下的罚款；构成犯罪的，依照刑法有关规定追究刑事责任。”

二十九、将第九十四条改为第九十七条，修改为：“生产经营单位有下列行为之一的，责令限期改正，处十万元以下的罚款；逾期未改正的，责令停产停业整顿，并处十万元以上二十万元以下的罚款，对其直接负责的主管人员和其他直接责任人员处二万元以上五万元以下的罚款：

“（一）未按照规定设置安全生产管理机构或者配备安全生产管理人员、注册安全工程师的；

“（二）危险物品的生产、经营、储存、装卸单位以及矿山、金属冶炼、建筑施工、运输单位的主要负责人和安全生产管理人员未按照规定经考核合格的；

“（三）未按照规定对从业人员、被派遣劳动者、实习学生进行安全生产教育和培训，或者未按照规定如实告知有关的安全生产事项的；

“（四）未如实记录安全生产教育和培训情况的；

“（五）未将事故隐患排查治理情况如实记录或者未向从业人员通报的；

“（六）未按照规定制定生产安全事故应急救援预案或者未定期组织演练的；

“（七）特种作业人员未按照规定经专门的安全作业培训并取得相应资格，上岗作业的。”

三十、将第九十五条改为第九十八条，修改为：“生产经营单位有下列行为之一的，责令停止建设或者停产停业整顿，限期改正，并处十万元以上五十万元以下的罚款，对其直接负责的主管人员和其他直接责任人员处二万元以上五万元以下的罚款；逾期未改正的，处五十万元以上一百万元以下的罚款，对其直接负责的主管人员和其他直接责任人员处五万元以上十万元以下的罚款；构成犯罪的，依照刑法有关规定追究刑事责任：

“（一）未按照规定对矿山、金属冶炼建设项目或者用于生产、储存、装卸危险物品的建设项目进行安全评价的；

“（二）矿山、金属冶炼建设项目或者用于生产、储存、装卸危险物品的建设项目没有安全设施设计或者安全设施设计未按照规定报经有关部门审查同意的；

“（三）矿山、金属冶炼建设项目或者用于生产、储存、装卸危险物品的建设项目的施工单位未按照批准的安全设施设计施工的；

“（四）矿山、金属冶炼建设项目或者用于生产、储存、装卸危险物品的建设项目竣工投入生产或者使用前，安全设施未经验收合格的。”

三十一、将第九十六条改为第九十九条，增加两项，作为第四项、第八项：“（四）关闭、破坏直接关系生产安全的监控、报警、防护、救生设备、设施，或者篡改、隐瞒、销毁其相关数据、信息的；

“（八）餐饮等行业的生产经营单位使用燃气未安装可燃气体报警装置的。”

三十二、将第九十八条改为第一百零一条，修改为：“生产经营单位有下列行为之一的，责令限期改正，处十万元以下的罚款；逾期未改正的，责令停产停业整顿，并处十万元以上二十万元以下的罚款，对其直接负责的主管人员和其他直接责任人员处二万元以上五万元以下的罚款；构成犯罪的，依照刑法有关规定追究刑事责任：

“（一）生产、经营、运输、储存、使用危险物品或者处置废弃危险物品，未建立专门安全管理制度、未采取可靠的安全措施的；

“（二）对重大危险源未登记建档，未进行定期检测、评估、监控，未制定应急预案，或者未告知应急措施的；

“（三）进行爆破、吊装、动火、临时用电以及国务院应急管理部门会同国务院有关部门规定的其他危险作业，未安排专门人员进行现场安全管理的；

“（四）未建立安全风险分级管控制度或者未按照安全风险分级采取相应管控措施的；

“（五）未建立事故隐患排查治理制度，或者重大事故隐患排查治理情况未按照规定报告的。”

三十三、将第九十九条改为第一百零二条，修改为：“生产经营单位未采取措施消除事故隐患的，责令立即消除或者限期消除，处五万元以下的罚款；生产经营单位拒不执行的，责令停产停业整顿，对其直接负责的主管人员和其他直接责任人员处五万元以上十万元以下的罚款；构成犯罪的，依照刑法有关规定追究刑事责任。”

三十四、将第一百条改为第一百零三条，增加一款，作为第三款：“矿山、金属冶炼建设项目和用于生产、储存、装卸危险物品的建设项目的施工单位未按照规定对施工项目进行安全管理的，责令限期改正，处十万元以下的罚款，对其直接负责的主管人员和其他直接责任人员处二万元以下的罚款；逾期未改正的，责令停产停业整顿。以上施工单位倒卖、出租、出借、挂靠或者以其他形式非法转让施工资质的，责令停产停业整顿，吊销资质证书，没收违法所得；违法所得十万元以上的，并处违法所得二倍以上五倍以下的罚款，没有违法所得或者违法所得不足十万元的，单处或者并处十万元以上二十万元以下的罚款；对其直接负责的主管人员和其他直接责任人员处五万元以上十万元以下的罚款；构成犯罪的，依照刑法有关规定追究刑事责任。”

三十五、将第一百零四条改为第一百零七条，修改为：“生产经营单位的从业人员不落实岗位安全责任，不服从管理，违反安全生产规章制度或者操作规程的，由生产经营单位给予批评教育，依照有关规章制度给予处分；构成犯罪的，依照刑法有关规定追究刑事责任。”

三十六、增加一条，作为第一百零九条：“高危行业、领域的生产经营单位未按照国家规定投保安全生产责任保险的，责令限期改正，处五万元以上十万元以下的罚款；逾期未改正的，处十万元以上二十万元以下的罚款。”

三十七、增加一条，作为第一百一十二条：“生产经营单位违反本法规定，被责令改正且受到罚款处罚，拒不改正的，负有安全生产监督管理职责的部门可以自作出责令改正之日的次日起，按照原处罚数额按日连续处罚。”

三十八、将第一百零八条改为第一百一十三条，修改为：“生产经营单位存在下列情形之一的，负有安全生产监督管理职责的部门应当提请地方人民政府予以关闭，有关部门应当依法吊销其有关证照。生产经营单位主要负责人五年内不得担任任何生产经营单位的主要负责人；情节严重的，终身不得担任本行业生产经营单位的主要负责人：

“（一）存在重大事故隐患，一百八十日内三次或者一年内四次受到本法规定的行政处罚的；

“（二）经停产停业整顿，仍不具备法律、行政法规和国家标准或者行业标准规定的安全生产条件的；

“（三）不具备法律、行政法规和国家标准或者行业标准规定的安全生产条件，导致发生重大、特别重大生产安全事故的；

“（四）拒不执行负有安全生产监督管理职责的部门作出的停产停业整顿决定的。”

三十九、将第一百零九条改为第一百一十四条，修改为：“发生生产安全事故，对负有责任的生产经营单位除要求其依法承担相应的赔偿等责任外，由应急管理部门依照下列规定处以罚款：

“（一）发生一般事故的，处三十万元以上一百万元以下的罚款；

“（二）发生较大事故的，处一百万元以上二百万元以下的罚款；

“（三）发生重大事故的，处二百万元以上一千万元以下的罚款；

“（四）发生特别重大事故的，处一千万元以上二千万元以下的罚款。

“发生生产安全事故，情节特别严重、影响特别恶劣的，应急管理部门可以按照前款罚款数额的二倍以上五倍以下对负有责任的生产经营单位处以罚款。”

四十、将第一百一十条改为第一百一十五条，修改为：“本法规定的行政处罚，由应急管理部门和其他负有安全生产监督管理职责的部门按照职责分工决定；其中，根据本法第九十五条、第一百一十条、第一百一十四条的规定应当给予民航、铁路、电力行业的生产经营单位及其主要负责人行政处罚的，也可以由主管的负有安全生产监督管理职责的部门进行处罚。予以关闭的行政处罚，由负有安全生产监督管理职责的部门报请县级以上人民政府按照国务院规定的权限决定；给予拘留的行政处罚，由公安机关依照治安管理处罚的规定决定。”

四十一、将第一百一十三条改为第一百一十八条，第二款修改为：“国务院应急管理部门和其他负有安全生产监督管理职责的部门应当根据各自的职责分工，制定相关行业、领域重大危险源的辨识标准和重大事故隐患的判定标准。”

四十二、对部分条文作以下修改：

（一）将第二十条、第二十四条、第二十七条、第三十五条、第四十条、第五十九条、第六十二条、第七十三条、第八十六条、第一百零六条中的“安全生产监督管理部门”修改为“应急管理部门”，第三十一条中的“安全生产监督管理部门”修改为“负有安全生产监督管理职责的部门”，第四十条中的“吊装”修改为“吊装、动火、临时用电”。

（二）将第十四条中的“生产安全事故责任人员”修改为“生产安全事故责任单位和责任人员”。

（三）将第十九条中的“安全生产责任制”修改为“全员安全生产责任制”。

（四）将第二十一条、第二十四条中的“道路运输单位”修改为“运输单位”，“储存”修改为“储存、装卸”；将第三十一条第二款中的“储存”修改为“储存、装卸”。

（五）将第三十九条第二款、第一百零二条第二项中的“锁闭、封堵”修改为“占用、锁闭、封堵”，“出口”修改为“出口、疏散通道”。

（六）将第六十四条中的“监督执法”修改为“行政执法”。

（七）删去第六十八条中的“行政”。

（八）将第八十四条中的“第八十七条”修改为“第九十条”。

（九）删去第九十六条、第一百条、第一百零一条、第一百零二条中的“可以”。

本决定自2021年9月1日起施行。

《中华人民共和国安全生产法》根据本决定作相应修改并对条文顺序作相应调整，重新公布。

生产安全事故报告和调查处理条例

（2007年3月28日国务院第172次常务会议通过　2007年4月9日中华人民共和国国务院令第493号公布　自2007年6月1日起施行）

第一章　总　则

第一条　为了规范生产安全事故的报告和调查处理，落实生产安全事故责任追究制度，防止和减少生产安全事故，根据《中华人民共和国安全生产法》和有关法律，制定本条例。

第二条　生产经营活动中发生的造成人身伤亡或者直接经济损失的生产安全事故的报告和调查处理，适用本条例；环境污染事故、核设施事故、国防科研生产事故的报告和调查处理不适用本条例。

第三条　根据生产安全事故（以下简称事故）造成的人员伤亡或者直接经济损失，事故一般分为以下等级：

（一）特别重大事故，是指造成30人以上死亡，或者100人以上重伤（包括急性工业中毒，下同），或者1亿元以上直接经济损失的事故；

（二）重大事故，是指造成10人以上30人以下死亡，或者50人以上100人以下重伤，或者5000万元以上1亿元以下直接经济损失的事故；

（三）较大事故，是指造成3人以上10人以下死亡，或者10人以上

50 人以下重伤，或者 1000 万元以上 5000 万元以下直接经济损失的事故；

（四）一般事故，是指造成 3 人以下死亡，或者 10 人以下重伤，或者 1000 万元以下直接经济损失的事故。

国务院安全生产监督管理部门可以会同国务院有关部门，制定事故等级划分的补充性规定。

本条第一款所称的“以上”包括本数，所称的“以下”不包括本数。

第四条 事故报告应当及时、准确、完整，任何单位和个人对事故不得迟报、漏报、谎报或者瞒报。

事故调查处理应当坚持实事求是、尊重科学的原则，及时、准确地查清事故经过、事故原因和事故损失，查明事故性质，认定事故责任，总结事故教训，提出整改措施，并对事故责任者依法追究责任。

第五条 县级以上人民政府应当依照本条例的规定，严格履行职责，及时、准确地完成事故调查处理工作。

事故发生地有关地方人民政府应当支持、配合上级人民政府或者有关部门的事故调查处理工作，并提供必要的便利条件。

参加事故调查处理的部门和单位应当互相配合，提高事故调查处理工作的效率。

第六条 工会依法参加事故调查处理，有权向有关部门提出处理意见。

第七条 任何单位和个人不得阻挠和干涉对事故的报告和依法调查处理。

第八条 对事故报告和调查处理中的违法行为，任何单位和个人有权向安全生产监督管理部门、监察机关或者其他有关部门举报，接到举报的部门应当依法及时处理。

第二章 事故报告

第九条 事故发生后，事故现场有关人员应当立即向本单位负责人报告；单位负责人接到报告后，应当于 1 小时内向事故发生地县级以上人民政府安全生产监督管理部门和负有安全生产监督管理职责的有关部门报告。

情况紧急时，事故现场有关人员可以直接向事故发生地县级以上人民政府安全生产监督管理部门和负有安全生产监督管理职责的有关部门报告。

第十条 安全生产监督管理部门和负有安全生产监督管理职责的有关部门接到事故报告后，应当依照下列规定上报事故情况，并通知公安机关、劳动保障行政部门、工会和人民检察院：

（一）特别重大事故、重大事故逐级上报至国务院安全生产监督管理部门和负有安全生产监督管理职责的有关部门；

（二）较大事故逐级上报至省、自治区、直辖市人民政府安全生产监督管理部门和负有安全生产监督管理职责的有关部门；

（三）一般事故上报至设区的市级人民政府安全生产监督管理部门和负有安全生产监督管理职责的有关部门。

安全生产监督管理部门和负有安全生产监督管理职责的有关部门依照前款规定上报事故情况，应当同时报告本级人民政府。国务院安全生产监督管理部门和负有安全生产监督管理职责的有关部门以及省级人民政府接到发生特别重大事故、重大事故的报告后，应当立即报告国务院。

必要时，安全生产监督管理部门和负有安全生产监督管理职责的有关部门可以越级上报事故情况。

第十一条 安全生产监督管理部门和负有安全生产监督管理职责的有关部门逐级上报事故情况，每级上报的时间不得超过2小时。

第十二条 报告事故应当包括下列内容：

（一）事故发生单位概况；

（二）事故发生的时间、地点以及事故现场情况；

（三）事故的简要经过；

（四）事故已经造成或者可能造成的伤亡人数（包括下落不明的人数）和初步估计的直接经济损失；

（五）已经采取的措施；

（六）其他应当报告的情况。

第十三条 事故报告后出现新情况的，应当及时补报。

自事故发生之日起30日内，事故造成的伤亡人数发生变化的，应当及时补报。道路交通事故、火灾事故自发生之日起7日内，事故造成的伤亡人数发生变化的，应当及时补报。

第十四条 事故发生单位负责人接到事故报告后，应当立即启动事故相应应急预案，或者采取有效措施，组织抢救，防止事故扩大，减少人员伤亡和财产损失。

第十五条 事故发生地有关地方人民政府、安全生产监督管理部门和负有安全生产监督管理职责的有关部门接到事故报告后，其负责人应当立即赶赴事故现场，组织事故救援。

第十六条 事故发生后，有关单位和人员应当妥善保护事故现场以及相关证据，任何单位和个人不得破坏事故现场、毁灭相关证据。

因抢救人员、防止事故扩大以及疏通交通等原因，需要移动事故现场物件的，应当做出标志，绘制现场简图并做出书面记录，妥善保存现场重要痕迹、物证。

第十七条 事故发生地公安机关根据事故的情况，对涉嫌犯罪的，应当依法立案侦查，采取强制措施和侦查措施。犯罪嫌疑人逃匿的，公安机关应当迅速追捕归案。

第十八条 安全生产监督管理部门和负有安全生产监督管理职责的有关部门应当建立值班制度，并向社会公布值班电话，受理事故报告和举报。

第三章 事故调查

第十九条 特别重大事故由国务院或者国务院授权有关部门组织事故调查组进行调查。

重大事故、较大事故、一般事故分别由事故发生地省级人民政府、设区的市级人民政府、县级人民政府负责调查。省级人民政府、设区的市级人民政府、县级人民政府可以直接组织事故调查组进行调查，也可以授权或者委托有关部门组织事故调查组进行调查。

未造成人员伤亡的一般事故，县级人民政府也可以委托事故发生单位组织事故调查组进行调查。

第二十条 上级人民政府认为必要时，可以调查由下级人民政府负责调查的事故。

自事故发生之日起30日内（道路交通事故、火灾事故自发生之日起7日内），因事故伤亡人数变化导致事故等级发生变化，依照本条例规定应当由上级人民政府负责调查的，上级人民政府可以另行组织事故调查组进行调查。

第二十一条 特别重大事故以下等级事故，事故发生地与事故发生单位不在同一个县级以上行政区域的，由事故发生地人民政府负责调查，事故发生单位所在地人民政府应当派人参加。

第二十二条 事故调查组的组成应当遵循精简、效能的原则。

根据事故的具体情况，事故调查组由有关人民政府、安全生产监督管理部门、负有安全生产监督管理职责的有关部门、监察机关、公安机关以及工会派人组成，并应当邀请人民检察院派人参加。

事故调查组可以聘请有关专家参与调查。

第二十三条 事故调查组成员应当具有事故调查所需要的知识和专长，并与所调查的事故没有直接利害关系。

第二十四条 事故调查组组长由负责事故调查的人民政府指定。事故调查组组长主持事故调查组的工作。

第二十五条 事故调查组履行下列职责：

（一）查明事故发生的经过、原因、人员伤亡情况及直接经济损失；

（二）认定事故的性质和事故责任；

（三）提出对事故责任者的处理建议；

（四）总结事故教训，提出防范和整改措施；

（五）提交事故调查报告。

第二十六条 事故调查组有权向有关单位和个人了解与事故有关的情况，

并要求其提供相关文件、资料，有关单位和个人不得拒绝。

事故发生单位的负责人和有关人员在事故调查期间不得擅离职守，并应当随时接受事故调查组的询问，如实提供有关情况。

事故调查中发现涉嫌犯罪的，事故调查组应当及时将有关材料或者其复印件移交司法机关处理。

第二十七条　事故调查中需要进行技术鉴定的，事故调查组应当委托具有国家规定资质的单位进行技术鉴定。必要时，事故调查组可以直接组织专家进行技术鉴定。技术鉴定所需时间不计入事故调查期限。

第二十八条　事故调查组成员在事故调查工作中应当诚信公正、恪尽职守，遵守事故调查组的纪律，保守事故调查的秘密。

未经事故调查组组长允许，事故调查组成员不得擅自发布有关事故的信息。

第二十九条　事故调查组应当自事故发生之日起 60 日内提交事故调查报告；特殊情况下，经负责事故调查的人民政府批准，提交事故调查报告的期限可以适当延长，但延长的期限最长不超过 60 日。

第三十条　事故调查报告应当包括下列内容：

（一）事故发生单位概况；

（二）事故发生经过和事故救援情况；

（三）事故造成的人员伤亡和直接经济损失；

（四）事故发生的原因和事故性质；

（五）事故责任的认定以及对事故责任者的处理建议；

（六）事故防范和整改措施。

事故调查报告应当附具有关证据材料。事故调查组成员应当在事故调查报告上签名。

第三十一条　事故调查报告报送负责事故调查的人民政府后，事故调查工作即告结束。事故调查的有关资料应当归档保存。

第四章　事故处理

第三十二条　重大事故、较大事故、一般事故，负责事故调查的人民政府应当自收到事故调查报告之日起15日内做出批复；特别重大事故，30日内做出批复，特殊情况下，批复时间可以适当延长，但延长的时间最长不超过30日。

有关机关应当按照人民政府的批复，依照法律、行政法规规定的权限和程序，对事故发生单位和有关人员进行行政处罚，对负有事故责任的国家工作人员进行处分。

事故发生单位应当按照负责事故调查的人民政府的批复，对本单位负有事故责任的人员进行处理。

负有事故责任的人员涉嫌犯罪的，依法追究刑事责任。

第三十三条　事故发生单位应当认真吸取事故教训，落实防范和整改措施，防止事故再次发生。防范和整改措施的落实情况应当接受工会和职工的监督。

安全生产监督管理部门和负有安全生产监督管理职责的有关部门应当对事故发生单位落实防范和整改措施的情况进行监督检查。

第三十四条　事故处理的情况由负责事故调查的人民政府或者其授权的有关部门、机构向社会公布，依法应当保密的除外。

第五章　法律责任

第三十五条　事故发生单位主要负责人有下列行为之一的，处上一年年收入40%至80%的罚款；属于国家工作人员的，并依法给予处分；构成犯罪的，依法追究刑事责任：

（一）不立即组织事故抢救的；

（二）迟报或者漏报事故的；

（三）在事故调查处理期间擅离职守的。

第三十六条　事故发生单位及其有关人员有下列行为之一的，对事故发生单位处 100 万元以上 500 万元以下的罚款；对主要负责人、直接负责的主管人员和其他直接责任人员处上一年年收入 60% 至 100% 的罚款；属于国家工作人员的，并依法给予处分；构成违反治安管理行为的，由公安机关依法给予治安管理处罚；构成犯罪的，依法追究刑事责任：

（一）谎报或者瞒报事故的；

（二）伪造或者故意破坏事故现场的；

（三）转移、隐匿资金、财产，或者销毁有关证据、资料的；

（四）拒绝接受调查或者拒绝提供有关情况和资料的；

（五）在事故调查中作伪证或者指使他人作伪证的；

（六）事故发生后逃匿的。

第三十七条　事故发生单位对事故发生负有责任的，依照下列规定处以罚款：

（一）发生一般事故的，处 10 万元以上 20 万元以下的罚款；

（二）发生较大事故的，处 20 万元以上 50 万元以下的罚款；

（三）发生重大事故的，处 50 万元以上 200 万元以下的罚款；

（四）发生特别重大事故的，处 200 万元以上 500 万元以下的罚款。

第三十八条　事故发生单位主要负责人未依法履行安全生产管理职责，导致事故发生的，依照下列规定处以罚款；属于国家工作人员的，并依法给予处分；构成犯罪的，依法追究刑事责任：

（一）发生一般事故的，处上一年年收入 30% 的罚款；

（二）发生较大事故的，处上一年年收入 40% 的罚款；

（三）发生重大事故的，处上一年年收入 60% 的罚款；

（四）发生特别重大事故的，处上一年年收入 80% 的罚款。

第三十九条　有关地方人民政府、安全生产监督管理部门和负有安全生产监督管理职责的有关部门有下列行为之一的，对直接负责的主管人员和其他直接责任人员依法给予处分；构成犯罪的，依法追究刑事责任：

（一）不立即组织事故抢救的；

（二）迟报、漏报、谎报或者瞒报事故的；

（三）阻碍、干涉事故调查工作的；

（四）在事故调查中作伪证或者指使他人作伪证的。

第四十条 事故发生单位对事故发生负有责任的，由有关部门依法暂扣或者吊销其有关证照；对事故发生单位负有事故责任的有关人员，依法暂停或者撤销其与安全生产有关的执业资格、岗位证书；事故发生单位主要负责人受到刑事处罚或者撤职处分的，自刑罚执行完毕或者受处分之日起，5 年内不得担任任何生产经营单位的主要负责人。

为发生事故的单位提供虚假证明的中介机构，由有关部门依法暂扣或者吊销其有关证照及其相关人员的执业资格；构成犯罪的，依法追究刑事责任。

第四十一条 参与事故调查的人员在事故调查中有下列行为之一的，依法给予处分；构成犯罪的，依法追究刑事责任：

（一）对事故调查工作不负责任，致使事故调查工作有重大疏漏的；

（二）包庇、袒护负有事故责任的人员或者借机打击报复的。

第四十二条 违反本条例规定，有关地方人民政府或者有关部门故意拖延或者拒绝落实经批复的对事故责任人的处理意见的，由监察机关对有关责任人员依法给予处分。

第四十三条 本条例规定的罚款的行政处罚，由安全生产监督管理部门决定。

法律、行政法规对行政处罚的种类、幅度和决定机关另有规定的，依照其规定。

第六章 附 则

第四十四条 没有造成人员伤亡，但是社会影响恶劣的事故，国务院或者有关地方人民政府认为需要调查处理的，依照本条例的有关规定执行。

国家机关、事业单位、人民团体发生的事故的报告和调查处理，参照本条例的规定执行。

第四十五条 特别重大事故以下等级事故的报告和调查处理，有关法律、行政法规或者国务院另有规定的，依照其规定。

第四十六条 本条例自2007年6月1日起施行。国务院1989年3月29日公布的《特别重大事故调查程序暂行规定》和1991年2月22日公布的《企业职工伤亡事故报告和处理规定》同时废止。

国务院关于特大安全事故行政责任追究的规定

（2001年4月21日中华人民共和国国务院令第302号公布 自公布之日起施行）

第一条 为了有效地防范特大安全事故的发生，严肃追究特大安全事故的行政责任，保障人民群众生命、财产安全，制定本规定。

第二条 地方人民政府主要领导人和政府有关部门正职负责人对下列特大安全事故的防范、发生，依照法律、行政法规和本规定的规定有失职、渎职情形或者负有领导责任的，依照本规定给予行政处分；构成玩忽职守罪或者其他罪的，依法追究刑事责任：

（一）特大火灾事故；

（二）特大交通安全事故；

（三）特大建筑质量安全事故；

（四）民用爆炸物品和化学危险品特大安全事故；

（五）煤矿和其他矿山特大安全事故；

（六）锅炉、压力容器、压力管道和特种设备特大安全事故；

（七）其他特大安全事故。

地方人民政府和政府有关部门对特大安全事故的防范、发生直接负责的主管人员和其他直接责任人员，比照本规定给予行政处分；构成玩忽职守罪或者其他罪的，依法追究刑事责任。

特大安全事故肇事单位和个人的刑事处罚、行政处罚和民事责任，依照有关法律、法规和规章的规定执行。

第三条 特大安全事故的具体标准，按照国家有关规定执行。

第四条 地方各级人民政府及政府有关部门应当依照有关法律、法规和规章的规定，采取行政措施，对本地区实施安全监督管理，保障本地区人民群众生命、财产安全，对本地区或者职责范围内防范特大安全事故的发生、特大安全事故发生后的迅速和妥善处理负责。

第五条 地方各级人民政府应当每个季度至少召开一次防范特大安全事故工作会议，由政府主要领导人或者政府主要领导人委托政府分管领导人召集有关部门正职负责人参加，分析、布置、督促、检查本地区防范特大安全事故的工作。会议应当作出决定并形成纪要，会议确定的各项防范措施必须严格实施。

第六条 市（地、州）、县（市、区）人民政府应当组织有关部门按照职责分工对本地区容易发生特大安全事故的单位、设施和场所安全事故的防范明确责任、采取措施，并组织有关部门对上述单位、设施和场所进行严格检查。

第七条 市（地、州）、县（市、区）人民政府必须制定本地区特大安全事故应急处理预案。本地区特大安全事故应急处理预案经政府主要领导人签署后，报上一级人民政府备案。

第八条 市（地、州）、县（市、区）人民政府应当组织有关部门对本规定第二条所列各类特大安全事故的隐患进行查处；发现特大安全事故隐患的，责令立即排除；特大安全事故隐患排除前或者排除过程中，无法保证安全的，责令暂时停产、停业或者停止使用。法律、行政法规对查处机关另有规定的，依照其规定。

第九条 市（地、州）、县（市、区）人民政府及其有关部门对本地区存在的特大安全事故隐患，超出其管辖或者职责范围的，应当立即向有管辖权或者负有职责的上级人民政府或者政府有关部门报告；情况紧急的，可以立即采取包括责令暂时停产、停业在内的紧急措施，同时报告；有关上级人民政府或者政府有关部门接到报告后，应当立即组织查处。

第十条 中小学校对学生进行劳动技能教育以及组织学生参加公益劳动等社会实践活动，必须确保学生安全。严禁以任何形式、名义组织学生从事接触易燃、易爆、有毒、有害等危险品的劳动或者其他危险性劳动。严禁将学校场地出租作为从事易燃、易爆、有毒、有害等危险品的生产、经营场所。

中小学校违反前款规定的，按照学校隶属关系，对县（市、区）、乡（镇）人民政府主要领导人和县（市、区）人民政府教育行政部门正职负责人，根据情节轻重，给予记过、降级直至撤职的行政处分；构成玩忽职守罪或者其他罪的，依法追究刑事责任。

中小学校违反本条第一款规定的，对校长给予撤职的行政处分，对直接组织者给予开除公职的行政处分；构成非法制造爆炸物罪或者其他罪的，依法追究刑事责任。

第十一条 依法对涉及安全生产事项负责行政审批（包括批准、核准、许可、注册、认证、颁发证照、竣工验收等，下同）的政府部门或者机构，必须严格依照法律、法规和规章规定的安全条件和程序进行审查；不符合法律、法规和规章规定的安全条件的，不得批准；不符合法律、法规和规章规定的安全条件，弄虚作假，骗取批准或者勾结串通行政审批工作人员取得批准的，负责行政审批的政府部门或者机构除必须立即撤销原批准外，应当对弄虚作假骗取批准或者勾结串通行政审批工作人员的当事人依法给予行政处罚；构成行贿罪或者其他罪的，依法追究刑事责任。

负责行政审批的政府部门或者机构违反前款规定，对不符合法律、法规和规章规定的安全条件予以批准的，对部门或者机构的正职负责人，根据情节轻重，给予降级、撤职直至开除公职的行政处分；与当事人勾结串通的，应当开除公职；构成受贿罪、玩忽职守罪或者其他罪的，依法追究刑事责任。

第十二条 对依照本规定第十一条第一款的规定取得批准的单位和个人，负责行政审批的政府部门或者机构必须对其实施严格监督检查；发现其不再具备安全条件的，必须立即撤销原批准。

负责行政审批的政府部门或者机构违反前款规定，不对取得批准的单位和个人实施严格监督检查，或者发现其不再具备安全条件而不立即撤销原批准的，对部门或者机构的正职负责人，根据情节轻重，给予降级或者撤职的行政处分；构成受贿罪、玩忽职守罪或者其他罪的，依法追究刑事责任。

第十三条 对未依法取得批准，擅自从事有关活动的，负责行政审批的政府部门或者机构发现或者接到举报后，应当立即予以查封、取缔，并依法给予行政处罚；属于经营单位的，由工商行政管理部门依法相应吊销营业执照。

负责行政审批的政府部门或者机构违反前款规定，对发现或者举报的未依法取得批准而擅自从事有关活动的，不予查封、取缔、不依法给予行政处罚，工商行政管理部门不予吊销营业执照的，对部门或者机构的正职负责人，根据情节轻重，给予降级或者撤职的行政处分；构成受贿罪、玩忽职守罪或者其他罪的，依法追究刑事责任。

第十四条 市（地、州）、县（市、区）人民政府依照本规定应当履行职责而未履行，或者未按照规定的职责和程序履行，本地区发生特大安全事故的，对政府主要领导人，根据情节轻重，给予降级或者撤职的行政处分；构成玩忽职守罪的，依法追究刑事责任。

负责行政审批的政府部门或者机构、负责安全监督管理的政府有关部门，未依照本规定履行职责，发生特大安全事故的，对部门或者机构的正职负责人，根据情节轻重，给予撤职或者开除公职的行政处分；构成玩忽职守罪或者其他罪的，依法追究刑事责任。

第十五条 发生特大安全事故，社会影响特别恶劣或者性质特别严重的，由国务院对负有领导责任的省长、自治区主席、直辖市市长和国务院有关部门正职负责人给予行政处分。

第十六条 特大安全事故发生后，有关县（市、区）、市（地、州）和省、自治区、直辖市人民政府及政府有关部门应当按照国家规定的程序和时限立即上报，不得隐瞒不报、谎报或者拖延报告，并应当配合、协助事故调查，不得以任何方式阻碍、干涉事故调查。

特大安全事故发生后，有关地方人民政府及政府有关部门违反前款规定的，对政府主要领导人和政府部门正职负责人给予降级的行政处分。

第十七条 特大安全事故发生后，有关地方人民政府应当迅速组织救助，有关部门应当服从指挥、调度，参加或者配合救助，将事故损失降到最低限度。

第十八条 特大安全事故发生后，省、自治区、直辖市人民政府应当按照国家有关规定迅速、如实发布事故消息。

第十九条 特大安全事故发生后，按照国家有关规定组织调查组对事故进行调查。事故调查工作应当自事故发生之日起60日内完成，并由调查组提出调查报告；遇有特殊情况的，经调查组提出并报国家安全生产监督管理机构批准后，可以适当延长时间。调查报告应当包括依照本规定对有关责任人员追究行政责任或者其他法律责任的意见。

省、自治区、直辖市人民政府应当自调查报告提交之日起30日内，对有关责任人员作出处理决定；必要时，国务院可以对特大安全事故的有关责任人员作出处理决定。

第二十条 地方人民政府或者政府部门阻挠、干涉对特大安全事故有关责任人员追究行政责任的，对该地方人民政府主要领导人或者政府部门正职负责人，根据情节轻重，给予降级或者撤职的行政处分。

第二十一条 任何单位和个人均有权向有关地方人民政府或者政府部门报告特大安全事故隐患，有权向上级人民政府或者政府部门举报地方人民政府或者政府部门不履行安全监督管理职责或者不按照规定履行职责的情况。

接到报告或者举报的有关人民政府或者政府部门，应当立即组织对事故隐患进行查处，或者对举报的不履行、不按照规定履行安全监督管理职责的情况进行调查处理。

第二十二条 监察机关依照行政监察法的规定，对地方各级人民政府和政府部门及其工作人员履行安全监督管理职责实施监察。

第二十三条 对特大安全事故以外的其他安全事故的防范、发生追究行政责任的办法，由省、自治区、直辖市人民政府参照本规定制定。

第二十四条 本规定自公布之日起施行。

图书在版编目（CIP）数据

新《安全生产法》学习手册 / 新《安全生产法》学习手册编写组编.
—北京：中国工人出版社，2021.11
ISBN 978-7-5008-7755-4

Ⅰ.①新…　Ⅱ.①新…　Ⅲ.①安全生产法—中国—学习参考资料　Ⅳ.①D922.544

中国版本图书馆CIP数据核字（2021）第217755号

新《安全生产法》学习手册

出 版 人	王娇萍
责任编辑	安　静　周子欣
责任印制	栾征宇
出版发行	中国工人出版社
地　　址	北京市东城区鼓楼外大街45号　邮编：100120
网　　址	http://www.wp-china.com
电　　话	（010）62005043（总编室） （010）62005039（印制管理中心） （010）62382916（工会与劳动关系分社）
发行热线	（010）82029051　62383056
经　　销	各地书店
印　　刷	三河市国英印务有限公司
开　　本	700毫米×1000毫米　1/16
印　　张	19.25
字　　数	270千字
版　　次	2021年12月第1版　2024年6月第3次印刷
定　　价	56.00元